GOLDMANN
ESOTERIK

Umschlagillustration:

Für die Umschlagillustration wurde ein dreidimensionales Illusionsbild aus den Bänden »Das magische Auge«, erschienen in der arsEdition München, verwendet. Und so können Sie das 3D-Bild erkennen: Führen Sie das Buch an die Nasenspitze. Blicken Sie geradeaus, als würden Sie durch das Bild hindurchsehen. Bewegen Sie das Buch langsam von sich weg und blinzeln Sie nicht. Vor Ihren Augen entwickelt sich ein dreidimensionales Bild ...

Buch

Thorwald Dethlefsen gelang es 1968 zum ersten Mal, Menschen in Hypnose zu versetzen. Seitdem hilft er nicht nur psychisch kranken Menschen durch seine Methode der zeitlichen Rückführung in Hypnose. Er läßt dadurch die Menschen ihr gelebtes Leben neu verarbeiten und führt sie sogar in frühere Leben.
Der Autor hat die sensationellsten Protokolle von Wiedergeburtserinnerungen für dieses Buch ausgewertet. Sein Bericht zeigt auf, daß der Wissenschaft die letzten Beweise für die Reinkarnationstheorie noch fehlen. Doch die Kausalkette scheint sich zu schließen.

Autor

Thorwald Dethlefsen lebt und wirkt in München. Er ist inzwischen einer der weltbekanntesten Hypnotherapeuten und Psychologen.

Außer dem vorliegenden Band sind
von Thorwald Dethlefsen erschienen:

Schicksal als Chance (11723)
Das Leben nach dem Leben (11748)
Ödipus der Rätsellöser (12399)
Krankheit als Weg (mit Rüdiger Dahlke, 11472)
Gut und Böse (12114)

THORWALD DETHLEFSEN

Das Erlebnis der Wiedergeburt

Heilung durch Reinkarnation

GOLDMANN VERLAG

Sonderausgabe
Der Titel ist bereits unter der Nummer 11749
als Goldmann-Taschenbuch erschienen.

Alle persönlichen Angaben über die Versuchsperson und Patienten wurden so weit verändert, daß eine Identifizierung ausgeschlossen ist. Jede inhaltliche Entstellung wurde jedoch vermieden. Alle abgedruckten Protokolle sind als Originaltonbandmitschnitte im Archiv des Instituts für außerordentliche Psychologie in München vorhanden.

Umwelthinweis:
Alle bedruckten Materialien dieses Taschenbuches
sind chlorfrei und umweltschonend.
Das Papier enthält Recycling-Anteile.

Der Goldmann Verlag
ist ein Unternehmen der Verlagsgruppe Bertelsmann

Genehmigte Taschenbuchausgabe

Umschlaggestaltung: Design Team München
Umschlagillustration: Aus dem Buch »Das magische Auge I«,

erschienen im Verlag arsEdition München und Zug
Druck: Presse-Druck Augsburg
Verlagsnummer: 43015
Ba · Herstellung: Harry Heiß/sc
Made in Germany
ISBN 3-442-43015-1

1 3 5 7 9 10 8 6 4 2

Inhalt

Dieses Buch widme ich all meinen Patienten
und Versuchspersonen,
die mir meine Erfahrungen ermöglichten.

Statt eines Vorwortes ...

einige Gedanken zum Benützen dieses Buches: Sie haben dieses Buch gekauft (oder vielleicht nur geliehen . . .) und beginnen nun, es zu lesen. Auf den folgenden Seiten ist von Dingen die Rede, die noch keinesfalls zu den Selbstverständlichkeiten unserer Weltauffassung zählen.

Oder gehören Sie bereits zu den Außenseitern?

Es gibt zwei Möglichkeiten, ein Buch zu lesen: Entweder, Sie finden hier Ihre bisherigen Meinungen und Anschauungen bestätigt, dann wird Ihnen dieses Buch bestimmt gefallen.

Oder Sie stellen mit wachsendem Unmut fest, daß fast alles, was Sie auf diesen Seiten gedruckt finden, Ihrem bisherigen Wissen völlig widerspricht. Sie werden über die Zumutungen und Ansichten empört sein.

Egal, zu welcher Gruppe Sie gehören, die Lektüre lohnt sich in beiden Fällen nicht. Denn Sie sind in jedem Falle nach dem Lesen des Buches derselben Auffassung wie bisher. Deshalb die Bitte, versuchsweise einen dritten Weg des Lesens auszuprobieren: Alle bisherigen Meinungen und Ansichten für die Dauer der Lektüre beiseite zu stellen.

Versuchen, den Inhalt so zu verstehen, wie er gemeint ist.

Nach der Lektüre das Ganze überblicken und erst jetzt die alten Ansichten hervorholen und vergleichen.

Bücher sollten Anstoß für Entwicklungen geben. Fixierung verhindert jede Entwicklung.

Anschauungen, die man nicht bereit ist aufzugeben, sind Fixierungen.

Unser Thema benötigt »bewegliche« Leser. Sie werden bald merken, warum ...

Das Experiment

»Die Lehre der Wiedergeburt ist ein Wendepunkt in der Geschichte der Menschheit.«
Nietzsche

Der Ausgangspunkt

Es ist nun fast genau sieben Jahre her, als ich im Juni 1968 zum erstenmal das Experiment durchführte, das Grundlage und Ausgangspunkt nicht nur für meine spätere Forschungsarbeit, sondern auch für mein Weltbild werden sollte. Das alles ahnte ich damals noch nicht, als ich vor einem Kreis interessierter Laien einige Hypnose-Experimente demonstrierte. Nachdem mein Medium (eine übliche, aber etwas unglückliche Bezeichnung für die hypnotisierte Person) durch mich seine Vergangenheit wiedererlebt und einzelne Abschnitte der Kindheit aus der Vergessenheit geholt hatte, versuchte ich herauszufinden, ob es wohl auch möglich sei, die eigene Geburt wiedererinnern oder sogar wiedererleben zu lassen. Der Versuch gelang. Mein Medium, ein etwa fünfundzwanzigjähriger Ingenieur, begann auf einmal, unter Stöhnen und mit verändertem Atemrhythmus, den Vorgang der Geburt zu schildern. Dieser für mich überraschende Erfolg ermutigte mich, noch weiter in der Zeit zurückzugehen. Ich suggerierte ihm, er befände sich im Mutterleib, drei Monate vor der Geburt. Und schon erzählte er uns von seinen Eindrücken als Embryo. Doch ich wollte an diesem Abend noch mehr wissen. Ich suggerierte:

»Wir gehen jetzt noch weiter zurück – und zwar so

lange, bis du auf ein Ereignis stößt, das du genau schildern und beschreiben kannst – so lange gehst du in der Zeit zurück!«

Eine spannende Pause entstand, mein Medium atmete schwer, dann endlich begann er mit gepreßter Stimme zu sprechen. Er erzählte von seinen Wahrnehmungen, ich fragte ihn weiter aus, und aus diesem Interview kristallisierte sich die Geschichte eines Mannes heraus, der 1852 geboren war, Guy Lafarge hieß, im Elsaß lebte, Gemüse verkaufte und schließlich als Stallknecht 1880 starb.

Ich führte schließlich mein Medium in »dieses« Leben zurück und weckte es auf. Meine Versuchsperson erinnerte sich nach der Sitzung lediglich daran, tief geschlafen zu haben – alles andere hatte sie vergessen. Dieses Phänomen der Erinnerungslosigkeit nach einem tiefen hypnotischen Schlaf nennt man Amnesie; sie kann von selbst auftreten oder auch posthypnotisch suggeriert werden.

Dieses Experiment einer zeitlichen Rückführung (age-regression) über die Geburt hinaus bis zu einem Seinszustand, der sich phänomenologisch als ein »früheres Leben« bezeichnen ließe, wiederholte ich in den folgenden Wochen noch einige Male, teils am selben Medium, teils auch mit anderen Versuchspersonen. Immer wieder zeigte sich dasselbe Ereignis: Führte ich die Versuchsperson zeitlich immer weiter zurück, so tauchten Erinnerungen aus einer Existenz auf, die mit der jetzigen in keiner Weise identisch waren. Diese Erinnerungen wurden sogar so plastisch wiedererlebt, als handele es sich nicht um längst Vergangenes, sondern um Gegenwart.

Auf die Einzelheiten dieser Experimente an dieser Stelle einzugehen, erübrigt sich, da die Protokolle dieser Sitzungen wörtlich in meinem Buch »Das Leben nach dem Leben«, erschienen im C. Bertelsmann Verlag München, wiedergegeben und kommentiert wurden.

Wenn ich bereits zwei Jahre später wieder ein Buch über das gleiche Thema vorlege, so heißt die Begründung, daß sich durch die konsequente Fortführung dieser Experimente in dieser Zeit eine starke Ausweitung und Entwicklung sowohl der Durchführungstechnik als auch der Erkenntnisse und Informationen eingestellt hat, die beide einer neuen Würdigung bedürfen.

Bei meinen ersten Experimenten hatte ich noch das Gefühl, mir sei etwas durchaus Seltenes, etwas Sensationelles gelungen; eine Mischung aus Ehrfurcht und Angst hinderte mich daran, das Experiment häufig durchzuführen. Nur bei Versuchspersonen, die in ganz tiefem hypnotischem Schlaf waren, wagte ich den Schritt über die Geburt hinaus – doch immer gepaart mit ein wenig Angst, Angst vor dem Neuen, dem Unbekannten. Angst hatte ich auch jedesmal vor bestimmten Phasen des Experiments, wie z.B. vor Krankheiten, Unglücksfällen, Tod. Stieß ich auf ein solches traumatisches Ereignis, so machte ich schnell einen großen Bogen um diese Erinnerung und führte mein Medium sofort in »dieses« Leben zurück. Nach jeder Sitzung atmete ich auf, daß »alles gutgegangen« war und mein Medium zufrieden lächelte, ohne zu wissen, was es während der Sitzung erlebt und erzählt hatte.

In der Zwischenzeit hat sich vieles, ja fast alles grundsätzlich geändert. Die Angst wurde von Erfahrung abgelöst, die Unsicherheit von detailliertem Wissen um die Vorgänge. Was vor Jahren ein Ereignis für mich war, ist heute meine tägliche Arbeit. Suchte ich mir früher für diese Experimente nur Tiefschlafmedien aus, so gelingt heute die Rückführung zu den »Vorleben« bei fast allen Personen auch dann, wenn nur eine mittlere Entspannung eingetreten ist. Dies wurde durch eine immer größere Verbesserung der Rückführungstechnik erreicht, die heute so ausgefeilt ist, daß ich bei fast jedem Menschen einen »Einstieg« finde.

Doch die zwei wesentlichsten Veränderungen sind folgende:

1. Mein Interesse zielt speziell auf die traumatischen Erinnerungen; gerade Erlebnisse wie Unfälle, Krankheiten, Folterungen und Tod werden in allen Einzelheiten wiedererlebt; und
2. der Inhalt der gesamten Sitzung wird voll dem Wachbewußtsein angegliedert; die Versuchsperson weiß nach der Sitzung nicht nur den Inhalt der Sitzung ganz genau, sondern sie erinnert sich an alle früheren Erlebnisse mit dem gleichen Identitätsgefühl, wie man sich an den Vortag erinnert.

Konsequenz dieser Entwicklung ist, daß aus dem ursprünglichen, für viele »sensationellen«, für viele »fragwürdigen« Experiment heute eine psychotherapeutische Methode geworden ist, die durch ihren Erfolg auch die weltanschaulichen Konsequenzen der Experimente auf die Dauer gegen die massive Kritik der Gegner verbindlich werden lassen wird. Denn wir leben in einer Welt, in der nur das Experiment und der Erfolg zählt – beides soll nun im folgenden detailliert aufgezeigt werden.

Das Experiment heute

Zu allen Experimenten wurden fast ausschließlich Versuchspersonen ausgewählt, die vorher über die Art und die Absicht des Versuches nicht informiert wurden, also »blind« in das Experiment gingen. Zu diesem Zweck wurden von einer neutralen Person Zeitungsanzeigen mit folgendem Text aufgegeben:
»Sind Sie hypnotisierbar? Interessieren Sie sich für Ihr Unterbewußtsein? Für Versuchsreihe suchen wir junge Leute (18–27) mit höherer Schulbildung.«
Auf solche Anzeigen meldeten sich durchschnittlich zwischen dreißig und fünfzig Interessenten, die gemeinsam zu einer Gruppensitzung eingeladen wurden. In dieser
 Gruppensitzung wählte ich durch einfache Suggestions-

experimente (Pendeltest, Wachsuggestion) die für Hypnose Geeignetsten aus. Letztere wurden zu einer weiteren Gruppensitzung eingeladen, in der ich die ganze Gruppe, ca. zehn bis zwanzig Personen, hypnotisierte und an Hand immer schwierigerer Suggestionen nochmals die am besten reagierenden Teilnehmer auswählte. Alle diese Sitzungen wurden immer von außenstehenden Zeugen beobachtet und kontrolliert, teilweise auch mitgefilmt. Wer in diesem doppelten »Sortierverfahren« übrigblieb, wurde zu einer Einzelsitzung bestellt, in der ich die Regression durchführte. Zur Kontrolle waren wieder Zeugen anwesend, darüber hinaus wurden alle Sitzungen auf Tonband mitgeschnitten, häufig auch mitgefilmt. Bei den jeweils ersten zwei bis drei Sitzungen löschte ich posthypnotisch die Erinnerung an den Inhalt der Sitzung, um kontrollieren zu können, ob bei Wiederholung in verschiedenen Zeitabständen immer wieder dieselben Informationen über die »Vorleben« geliefert werden oder ob die Aussagen lediglich eine spontane Reaktion darstellen. Erst nach mehreren solcher Wiederholungen machte ich den Sitzungsinhalt voll bewußt, so daß sich die Versuchsperson nach der Sitzung im Wachzustand an alle Einzelheiten erinnern konnte. Bis zu diesem Zeitpunkt fiel kein Wort über den Zweck des Experimentes; von Reinkarnation, Vorleben, Rückerinnerungen usw. wurde nichts erwähnt. Diese Art des Vorgehens schaltet aus, daß beim Medium eine Erwartung entsteht, die als Ursache für die Erzählungen in der Sitzung angeführt werden könnte. Ebenso entkräftet es den möglichen Vorwurf, ich verwende nur »okkult vorbelastete« Personen, die von vornherein an Reinkarnation glauben und deshalb auch Wünsche, Ideen und Phantasien in dieser Richtung mit in die Sitzung bringen. Da die Auswahl der Versuchspersonen und die Kontrolle der Sitzungen lückenlos von mehreren außenstehenden Zeugen durchgeführt wurden, blieb auch jegliche Absprache bzw. unkontrollierte Beeinflussung der Versuchspersonen durch mich ausgeschaltet.

Das Experiment selbst gliedert sich im wesentlichen in drei Teile:

1. Herbeiführung eines hypnotischen Schlafes;
2. stufenweise Rückführung der Versuchsperson entlang der Zeitachse – Wiedererleben der Geburt – Wiedererleben des Embryonalzustandes – weitere Rückführung, bis neue Eindrücke auftauchen – Auffächerung des »Vorlebens« in Interviewform;
3. Rückführung in die Gegenwart und Aufwecken aus der Hypnose.

Die Versuchsperson liegt während des Experiments meist auf einer speziellen Entspannungsliege, ich sitze daneben, die Kontrollpersonen und Zuschauer bilden einen Halbkreis. Um einen repräsentativen Eindruck von dem, was wirklich geschieht, zu vermitteln, sei im folgenden ein ausführliches Sitzungsprotokoll wiedergegeben. Die Versuchsperson ist in diesem Falle eine Journalistin, die sich auf Grund meiner Veröffentlichungen* an mich wandte mit der Frage, ob ich ein solches Experiment auch mit ihr selbst durchführen könne. Diese Frage höre ich verständlicherweise recht häufig, ja, sie wird meistens sogar als Bedingung formuliert: »Ich glaube Ihnen nur, wenn Sie das auch an mir machen . . .« Obwohl natürlich das eigene Erlebnis die beste Art ist, jemanden zu überzeugen, so erscheint mir dennoch diese Art des »Missionierens« in Anbetracht der zahlenmäßigen Größenordnung der Menschheit etwas aufwendig. Trotzdem bin ich wiederholt dieser Bitte, als Versuchsperson fungieren zu dürfen, nachgekommen.

* Bei Journalisten und Patienten, die bereits von meinen Experimenten gehört oder gelesen haben, kann man natürlich den Faktor »Erwartungshaltung« nicht mehr ausschließen. Dennoch glaube ich, daß ich durch meine anfänglichen »Blindversuche« mit Versuchspersonen, die vom Ziel des Experimentes keinerlei Ahnung hatten, bewiesen habe, daß kein Zusammenhang zwischen Erwartung und Ergebnis besteht.

Nach einer ersten Probesitzung zweifelte besagte Journalistin sehr am Gelingen unseres Vorhabens, da sie nicht glaubte, tief genug in Hypnose gewesen zu sein. Dieses Mißverständnis ist sehr häufig, da der Laie meist Hypnose mit Bewußtlosigkeit gleichsetzt. Da diese sich nicht einstellt, glaubt er, die Hypnose funktioniere bei ihm nicht. Ich war wesentlich zuversichtlicher und bestellte sie zu einem nächsten Termin, bei dem ich nun bereits die Regression durchführen konnte. Erwähnt sei an dieser Stelle, daß es nicht nur *ein* »Vorleben« gibt, sondern daß man immer weiter zurückgehen kann; die theoretischen Fragen hierzu folgen später. Hier erst einmal das Protokoll:
(VP = Versuchsperson; H = Hypnotiseur)

1. Sitzung

VP: Medizinisch – riecht nicht gut – sie sagen auch, Frau Lurd ist da – Frau Lurd – ich weiß nicht genau, was das ist – sie sagen immer Hebamme, und dann sagen sie, ich hab einen kleinen Bruder gekriegt – hm – ja – seh ihn – hm – jetzt werd ich sicher – ach nein – das ist nicht der Bruder – das ist ja eine Schwester – jetzt werde ich die wieder im Kinderwagen fahren müssen – das tue ich nicht gern – steh im Garten, und der Kinderwagen ist viel größer als ich.

H: Wie alt bist Du denn?

VP: Sieben.

H: Und wie heißt Du?

VP: Sie sagen Lenchen – ich mag mich nicht –

H: Warum?

VP: Ich bin so häßlich.

H: Hat das jemand gesagt, oder findest Du das selber?

VP: Nee, das sagen sie dauernd.

H: Wer?

VP: Meine Mutter, mein Vater, ich bin auch furchtbar unordentlich, sagen sie – und ich hab immer schwarze Strümpfe an – die mag ich auch nicht – aber dann geh ich zu meiner Tante nach nebenan – die ist auch so furchtbar unordentlich – sagen sie – aber die gibt mir Klavierstunden, und dann ist sie böse, wenn ich den Staub vom Klavier wische – ich mal immer auf dem Klavierdeckel – meine Tante ist eine alte Jungfer, und eigentlich darf ich gar nicht so oft zu ihr – mein Bruder ist mal in eine Wanne gefallen mit schmutziger Wäsche, da waren sie so böse – meine Tante ist Lehrerin – weil sie keinen Mann abgekriegt hat – sagen sie – meine Tante gibt Privatunterricht – die Kinder lernen Französisch.

H: Wir lösen uns von diesen Ereignissen, wir gehen in der Zeit zurück, denn Zeit spielt für uns keine Rolle – Du wirst jünger, Du wirst sechs Jahre alt, fünf Jahre, vier Jahre alt. Du bist vier Jahre alt, wie geht es Dir?

VP: Ich weiß nicht, alles ist so unruhig – mein Vater ist da – ein Mann ist da – das ist mein Vater – er hat geschimpft, weil meine Mutter an der Haustür jemandem Zucker gegeben hat, und die hat gesagt, sie bringt irgendwas – nein, das weiß ich nicht – oder sie hat versprochen, Zucker zu bringen, wenn meine Mutter ihr irgend etwas gibt, und sie ist nicht wiedergekommen, und ich steh am Fenster, und meine Mutter geht mit meinem Vater zum Bahnhof. Sie hat ein ganz langes Kleid an – mein Vater hat einen Helm auf mit so'm Zapfen obendrauf, und jetzt biegen sie da unten um die Ecke – ja.

H: Wir werden nun weiter in Deinem Leben zurückgehen, und wir vereinbaren schon jetzt, egal, wie weit wir zurückgehen, Du kannst immer meine Stimme verstehen: Du wirst geboren!

VP: Ich weiß nicht – das – das ist nicht schön – nein – das riecht so komisch – sie hauen mich – ich will nicht, ich will nicht – nein –

H: Was spürst Du?
VP: Das ist scheußlich – so naß und kalt –
H: Siehst Du etwas?
VP: Ja – da sind Leute –
H: Hörst Du etwas?
VP: Ich will nicht.
H: Wir lösen uns von diesem Eindruck – und gehen etwas weiter zurück – wir gehen um drei Monate weiter zurück – wir stehen drei Monate vor Deiner Geburt – wie geht es Dir?
VP: Gut – es ist warm, und es klopft.
H: Wie heißt Du?
VP: Ich glaube, ich soll Ellen heißen – aber ich weiß nicht.
H: Wir lösen uns von diesem Eindruck, und wir gehen weiter in der Zeit zurück, nicht nur um Monate, eventuell um Jahre – wie weit, das entscheidest Du selbst – denn wir werden so weit zurückgehen, bis wir auf irgendeine neue Situation, auf irgendein neues Ereignis stoßen, das man wieder in Worte fassen kann ...
VP: Da ist so'n Haus, das liegt am Klosterhof – da wollen sie mich nicht.
H: Wer will Dich nicht?
VP: Die Leute – weil ich ein Kind krieg –
H: Kennst Du die Leute?
VP: Ich muß sie wohl kennen – aber ich möchte sie nicht kennen, nein, da möcht ich nicht sein.
H: Wie alt bist Du?
VP: Sechzehn.
H: Wie heißt Du?
VP: Anna.
H: Und wie noch?
VP: Ach ja, ich bin zu Hause – das ist ein ganz kleines Dorf, da ist es schön.
H: Wie heißt dieses Dorf?

VP: Neuenbrook.
H: Wo ist denn das?
VP: In der Marsch – oben am Berg liegt Dekling und dort unten . . .
H: Und dort wohnst Du?
VP: Ja.
H: Bei Deinen Eltern?
VP: Ja.
H: Wie heißt Du denn?
VP: Anna.
H: Und wie noch?
VP: Schwenzer.
H: Kannst Du mir das buchstabieren?
VP: Hm, natürlich kann ich das – mein Vater würde auch sonst böse – mein Vater ist Lehrer.
H: Hier im Ort?
VP: Ja.
H: Wie heißt denn Dein Vater?
VP: Schwenzer.
H: Und wie noch?
VP: Johann.
H: Und Deine Mutter?
VP: Anna.
H: Und Du heißt auch Anna?
VP: Hm.
H: Was willst Du denn mal werden?
VP: Lehrerin.
H: Und wie alt bist Du jetzt?
VP: Hmm – vierzehn.
H: Und wann hast Du Geburtstag?
VP: Irgendwann im Frühjahr.
H: Weißt Du das nicht genau?
VP: Doch – am 17. April.
H: In welchem Jahr bist Du geboren?
VP: 1832 – aber darüber sprechen wir gar nicht.
 H: Warum nicht?

VP: Das ist nicht wichtig. Ich träume.

H: Von wem?

VP: Ich träume, daß ich wunderschön Orgel spiele – wunderschöne Gedichte mache – irgendwo bin, wo die Welt ganz schön ist.

H: Ist es nicht schön, wo Du bist?

VP: Doch, aber so kalt – grau – und eigentlich – die sagen – ich bin – sie sagen, ich bin ein bißchen übergeschnappt.

H: Wer sagt das?

VP: Ach, die Leute im Dorf – aber mein Vater sagt das nicht.

H: Und Deine Mutter?

VP: Die hat immer soviel zu tun.

H: Warum sagen die Leute, Du seist übergeschnappt?

VP: Weiß nicht – weil ich nicht so bin wie sie – ich lese und träume – und ich . . .

H: Was liest Du denn?

VP: Von Geschichte – Forschen –

H: Hast Du Bücher?

VP: Ja.

H: Kannst Du mir mal ein Lieblingsbuch von Dir sagen?

VP: Ja – Tutan – sie sagen Tutän – das war ein Pharao.

H: Wie heißt das Buch?

VP: Ich glaub, sie sprechen es falsch aus, Tutaschaman – da hätt ich gern gelebt!

H: Was steht in dem Buch drin? Von was handelt es denn?

VP: Von Ägypten – wie sie da gelebt haben – daß sie da schon, hm, Bienenstich gebacken haben – mein Vater hat mich mit in die Kirche genommen – Orgel spielen dürfen – aber die Pedale sind so weit unten – ich möchte einmal in dieser Kirche sitzen und alles spielen können.

H: Dann erzähl mir mal, was wichtig ist.

VP: Wie's den Bauern geht – wie's Wetter ist – wie die Kühe – ich muß melken lernen.
H: Habt Ihr eigene Kühe?
VP: Ja, ich glaub ja – zwei.
H: Habt Ihr einen Bauernhof?
VP: Nein – aber ein kleines Haus – mit ganz kleinen Fenstern – Butzenscheiben.
H: Was ißt denn Du am liebsten?
VP: Rote Grüt (rote Grütze).
H: Was?
VP: Rote Grüt mit Melk.
H: Was ist denn das?
VP: Das weiß ich nicht – das haben wir immer. Dorfstraße ist furchtbar schmutzig, wenn ich Geburtstag hab.
H: Warum?
VP: Es regnet soviel – aber mein Vater, der immer in der Kirche spielt, die Orgel, da bin ich gern – ich möchte auch so was werden.
H: Hast Du Geschwister?
VP: Ja.
H: Wieviel?
VP: Ich weiß nicht – ich seh sie auf einmal gar nicht – ich glaub, zwei Brüder.
H: Wie heißen die denn?
VP: Hans – Gottlob.
H: Sind die älter oder jünger wie Du?
VP: Ich weiß es nicht – ich bin immer alleine.
H: Warum denn?
VP: Weil ich gerne alleine bin.
H: Was tust Du denn – wenn Du alleine bist?
VP: . . .
H: Wir gehen in Deinem Leben etwas weiter – Du wirst ein Jahr älter, Du wirst fünfzehn Jahre alt – was hat sich im letzten Jahr ereignet bei Deinen Eltern, im Dorf?

VP: Ich bin aus der Schule gekommen – das ist schade.
H: Und was machst Du nun?
VP: Sie sagen, ich muß in Stellung – möchte so gern was lernen, aber wir haben kein Geld – und da bringen sie mich in dieses Haus – das ist so kalt.
H: Wo ist denn dieses Haus?
VP: In Itzehoe.
H: Wo?
VP: In Itzehoe.
H: Was ist denn das für ein Haus?
VP: Das ist so hellgrau und hat ein Stockwerk, und das liegt am Klosterhof – aber ich mag da nicht rein!
H: Gehört dieses Haus zum Kloster?
VP: Nein.
H: Ein privates Haus?
VP: Ja –
H: Und wer lebt darin?
VP: Ein Arzt – aber die sind nicht nett zu mir.
H: Warum nicht?
VP: Muß bloß saubermachen.
H: Bist Du hier in Stellung?
VP: Ja.
H: Wie heißt denn der Arzt?
VP: (Der Name wurde genannt und lediglich hier im Protokoll gestrichen!)
H: Und Du mußt da nur putzen?
VP: Ja, das kann ich nicht so gut – das ist so langweilig.
H: Hast Du auch mal Zeit zum Lesen?
VP: Nein.
H: Was machst Du, wenn Du Freizeit hast?
VP: Geh in den Wald – lauf ich rum – da hör ich die Musik – hm, da ist kein Mensch –
H: Welches Jahr schreiben wir?
VP: 1848.
H: Und wie alt bist Du?
VP: Sechzehn.

H: Wir gehen um ein Jahr weiter in Deinem Leben – Du wirst ein Jahr älter – erzähl mir, ob sich irgend etwas verändert hat im letzten Jahr – was gibt es Neues in Deinem Leben, wo bist Du, was tust du?
VP: Ich bin da nicht mehr.
H: Was machst Du denn?
VP: Es geht mir ganz schlecht.
H: Warum?
VP: Ich weiß nicht, wo ich hin soll.
H: Warum weißt Du das nicht?
VP: Ich suche noch.
H: Was, eine Stellung?
VP: Nein, wo ich hin kann – da ist doch so was – da ist doch so ein Heim.
H: Kannst Du denn nicht zu Deinen Eltern gehen?
VP: Sollen das nicht wissen!
H: Was?
VP: Hm – ich krieg doch ein Kind!
H: Und warum bist Du nicht mehr bei der Stellung geblieben?
VP: Die wollen mich da nicht mehr haben.
H: Und wo schläfst Du jetzt?
VP: Draußen.
H: Und von wem kriegst Du das Kind?
VP: Das darf ich nicht sagen!
H: Warum nicht?
VP: Er hat gesagt, ich darf das nicht sagen – ich will nicht mehr.
H: Was willst Du nicht mehr?
VP: Hm (schwerer Seufzer) – ich geh an die Stör.
H: Und dann, was willst Du tun?
VP: Da geh ich rein.
H: Welches Jahr schreiben wir?
VP: 1849.
H: Welchen Monat haben wir?
VP: Ich glaube Mai – 14. Mai.

H: Im wievielten Monat bist Du?
VP: Das weiß ich doch nicht.
H: Wir haben den 14. Mai, was tust Du?
VP: Ich geh an die Stör.
H: Um wieviel Uhr?
VP: Um fünf Uhr.
H: Am Abend oder in der Früh?
VP: Morgens.
H: Dann?
VP: Dann geh ich da rein!
H: Was empfindest Du dabei?
VP: Ruhe –
H: Du hast keine Angst?
VP: Nein, ich will nur Ruhe!
H: Findest Du sie?
VP: Ja.
H: Welches Gefühl hast Du jetzt?
VP: Schön – leicht.
H: Wo befindest Du Dich?
VP: Zu Hause.
H: Wo?
VP: Da, wo ich immer gewohnt habe, aber sie sehen mich nicht.
H: Was kannst Du beobachten?
VP: Alles – meine Mutter, die sagt immer: »So 'ne Schande, so 'ne Schande.«
H: Aber die sehen Dich nicht?
VP: Nein.
H: Was empfindest Du, wenn Du Deine Mutter siehst und hörst?
VP: Hm, bin ein bißchen traurig.
H: Und was sagt Dein Vater?
VP: Gar nichts – der ist traurig.
H: Sie wissen von Deinem Tod?
VP: Ich bin ja gar nicht gestorben!
H: Was bist Du dann?

VP: Ich bin doch da!
H: Aber warum sehen die Dich denn nicht?
VP: Ich will da nicht mehr sein – ich will schlafen.
H: Wo gehst Du jetzt hin?
VP: Nirgendwohin – ich bin noch da im Dorf und bin auch nicht mehr da.
H: Wie heißt Du denn?
VP: Hm – gar nicht.
H: Was machst Du denn dort – zu wem gehst Du besonders gern hin?
VP: Guck nur – ich seh alles.
H: Fühlst Du Dich in diesem Zustand besonders wohl?
VP: Ja.
H: Ist es schön?
VP: Ja.
H: Wie geht es weiter?
VP: Nichts.
H: Wirst Du mal wieder auf die Welt kommen?
VP: Das weiß ich doch nicht.
H: Möchtest Du?
VP: Nein – oh – oh, ich glaub, ich muß wieder auf die Welt kommen, aber ich will doch gar nicht – oh – ich fühle so was.
H: Fühlst Du auch, daß es einen Grund dafür gibt?
VP: Vielleicht werd ich bestraft.
H: Für was?
VP: Aber ich wollt doch bloß Ruhe – ich will nicht wieder auf die Welt –
H: Wo bist Du jetzt?
VP: Ich hab wieder eine Mutter!
H: Hast Du sie Dir ausgesucht?
VP: Nein.
H: Hast Du gespürt, als Du zu ihr kamst?
VP: Nein.
H: Aber Du hast jetzt wieder eine Mutter?
 VP: Ja.

H: Bist Du schon bei ihr?
VP: Ja.
H: Wie groß bist Du?
VP: Hoho – ganz klein – wie groß? Kann ich nicht sagen.
H: Magst Du die Mutter?
VP: Ich kenn sie noch nicht.
H: Hast Du eine Beziehung zu ihr?
VP: Sie sieht so aus – wie – kommt mir so bekannt vor.
H: Sieht so aus wie?
VP: Ich hab ihr Gesicht schon mal gesehen.
H: Es fällt Dir jetzt auch ein wann und wo, sag es mir!
VP: Ja, in einem Dorf, wo ich gewohnt habe.
H: Wer war sie da?
VP: Da war sie schon meine Mutter.
H: Sie war damals schon Deine Mutter?
VP: Ja.
H: Ganz bestimmt?
VP: Ich will nicht!
H: Wie alt bist Du denn jetzt?
VP: Ich kann es noch nicht sagen.
H: Wir gehen weiter bis zum Augenblick Deiner Geburt – Du wirst gerade geboren –
VP: Ja.
H: Du kommst wieder auf die Welt – kennst Du Deine Mutter noch?
VP: Ja.
H: Woher?
VP: Sie kommt mir so bekannt vor.
H: Magst Du sie?
VP: Ich kenn sie doch gar nicht.
H: Aber sie kommt Dir bekannt vor?
VP: Ja.
H: Was für ein Gefühl hast Du für sie?
VP: Sie ist nett zu mir – sie scheinen sich zu freuen, daß ich da bin.
H: Freust Du Dich auch?

VP: Nein – jetzt geht das Ganze von vorne los!
H: Weißt Du, was auf Dich zukommen wird?
VP: Ja.
H: Was wird auf Dich zukommen?
VP: Ich werde furchtbar allein sein –
H: So, wie das schon einmal war?
VP: Ja – noch schlimmer. Ich muß da weg – dann ...
H: Wo ...
VP: Von da.
H: Was ist da?
VP: Das ist ... das sind Grabsteine, und davor ist ein Friedhof, und mein Vater macht Grabsteine – und sie mögen mich nicht. Manchmal geht eine Beerdigung vorm Haus den Hügel rauf zum Grab – zum Friedhof – dann stell ich mich auf'n Grabstein, und dann denk ich, die kaufen mich auch – da kann ich dann weg –
H: Wir gehen kurz zurück bis zum Zeitpunkt Deiner Geburt, sag mir das Datum Deiner Geburt!
VP: September.
H: Der wievielte?
VP: Der 6.
H: Wieviel Uhr?
VP: Morgens.
H: Sag mir die genaue Uhrzeit.
VP: Zwanzig vor neun.
H: Du wirst älter und immer größer. Wir gehen in großen Schritten im Leben vorwärts, ohne uns aufzuhalten.

2. Sitzung

VP: Ich habe Angst – ich muß mich anziehen, und dann sitzen wir alle in der Nähe der Haustür – mein Bruder – meine Mutter und ein Mädchen, und es donnert – ich hab schreckliche Angst.
H: Wie alt sind Sie?

VP: Ich weiß nicht genau – glaube drei, vier, ich bin noch ganz klein, aber ich kann mich schon anziehen – und dann gehen wir aber die Treppe wieder rauf, und dann holt meine Mutter eine Leiter, und dann gehen, krabbeln wir diese Leiter rauf – auf den Dachboden, und dann gucken wir raus, und dann können wir in die Marsch sehen, wo's brennt, wo der Blitz eingeschlagen hat – das hat meine Mutter furchtbar gern, das zu sehen – wenn Feuer ist, rennt sie sofort aus dem Haus und muß dahin, wo das Feuer ist – ich eigentlich auch – aber ich darf nicht, und ich mag keine Gewitter – ich hab immer Angst –

H: Wir lösen uns von diesem Erlebnis und gehen weiter in der Zeit zurück – denn Zeit spielt für uns keine Rolle, Zeit ist für uns nicht mehr wie ein Zeichen der Verständigung, ein Maß der Einteilung, existiert für uns in Wirklichkeit nicht – wir gehen in der Zeit zurück, und Vergangenheit wird zur Gegenwart – Du wirst jünger und immer kleiner – wirst zwei Jahre alt – wir gehen noch weiter zurück – Du bist ein Jahr alt, wie geht es Dir?

VP: Ich lieg in einem Wäschekorb und, hm – weiß nicht, warum – es ist eigentlich – ach – sie ziehen um –

H: Wer sind sie?

VP: Na, meine Mutter, mein Vater, ich glaub, ein Mädchen ist auch noch da – ein Dienstmädchen – ja, wir ziehen aus einer Wohnung im ersten Stock, ziehen wir in ein Haus – in dem Haus wachse ich auf – aber warum ich in dem Wäschekorb lieg – sie packen.

H: Wir lösen uns von diesem Erlebnis und gehen weiter zurück, denn Zeit spielt für uns keine Rolle, wir gehen zurück zum Zeitpunkt Deiner Geburt, Du wirst gerade geboren, was spürst Du?

VP: Ich will nicht.

H: Warum nicht?

VP: Nein, ich will nicht, ich will nicht auf die Welt!

H: Hat das einen Grund?
VP: Ich hab Angst.
H: Vor was?
VP: Ich will's wieder so leicht und so ruhig haben, wie's war.
H: Warst Du schon einmal auf der Welt?
VP: Ja.
H: Ist das schon lang her?
VP: Das weiß ich nicht.
H: Kannst Du Dich noch daran erinnern?
VP: Ja, da war ich ein ziemlich armes Mädchen – ich hatte ganz glatte Zöpfe, und hübsch war ich nicht, immer hatte ich so Holzpantinen an, die waren immer schmutzig – das war – da waren so viele Wiesen.
H: Wir gehen in der Zeit so weit zurück, bis wir genau zu dem Punkt kommen, von dem Du jetzt erzählst, wir gehen in der Zeit so weit zurück, bis wir dort ankommen, wovon Du jetzt erzählst und Dich erinnerst – das Ganze wird jetzt zur Gegenwart, und Du erzählst mir etwas aus Deinem Leben! Wie heißt Du denn?
VP: Anna.
H: Wie noch?
VP: Wie heiß ich denn? – Ich bin so etwas über einen Meter groß.
H: Und wie alt?
VP: Ich muß wohl so zehn sein.
H: Dann weißt Du auch Deinen Namen?
VP: Natürlich – Schwenzer – ja, Anna Schwenzer.
H: Welches Jahr schreiben wir denn?
VP: 18, hab das nirgendwo gelesen – doch, 1842.
H: Wann wurdest Du geboren?
VP: 1832.
H: Datum?
VP: . . . im April – im April.

H: Welchen April?

VP: 13, 14, 15, 16, 17 ... Ich glaube der 17., ja!
H: Hast Du auch Geschwister?
VP: Ich glaub nicht, die soll ich noch kriegen – ich glaub doch – ich hab zwei Brüder.
H: Und was kriegst Du noch?
VP: Eine Schwester.
H: Wir gehen ein bißchen weiter nach vorne – so weit, bis Du Deine Schwester hast – wie alt bist Du dann?
VP: Ich kenn sie gar nicht. Da bin ich schon weg.
H: Wie heißt denn Deine Schwester?
VP: Helma.
H: In welchem Jahr ist sie auf die Welt gekommen?
VP: Ich muß sie doch kennen – ich glaub, sie ist so 1843 – nein 44 ...
H: Kennst Du sie jetzt oder nicht?
VP: Ja.
H: Magst Du Deine Schwester?
VP: Sie ist so klein und so ganz süß.
H: Wie heißt denn Dein Vater?
VP: Mein Vater heißt Hans, Johann – Hans sagen sie –
H: Was ist denn Dein Vater?
VP: Lehrer – Lehrer und Organist – das ist schön.
H: Und was machst Du gern? Gehst Du gern in die Schule?
VP: Ja, sehr gern –
H: Liest Du auch gerne Bücher?
VP: Ich lese – ich spiele Klavier.
H: Was spielst Du denn?
VP: Och – »Fröhlicher Landmann« – kann ich noch nicht sehr gut, aber es ist schön.
H: Kannst Du es mir mal vorsummen?
VP: (summt) – ach, ich kann nicht singen.
H: Und was liest Du gerne?
VP: Hm, ach ganz – es gibt so vieles, was mich interessiert – Reisen – Forschen – wenn ich groß bin, werde ich überall in die Welt – weit weggehen!

H: Zum Beispiel wohin?
VP: Ins Heilige Land.
H: Hast Du darüber gelesen?
VP: In der Bibel.
H: Was liest Du sonst noch gerne?
VP: Igot Igwadran – glaube ich, weiß nicht genau.
H: Was noch, was fällt Dir noch ein, was Du so gerne hast – Bücher, die Du wirklich gerne hast?
VP: Reisebeschreibungen und Moses in Ägypten.
H: Hast Du das Buch »Moses in Ägypten«?
VP: Nein – da bauen sie die Pyramiden, das wird beschrieben, ja, das kann doch »Moses in Ägypten« heißen und der Zug der Kinder Israels durch die Wüste – das – das interessiert mich besonders.
H: Kannst Du mir mal ein Zimmer, in dem Du wohnst, schildern? Habt ihr ein Wohnzimmer, oder wo hältst Du Dich gerne auf?
VP: Ja, in der Küche sitzen wir meistens.
H: Wie sieht die Küche aus?
VP: Steht ein Herd in der Mitte, und da ist immer Feuer drin, und meine Mutter hat eine ganz lange Schürze, mit Volants, und die Töpfe sind alle ganz schwarz.
H: Habt Ihr eine Geschirrspülmaschine?
VP: Was?
H: Habt Ihr so etwas nicht?
VP: Geschirrspülen tun wir, an der Pumpe holen wir das Wasser.
H: Wo steht die Pumpe?
VP: Draußen im Hof.
H: Ihr habt doch auch ein Wohnzimmer oder eine gute Stube?
VP: Wir haben eine ganz kleine, ganz kleine Stube –
H: Kannst Du mal erzählen, wie die aussieht?
VP: Da ist eine Eckbank, und da ist eine Nische – und da hat meine Mutter viele Blumen, Fuchsien hat sie gesagt, bringen Unglück – die hat sie rausgestellt, dann

hab ich sie mit unters Dach genommen – ich schlaf unterm Dach – ich hab keine Angst vor dem Unglück – aber im Winter ist es da oben sehr kalt – ich friere leicht – ich will wieder irgendwohin, wo's warm ist.

H: Warst Du schon einmal, wo's ganz warm war?

VP: Ja –

H: Wann war das? Wo war das? War das jetzt in diesem Leben?

VP: Nein.

H: Gut, wir gehen ein wenig weiter zurück – wir gehen so weit zurück, bis Du gerade auf die Welt kommst – Du wirst jünger, kleiner – Du wirst gerade geboren – und da halten wir uns auch nicht auf. Wir gehen noch weiter zurück – wir gehen durch die Geburt zurück und weiter, bis Du auf einmal wieder in einer ganz neuen Situation bist. Was siehst Du?

VP: Es ist heiß – es ist die Wüste –

H: Was machst Du in der Wüste?

VP: Ich – ich habe Schafe – ich laufe mit den Schafen herum.

H: Hütest Du sie?

VP: Ja, aber es ist soviel Platz.

H: Wie heißt Du?

VP: Ruth.

H: Und wie noch?

VP: Das weiß ich nicht.

H: Du heißt nur Ruth?

VP: Ja.

H: Welches Jahr schreiben wir?

VP: Das weiß ich nicht.

H: Kannst Du es mir ungefähr sagen?

VP: Hundert.

H: In welchem Land bist Du?

VP: Im Heiligen Land.

H: Warum ist dieses Land heilig?

VP: Weil Gott mit uns redet.

H: Was heißt mit uns? Wer ist das »uns«? Wie nennt ihr Euch?
VP: Wir sind ein Stamm.
H: Wie heißt dieser Stamm?
VP: Makkabäer.
H: Erzähl mir etwas über diesen Stamm.
VP: Wir haben Zelte – mein Vater ist ein sehr mächtiger Mann.
H: Wie heißt er?
VP: Hohas.
H: Nochmals.
VP: Hohas, glaube ich.
H: Du stehst jetzt vor Deinem Vater, und Du wirst ihm irgend etwas sagen, und zwar so, wie Du zu ihm sprichst, in der Sprache, in der Du normalerweise sprichst.
VP: ... Honaihn – ich darf eigentlich gar nicht mit ihm sprechen.
H: Warum nicht?
VP: Man muß warten, bis er etwas spricht.
H: Was hat er denn eben zu Dir gesagt?
VP: Hot maihn – Herr.
H: Und was sagst Du jetzt?
VP: Ich hole Wasser, viel – ich muß lange gehen – bis ich Wasser finde.
H: Wo holst Du Wasser?
VP: Das weiß ich nicht – ich gehe und gehe und finde keins – dann komm ich zu einem Berg.
H: Weißt Du, wie der Berg heißt?
VP: Der hat keinen Namen – und da finde ich Wasser –
H: Wo?
VP: Das kommt aus dem Berg – meine Lippen sind ganz trocken, und ich bin müd – aber das darf man alles nicht sagen.
H: Aber Du darfst jetzt Wasser trinken?
 VP: Nein.

H: Warum nicht?
VP: ... es gehört meinem Vater.
H: Wie heißt Wasser in Eurer Sprache?
VP: Das weiß ich nicht – brut – flepp.
H: Wie fühlst Du Dich?
VP: Müde.
H: Von was bist Du müde?
VP: Wir gehen und gehen – und Steine und Steine.
H: Wie bist Du bekleidet?
VP: Ich hab was ganz Grobes – Sandalen und grobes Stück Schaffell.
H: Wie siehst Du aus?
VP: Schwarze Haare – schwarz – ich weiß nicht genau, wie ich aussehe – ich weiß, daß ich dünn bin – aber ich weiß nicht, wie ich aussehe.
H: Kennst Du Christus? Hast Du etwas von ihm gehört?
VP: Nein – es soll ein Messias kommen – heißt es.
H: Wann wird der kommen?
VP: Alle warten – er wird uns erlösen – aber bis dahin sind wir schon alle tot.
H: Wie alt wirst Du werden?
VP: Hm – fünfundzwanzig.
H: Gut, gehen wir bis zu Deinem fünfundzwanzigsten Lebensjahr nach vorne – wie geht es Dir denn?
VP: Müde.
H: Müde? Müde von was?
VP: Wir gehen und gehen, ich kann nicht mehr mit.
H: Warum? Bist Du krank?
VP: Wir haben kein Wasser – die anderen gehen weiter.
H: Und Du?
VP: Ich bleib da – es ist schön.
H: Wo bleibst Du?
VP: Ich bleib einfach liegen –
H: Und was geschieht dann?
VP: Es wird Nacht – es wird ganz ruhig – ich schlafe ein.

H: Und was geschieht dann, wie geht es weiter?

VP: Da sehe ich mich liegen.

H: Was machst Du?

VP: Ich brauch nicht mehr zu laufen – ich brauch kein Wasser mehr zu suchen.

H: Kannst Du mir die Jahreszahl sagen, wo sich das ereignete? Dieser Wechsel von Körper zum Nichtkörper?

VP: Etwa hundert.

H: Gut – erzähl mir nun weiter, was geschieht – Du brauchst nicht mehr laufen – Du brauchst kein Wasser mehr zu holen – wo befindest Du Dich?

VP: Ich hab die anderen eingeholt.

H: Wie?

VP: Ganz einfach. Aber es spricht kein Mensch mehr von mir, sie haben sich hingesetzt – sie haben ein Feuer gemacht – und da sagt eine von den Frauen meines Vaters, sie geht auch nicht mehr mit – sie ist auch ganz müde – ich sage zu ihr, mach die Augen zu, schlaf ein – komm mit mir – es ist schön.

H: Glaubt sie's Dir?

VP: Nicht gleich. Ich verliere sie dann auch!

H: Wie geht es denn mit Dir weiter, was machst Du?

VP: Ich finde niemand, niemand.

H: Du bist ganz allein?

VP: Ja.

H: Ist dieser Zustand schön?

VP: Ja.

H: Wie wird es mit Dir weitergehen? Wirst Du immer hier und so bleiben?

VP: Nein.

H: Nein? Was wird sich denn verändern? Wie wird es denn mit Dir weitergehen?

VP: Das ist seltsam – ich bin, ich werde ganz woanders sein.

H: Wo?

VP: In einem Schloß.
H: Wann wird das sein? Bald?
VP: Das ist – in Böhmen.
H: Wir gehen in der Zeit zu diesem Zeitpunkt hin –
VP: Ich hab einen Mann – er ist sehr herrisch.
H: Wie heißt er?
VP: Eckehard.
H: Wie heißt Du?
VP: . . . Ursula.
H: Welches Jahr schreiben wir?
VP: 1580.
H: Und Du lebst in Böhmen? Wie geht es Dir denn?
VP: Ich kann den Mann nicht leiden.
H: Warum nicht?
VP: Er ist böse – böse.
H: Was hat er Dir getan?
VP: Er schlägt, er schlägt die Leute, und er schlägt auch mich.
H: Was macht Dein Mann? Hat er einen Beruf?
VP: Nichts, er ist ein Herr.
H: Wie nennt er sich? Hat er einen bestimmten Stand?
VP: Ja.
H: Wie heißt denn der Stand?
VP: Er ist ein Baron. Nein, er hat Leute – er ist ein Offizier – Offizier heißt das nicht – er ist ein Ritter – und er hat Soldaten.
H: Wie heißt das, wo Du lebst – ist das eine Stadt?
VP: Nein.
H: Was dann?
VP: Das ist ein Schloß.
H: Wie heißt das Schloß?
VP: Strachwitz – das weiß ich nicht genau.
H: Warum nicht? Natürlich weißt Du das!
VP: Strachwitz, aber ich glaub, es stimmt nicht – ich suche – ich suche.
H: Erzähl mir doch etwas anderes. Wie alt bist Du?

VP: Dreiundzwanzig.
H: Wann hast Du geheiratet?
VP: Vor zwei Jahren.
H: Wie hießest Du vorher?
VP: Ich komm doch nicht auf den Namen!
H: Wie heißt Du jetzt?
VP: Strachwitz.
H: Der Name Deines Mannes?
VP: Ja.
H: Ist das Schloß auch danach genannt?
VP: Das weiß ich nicht – da leben sie ja schon ganz lange.
H: Sag mir, wo steht dieses Schloß?
VP: Da ist ein Fluß.
H: Wie heißt dieser Fluß?
VP: Das ist die Moldau.
H: Was ist noch in der Nähe von diesem Schloß?
VP: Berge.
H: Ist eine größere Stadt in der Nähe?
VP: Prag.
H: Warst Du schon einmal in Prag?
VP: Ja – wir sind mit der Kutsche gefahren – sechs Stunden.
H: Wie gefällt Dir denn Prag?
VP: Das war sehr schön – da hab ich auf einer Brücke gestanden, nein – nein – das war nicht schön, das war gar nicht schön.
H: Warum nicht, was war passiert?
VP: Ich hab viele Leichen im Wasser treiben sehen.
H: Wie heißt der Landesherr?
VP: Das ist ein König.
H: Und wie heißt der König?
VP: Ich glaube Alfred – aber ich – komisch – ich weiß das alles gar nicht so genau.
H: Gut, gehen wir in Deinem Leben ein bißchen weiter – Du wirst älter – bekommst Du Kinder?

VP: Nein.
H: Bist Du noch bei Deinem Mann?
VP: Ja, er hat mich mitgenommen.
H: Wohin?
VP: Wir sind nicht mehr auf dem Schloß.
H: Wo seid Ihr denn?
VP: In Nürnberg.
H: Wie alt bist Du jetzt?
VP: Sechsunddreißig.
H: Sechsunddreißig, und Du lebst jetzt mit Deinem Mann in Nürnberg?
VP: Ja.
H: Wo? In einem Haus oder einem Schloß?
VP: In einem Haus – aber ein Schloß – eine Burg ist, glaube ich, dabei.
H: Und da lebst Du? Warum seid Ihr jetzt nicht mehr dort?
VP: Es ist Krieg.
H: Wer gegen wen?
VP: Überall ist Krieg.
H: Was ist denn das für ein Krieg, um was wird gekämpft?
VP: Die Böhmen, die Schweden.
H: Was macht Dein Mann in diesem Krieg?
VP: Der zieht rum – und der hat mich zu seiner Tante gebracht.
H: Nach Nürnberg?
VP: Ja.
H: Wie heißt diese Tante?
VP: Hatteline von Strachwitz.
H: Und die lebt in Nürnberg?
VP: Ja.
H: Welches Jahr schreiben wir?
VP: 1623.
H: Wir gehen in Deinem Leben nach vorne – so lange, bis sich wieder etwas ändert.

VP: Feuer.
H: Was ist?
VP: Feuer – es brennt – alle Häuser brennen.
H: Wo?
VP: In Nürnberg – ho – ich kriege keine Luft – ich kriege keine Luft – hm (stöhnt und windet sich).
H: Wir gehen nach vorne – wir lösen uns von diesem Ereignis. Wir gehen ein wenig nach vorne – Du blickst zurück und sagst, was geschehen ist.
VP: Hm, das weiß ich nicht.
H: Doch, Du weißt es.
VP: So was wie Watte aufs Gesicht gekriegt und keine Luft mehr gekriegt und . . .
H: Du bist ganz ruhig.
VP: Ne, das war das Feuer. Ich weiß nicht, wo ich bin.
H: Kannst Du mir noch sagen, wann das Erlebnis war, in welchem Jahr?
VP: 16 . . ., ich glaub – das weiß man nicht so genau – so um 1630.
H: Ja, und jetzt hast Du Dich in der Zwischenzeit gelöst und bist jetzt in einem anderen Zustand – wie gefällt es Dir denn?
VP: Gut.
H: Was machst Du hier?
VP: Gar nichts.
H: Wie wird es weitergehen?
VP: Schön, ganz leicht.
H: Du wirst immer hier bleiben, in dem leichten Zustand?
VP: Erst einmal, ja.
H: Und dann?
VP: Ich wehe weg.
H: Wohin?
VP: Ich wehe nach Norden. Da ist es kalt –
H: Bist Du schon geboren?
 VP: Ich glaube, es ist bald . . .

H: Gut, wir gehen zum Zeitpunkt Deiner Geburt – sag mir das Datum Deiner Geburt.

VP: 1832.

H: Sag mir das Datum ganz genau.

VP: 13., 14., 15., 16., 17. April.

H: Der 17. April? Warum fängst Du schon am 13. an?

VP: Da fing das an!

H: Was fing da an?

VP: Da wollte meine Mutter mich zur Welt bringen.

H: Und sie hat es nicht getan?

VP: Das ging nicht so schnell.

H: Warum?

VP: Das ging nicht – sie haben eine Frau aus der Stadt geholt – die helfen mußte.

H: Und am 17. ging es?

VP: Ja.

H: Du sagst mir noch die genaue Uhrzeit . . .

VP: Halb neun.

H: Am Morgen?

VP: Ja.

H: Wie heißt der Ort, wo Du geboren bist?

VP: Neuenbrook.

H: Ging die Geburt reibungslos vor sich?

VP: Nein.

H: Was wurde bei der Geburt gemacht?

VP: Die haben furchtbar an mir gezogen, ich kam mit den Beinen zuerst auf die Welt – und dann hatten sie große Angst um mich – aber dann war alles gut.

H: Schau Dir Deine Mutter an!

VP: Sie hat ein kleines Gesicht.

H: Hast Du irgendwann einmal früher, in vergangenen Zeiten, diesen Menschen schon einmal gesehen?

VP: Ja – ich glaube.

H: Wann und wo?

VP: Das war weit weg.

H: Wo, Du erinnerst dich?

VP: Da lebte sie im Sand.
H: In welcher Beziehung standest Du damals zu ihr?
VP: Sie war meine Schwester.
H: Mochtest Du sie damals?
VP: Mein Vater mochte sie lieber.
H: Jetzt ist sie Deine Mutter?
VP: Ja.
H: Hast Du sie in der Zwischenzeit noch mal gesehen?
VP: Da war eine Zeit – ich kann mich ganz schlecht daran erinnern – das weiß ich nicht.
H: Ja, Du wirst älter, älter und größer, Du wächst auf, wie alt bist Du denn schon?
VP: Zehn.
H: Du wirst zwölf, vierzehn . . .
VP: Ja.
H: Wie geht es Dir denn?
VP: Ich bin traurig.
H: Warum?
VP: Ich bin raus aus der Schule, und ich wollte so gerne was lernen.
H: Was wolltest Du denn lernen?
VP: Lehrerin, aber es gibt keine Schulen für Mädchen.
H: Gut, Du wirst ein Jahr älter, Du wirst fünfzehn, was machst Du jetzt?
VP: Ich bin in der Stadt.
H: Wie heißt diese Stadt?
VP: Itzehoe.
H: Und wo bist Du da?
VP: Hinter dem Klosterhof.
H: Und was machst Du da?
VP: Da bin ich in Stellung.
H: Wie heißt die Stellung, wo Du bist? Wie heißt die Herrschaft?
VP: Dr. – hm – ja, so'n kleiner Dicker (Name wird genannt).
H: Und wie heißt er mit Vornamen?

VP: (Name wird genannt!)
H: Wir gehen um etwa ein Jahr weiter in Deinem Leben, hat sich etwas verändert? Erzähl ein bißchen was!
VP: Er war sehr böse.
H: Ja, wer – er?
VP: Ja, er – der . . . (Name wie eben!)
H: Warum war er böse?
VP: Ich hab ihm gesagt, daß ich ein Kind krieg –
H: Und was hat er gesagt?
VP: Er hat gesagt: Du Hure, das ist nicht von mir!
H: Und ist es von ihm?
VP: Ja, von wem denn sonst!
H: Und wer ist dieser Mann?
VP: Der – seine Frau darf das nicht wissen, und ich darf das niemandem sagen!
H: Was wirst Du machen?
VP: Ich weiß nicht!
H: Wir gehen in der Zeit weiter, weiter nach vorne, was machst Du?
VP: Ich hab überlegt – die ganze Nacht – ich bin müde – ich will nicht mehr – ich friere – ich will nicht mehr – kein Mensch hilft mir.
H: Was machst Du?
VP: Ich gehe – ich gehe an die Stör – geh auf den Deich – und es ist noch dunkel – wenn es hell wäre, könnt ich es auch nicht.
H: Welches Datum haben wir?
VP: September – es ist kalt.
H: Der wievielte September?
VP: Ich weiß nicht so genau – ich glaub, der 13. Ich weiß auch niemanden, den ich danach fragen kann.
H: Wieviel Uhr?
VP: Es ist fünf Uhr morgens – die ganze Nacht habe ich nicht geschlafen.
H: Was machst Du jetzt?
VP: Ich sitze noch ein bißchen am Deich.

H: Und dann?

VP: Es bleibt keine – es bleibt keine andere Wahl – du mußt das – du mußt das – es ist kalt – ich mach die Augen zu – gleich, gleich ist Ruh.

H: Wie geht es weiter?

VP: Hm (weint).

H: Du löst Dich von diesem Ereignis – wie geht es weiter? Wo bist Du jetzt?

VP: Ich guck.

H: Wohin?

VP: Die haben mich gefunden.

H: Und was machen die?

VP: Die fragen meinen Vater, ob ich ein rotes Kleid angehabt habe. Hoch, mein Vater weint – hm, ich mag ihn nicht weinen sehen. Was sollte ich denn tun? (weint).

H: Wie wird es mit Dir weitergehen?

VP: Ich bin dann zu Hause –

H: Wir gehen weiter.

VP: Meine Mutter weint gar nicht – sie ist nur böse –

H: Wir gehen weiter – wie geht es weiter?

VP: Gar nicht.

H: Wir gehen in der Zeit weiter nach vorn – bis sich wieder was verändert.

VP: Aha.

H: Was ist denn, was geschieht?

VP: Sie hat mich mitgenommen.

H: Wer?

VP: Meine Mutter.

H: Wohin?

VP: Ah – zu sich.

H: Wie meinst Du das?

VP: Ich will es nicht.

H: Wie hat sie das gemacht?

VP: Ich will es nicht.

 H: Erzähl mir, wo bist Du?

VP: Sie bringt mich auf die Welt.

H: Gut, sag mir das Jahr Deiner Geburt!

VP: 1912.

H: Jetzt bist Du wieder auf der Welt!

VP: Sie haben lieber einen Sohn gewollt – nun bin ich auf der Welt.

H: Du wirst älter und größer, ja?

VP: Ja.

H: Wir gehen in der Zeit nach vorne ohne uns aufzuhalten, immer weiter nach vorne – Du wirst 10, 15, 20 Jahre, 35, 40, 45. Wir gehen so weit nach vorne, bis wir das Jahr 1975 erreicht haben. Wir gehen bis zum 31. Januar 1975, dort machen wir wieder halt – wir machen halt am 31. Januar 1975 – wenn Sie angekommen sind, an diesem Datum, dann sagen Sie es!

VP: Ja.

H: Sie befinden sich in einem tiefen, hypnoiden Schlaf. Sie fühlen sich wohl, sehr wohl, glücklich und zufrieden. Sie haben eine weite Reise hinter sich, eine Reise mit der Seele und eine Reise durch die Seele – Sie lösen sich langsam von all diesen Dingen und Erlebnissen und geben sich ganz dem Gefühl der Ruhe und Entspannung hin. Sie fühlen sich wohl und glücklich und zufrieden, und Sie schlafen tief und fest, ganz tief und ganz fest, und in dieser absoluten Ruhe regeneriert sich Ihr ganzer Organismus. Alles erholt sich, schafft neue Kraft – Sie fühlen sich wohl – sehr wohl, glücklich und zufrieden – Sie fühlen sich wohl, glücklich und zufrieden, schlafen tief und fest.

Nach diesen beiden Sitzungen hat die Journalistin die Überprüfung einiger Aussagen veranlaßt. Dabei konnte die historische Existenz einer Anna Schwenzer, geb. 17. 4. 1832 in Neuenbrook, nachgewiesen werden. Weiterhin konnten wir von heute lebenden Mitgliedern der Familie Strachwitz erfahren, daß der Stammbaum der Familie tatsächlich in den beschriebenen böhmischen Raum zurückläuft, jedoch fehlen die Unterlagen aus dieser Zeit.

Ein Sprachwissenschaftler identifizierte die wenigen fremdsprachigen Worte aus dem dritten Vorleben als aramäisch.

Weitergehende Überprüfungen liegen noch nicht vor.

Das Experiment im Kreuzverhör

»Ich bin gewiß, so wie Sie mich hier sehen,
schon tausendmal dagewesen, und ich hoffe,
noch tausendmal wiederzukehren.«
Goethe zu Falk

Ich sprach bisher immer von »Vorleben«, »Erinnerungen an frühere Leben«, »Reinkarnation« – Begriffe, die in unserem bestehenden Weltbild bei weitem keine Selbstverständlichkeiten sind. Die Anführungsstriche, in denen diese Begriffe bisher standen, sollen die hypothetische Vorläufigkeit andeuten, denn erst jetzt, nachdem wir die phänomenologische Seite des Experiments näher kennengelernt haben, können wir uns der genauen Untersuchung des Experiments zuwenden.

Erzählt oder beschreibt man ein solches Experiment einem Menschen, der bisher mit diesem Themenbereich noch nichts zu tun hatte, so kann man in der Mehrzahl aller Fälle nicht viel mehr als Entrüstung oder ein mitleidiges Lächeln über so viel Phantasterei (oder deutlicher: Spinnerei) erwarten. Wesentlich unsicherer reagieren Personen, die Gelegenheit hatten, diese Experimente als Beobachter selbst mitzuerleben. Am leichtesten gestaltet sich die Überzeugung bei der Versuchsperson selbst, denn was man erlebt hat, braucht man nicht mehr zu glauben – das weiß man.

Daß meine Behauptung, es gäbe Reinkarnation und ich könne experimentell bei einem jeden Menschen diese »Vorleben« erfahren und ihm bewußtmachen, auf einen überaus starken Widerstand in der Öffentlichkeit stößt, ist nicht sonderlich überraschend. Alles Neue, was die gewohnte Denkrichtung verläßt, stieß schon immer auf Widerstand. Jeder Mensch ist ja darauf angewiesen, neue Informationen in sein vorhandenes Raster einzugliedern. Dieses vorhandene Raster ist aber nichts anderes als die Summe seiner bisherigen Informationen bzw. seine Lerngeschichte. Erhält man nun eine Information, die sich in dieses Raster nicht einordnen läßt, so entsteht Angst als Ausdruck des Widerspruchs zwischen dem Wunsch, jede Information eingliedern zu können und der offensichtlichen Unmöglichkeit, dies in einem speziellen Falle tun zu können. Um nun die drohende Angst zu eliminieren, versucht der Mensch, die Information so lange umzugestalten, bis sie in sein Raster paßt; die Veränderung wird fast immer an der Information vorgenommen, da das Raster als gesamte Lerngeschichte nicht wegen einer neuen Information in Frage gestellt wird.

Ein einfaches, schematisiertes Beispiel möge das Gesagte veranschaulichen. Man stelle sich vor, jemand ist nachts allein in einer großen Wohnung. Plötzlich hört er ein dumpfes Geräusch. Dieses Geräusch ist eine neue Information, die blitzschnell Angst auslöst. Der Betreffende wird sofort nach Möglichkeiten suchen, die Information, in diesem Falle das Geräusch, sinnvoll einzuordnen. Das Bewußtsein versucht, das Geräusch mit allen bisherigen Lernerfahrungen zu vergleichen, um es schließlich nach dem Gesetz der Ähnlichkeit einzuordnen. In diesem Falle werden alle Möglichkeiten vom Donner bis zum Einbrecher geprüft, bis schließlich die Wahl auf die Hypothese fällt: »Die Katze hat bestimmt wieder den Briefordner vom Schreibtisch gestoßen.« Im selben Moment löst sich die Spannung, die Angst verschwindet, denn die Information ist eingeordnet. Ob die getroffene Zuordnung von Geräusch und Ereignis der Wirklichkeit entspricht oder nicht, ist völlig gleichgültig.

Dieser Mechanismus dient dem Lernvorgang des Menschen, denn ohne das Prinzip der Einordnung, der

Zuordnung, des Vergleichens und des Wiedererkennens gäbe es keinen Lernfortschritt – der Mensch müßte bei jeder Information wie ein Kind ganz von vorne anfangen. Doch leider ist dieser sehr sinnvolle Mechanismus auch Ursache für viele Vorurteile, Meinungen und Hypothesen. Deshalb sollten wir uns diesen Vorgang, der größtenteils unbewußt und blitzschnell vor sich geht, auch vor Augen halten, wenn wir versuchen, die Experimente sachlich und möglichst vorurteilslos zu betrachten, ohne sie unbedingt mit Gewalt in die vorhandenen Raster und Klischees hineinzuzwängen. Denn jeder Fortschritt, jede Entwicklung und jede Erfindung entsteht nur dort, wo jemand etwas für grundsätzlich möglich hält, was bisher außerhalb der Lernerfahrung liegt. Hätte nie jemand den Mut gehabt, es für möglich zu halten, daß der Mensch fliegen kann, so hätten wir heute keine Flugzeuge. Heute ist dies eine Selbstverständlichkeit, doch die ersten, die diese Gedanken wagten, wurden als Verrückte verlacht.

Nun ist zwar der Gedanke der Reinkarnation keineswegs neu, aber er paßt nicht in das Denkraster unseres heutigen materialistisch-naturwissenschaftlichen Weltbildes. Die Wissenschaft behauptet, Bewußtsein gäbe es nur in Verbindung mit Materie. Doch dies ist eben eine Behauptung, ein Axiom, das nur so lange Anspruch auf Gültigkeit erheben kann, bis das Gegenteil bewiesen ist. Um dieses Gegenteil zu beweisen, wollen wir zuerst einmal prüfen, ob meine Experimente mit dem herkömmlichen Denkmodell zu erklären sind, und wieviel Gewalt man anwenden muß, um sie in das vorhandene Raster hineinzuzwängen.

Ich habe meine Experimente in der Zwischenzeit vielen Leuten gezeigt, Journalisten, Laien, Wissenschaftlern. Ich habe sie um ihre Meinung gefragt, darüber gesprochen, diskutiert. All die vielfältigen Einwände, Erklärungsversuche und Hypothesen lassen sich letztlich in vier ernstzunehmende Hypothesen zusammenfassen.

Dabei sind nicht die Einwände miteingerechnet, die alles als reinen, vorsätzlichen Betrug abtun. Sich gegen den Vorwurf des Betruges ernsthaft zu verteidigen, halte ich für sinnlos; möge diese Behauptung ruhig als letztes Refugium bestehen bleiben, für diejenigen, die keine andere Wirklichkeit außerhalb ihrer selbstgebastelten Realität ertragen können.

Hier die vier Kategorien, in denen man nach möglichen Erklärungen suchen kann:

1. Die Suggestions-Hypothese vermutet die Möglichkeit, daß der besondere Zustand der Hypnose es eventuell dem Hypnotiseur ermöglicht, in der Suggestion bereits die Antwort der Versuchsperson unterzuschieben. Diese Hypothese läßt sich wohl am einfachsten widerlegen, denn ein aufmerksames Lesen der Protokolle zeigt, daß fast alle Fragen sehr knapp und kurz formuliert sind und dabei nicht der geringste Versuch unternommen wird, die Antwort bereits in der Frage zu verpacken. Dagegen streue ich regelmäßig einige bewußt suggestive Fangfragen, indem ich nach Autotypen, modernen Geräten wie Fernsehen, Telefon, oder zeitgenössischen Personen frage. Es kam noch kein einziges Mal vor, daß eine Versuchsperson auf einen solchen modernen Begriff eingegangen wäre, selbst wenn ich suggestiv insistierte (»Ihr habt doch ganz bestimmt ein Fernsehgerät!«). Hingegen fragt die Versuchsperson jedesmal ganz überrascht nach, was denn das für ein Wort sei. Als ich einmal bei einer Sitzung recht häufig moderne Begriffe einstreute, reagierte meine Versuchsperson sogar sehr ärgerlich und beschwerte sich, daß ich immer so ein »komisches Zeug« rede. Als ich einmal an einer passenden Stelle von einer »Tüte Milch« sprach, brach meine Versuchsperson in schallendes Gelächter aus – eine »Tüte Milch« war ihr eine unvorstellbare Zusammenstellung. Alles in

allem ergibt sich kein Hinweis, daß man durch die Art der Fragestellung oder durch eine suggestive Formulierung eine Antwort forcieren könnte.

2. Als zweite Erklärungshypothese hört man überraschend häufig die Vermutung, ich übertrage die erwünschten Antworten nicht über meine Wortwahl, sondern benutze als Hilfsmittel die Telepathie. Für den materialistisch-naturwissenschaftlich denkenden Menschen ist die Telepathie wohl nicht gerade die wahrscheinlichste Erklärung, da auch die Telepathie trotz der Versuche, sie statistisch zu beweisen, noch keinen Platz in seinem Weltbild gefunden hat. Dennoch wird ihre Existenz in immer breiteren Kreisen salonfähig, so daß sehr viele Parapsychologen bemüht sind, auch alle anderen »paranormalen Phänomene« auf die Telepathie zu reduzieren.
Mag es nun grundsätzlich sehr gut möglich sein, die Telepathie als ein der Sprache adäquates Kommunikationsmittel auszubauen, so freut man sich in unseren Tagen meistens doch schon sehr, wenn es gelingt, wenigstens ein paar Bilder oder geometrische Figuren auf diesem Wege zu übertragen. Im Hinblick auf diese heute üblichen Leistungen auf dem Gebiete der Telepathie fühle ich mich jedesmal sehr geehrt, wenn man mir ernsthaft zutraut, meinen Versuchspersonen ganze Romane telepathisch zu übermitteln. Könnte ich dies, so würde ich wohl eher ausschließlich Daten übermitteln, die leicht, rasch und sicher nachprüfbar sind. (Diesen Punkt übersehen auch all diejenigen, die einen vorsätzlichen Betrug vermuten!)

Allen, die nun immer noch vermuten, ich würde die Information telepathisch übertragen, ohne daß dies mir selbst bewußt ist, kann ich versichern, daß ich schon häufig ganz bestimmte Antworten erwartet habe, die gegebenen Antworten jedoch ganz anders ausfielen. Auch der Verdacht, daß meine Versuchspersonen mich telepathisch anzapfen, hat daher recht wenig Wahrscheinlichkeit, zumal ich historisch recht ungebildet bin.

In eine ähnliche Richtung zielen die Hypothesen, die vom »wandernden Hellsehen« oder vom »Lesen in der Akasha-Chronik« sprechen. In beiden Fällen wird vermutet, daß eine Person in dem besonderen Zustand der Hypnose die Möglichkeit hat, Informationen zu erhalten, die außerhalb der persönlichen Erfahrung und außerhalb der Zeit- und Ortsbeschränkung liegen. Zwar wissen wir, daß diese Phänomene möglich sind, über ihre genauen Gesetzmäßigkeiten wissen wir jedoch noch zu wenig, als daß man sicher mit diesen Begriffen hantieren könnte. Ich möchte sie deshalb in unserem Falle vorerst etwas vernachlässigen, denn es ergibt keinen sehr großen Gewinn, wenn man etwas Unbekanntes mit etwas anderem Unbekannten erklärt. Später, wenn ich auf die therapeutische Wirksamkeit meiner Experimente zu sprechen komme, werden wir sehen, daß die Annahme, es handele sich bei unseren Experimenten um persönliches Material, mehr Wahrscheinlichkeit zeigt als die Hypothese einer Wahrnehmungserweiterung in kollektive Bereiche.

3. Die »Erbgedächtnis-Hypothese« möchte ich jenen Erklärungsversuch nennen, der die Reinkarnation ablehnt und dafür annimmt, daß die Erfahrungen und Erlebnisse der Vorfahren mittels eines genetischen Codes auf die Nachkommenschaft übertragen wird. Man stellt sich vor, daß alles, was ein Mensch erlebt, ja sogar alles, was er sieht und erfährt, in ihm gespeichert wird. Bei der Zeugung eines Kindes treffen jedoch nicht nur die »Lernerfahrungen« der beiden Eltern, sondern sogar die Lerngeschichten sämtlicher Vorfahren zusammen und werden durch

den genetischen Code weitergegeben. Bei jeder Zeugung potenziert sich die Information, es geht nichts verloren. Jeder Mensch könnte demnach aus einem riesigen Reservoir von historischen Informationen schöpfen, das zeitlich so weit zurückgeht, wie die menschliche Entwicklungsgeschichte reicht.

Aus wissenschaftlicher Sicht ist man sich heute längst noch nicht einig, ob es möglich ist, Lernerfahrungen zu vererben. Doch selbst wenn es sich anhand von Tierversuchen zeigen sollte, daß Erlerntes vererbbar ist, so scheidet die Erbgedächtnishypothese als Erklärung für unsere Experimente trotzdem aus, und zwar aus folgenden Gründen: Wir erhalten in unseren Experimenten Schilderungen von ganz klar abgegrenzten Leben und kein Potpourri von irgendwelchen Erinnerungen. Jedes Leben zeigt markante Züge einer ganz bestimmten Persönlichkeit und ist in ihrem inneren Zusammenhang jedesmal ein Ganzes. Selbst wenn man diese Leistung einem Erbgedächtnis zubilligt, müßten diese »Leben« sich ausschließlich mit denen der Vorfahren einer Versuchsperson decken – gerade aber dies ist fast niemals der Fall. Hinzu kommt, daß man in den Schilderungen naheliegenderweise auch die einschneidenden Erlebnisse der eigenen Eltern finden müßte – auch dies zeigte sich niemals. Gänzlich versagt diese Hypothese in bezug auf die Nachtodschilderungen meiner Versuchspersonen. Im Zusammenhang mit der nächsten Hypothese werden wir noch auf eine Anzahl von Besonderheiten zu sprechen kommen, die ebenfalls mit dem Erbgedächtnis nicht erklärt werden können.

Sollten all diese Einwände letztlich zur Widerlegung nicht genügen, so könnte man bestimmt durch ein Zwillingsexperiment letzte Klarheit schaffen. Denn Zwillinge, selbst schon Geschwister, müßten denselben genetischen Erinnerungscode besitzen und folglich etwa die selben Aussagen liefern. Ich hatte noch keine Gelegenheit, mit Zwillingen zu experimentieren, aber ich halte diese Hypothese auch ohne dieses Experiment für unhaltbar.

4. Bleibt uns noch zuletzt die häufigste Hypothese, die ich zusammenfassend »Phantasie-Hypothese« nennen möchte. Sie ist für die meisten Personen die zweifellos naheliegendste Erklärung. Sie zu widerlegen scheint zudem schwierig zu sein. Hinter der Phantasie-Hypothese verbirgt sich die Annahme, daß die Berichte vom »früheren Leben« nichts anderes als eine phantastische Verarbeitung von Daten seien, die in diesem Leben irgendwann einmal eingespeichert wurden. Es würden in der Hypnose und der damit vorhandenen Hypermnesie (gesteigerte Erinnerungsfähigkeit) frühere Erzählungen, Geschichten, Romane und ähnliches zu einem neuen Ganzen verdichtet und als Selbsterlebtes ausgegeben. Damit unterschiebt man der Versuchsperson keineswegs betrügerische Absichten, denn dieser Vorgang würde sich unbewußt abspielen können, motiviert durch den Wunsch, dem Hypnotiseur gegenüber gefällig zu sein und bestimmten Forderungen zu entsprechen.

Wenn man von Phantasie spricht, muß Verdichtung von eingespeichertem Informationsmaterial angenommen werden, denn »reine Phantasie« ist ohne Verwendung bekannter Daten unmöglich. Auch in der Phantasie können nur bekannte Informationen bewußt, niemals jedoch etwas absolut Neues hervorgebracht werden. So kann man sich beispielsweise in der Phantasie einen roten Elefanten vorstellen, wie er gerade durch die Lüfte fliegt. Diese Vorstellung ist aber nur deshalb denkbar, da uns alle Einzelheiten dieses Bildes aus Erfahrung bekannt sind: Elefant, die rote Farbe und der Vorgang des Fliegens. Das Phantastische besteht lediglich in der neuen Kombination. Dagegen ist es unmöglich, sich in der Phantasie ein »Krakilbastus« vorzustellen, einfach deshalb, weil wir keine hierzu passende Lernerfahrung besitzen. Man sollte also beim Umgang mit dem Phantasiebegriff niemals vergessen, daß es sich immer um eingespeichertes Material handeln muß.

Trotz allem bleibt zu klären, ob es sich bei unseren Experimenten nur um persönliches Erlebnismaterial handelt oder nicht. Für diese Annahme spricht die Erfahrung der experimentellen Tagtraumtechnik, heute unter dem Namen »katathymes Bilderleben« bzw. »Symboldrama« bekannt. Bei dieser psychotherapeutischen Technik erlebt der Patient in einem hypnoseähnlichen Zustand Situationen, die für ihn im Moment des Erlebens einen sehr hohen Realitätswert erhalten können und dennoch lediglich die symbolische Verarbeitung seiner Lebensprobleme, ähnlich wie beim nächtlichen Traum, darstellen. Im psychoanalytischen Erfahrungsbereich wäre eine solche symbolische Verarbeitung eines inhaltlichen Problems durchaus nichts Neues. Selbst die therapeutische Wirksamkeit eines solchen »Symboldramas« wäre psychodynamisch erklärbar.

Aus all diesen Gründen erscheint tatsächlich die Erklärung am naheliegendsten, daß die Berichte über die angeblichen Vorleben letztlich nichts anderes sind als geschickt verarbeitete Einzelinformationen, die über verschiedene Wege in diesem Leben eingespeichert wurden.

Gibt es nun doch noch Fakten, die von dieser Hypothese nicht voll abgesichert werden? Überschaut man eine größere Serie von Experimenten mit den verschiedensten Versuchspersonen, so verliert diese Hypothese immer mehr an Wahrscheinlichkeit. Zuerst ist es die Art und

Weise, wie die Versuchsperson bestimmte Ereignisse wiedererlebt – es ist eben kein bloßes Wiedererinnern, kein Erzählen oder Aneinanderreihen von irgendwelchen einzelnen Fakten, sondern die Versuchspersonen erleben mit ihrem ganzen Körper und mit allen Emotionen ihre »Erlebnisse« durch. Gerade diese Intensität des Erlebens läßt sich schriftlich leider nicht wiedergeben, man muß persönlich eine solche Sitzung miterlebt haben, um einigermaßen abwägen zu können, ob die Art der Reproduktion mehr einem Fabulieren oder eher einer Wiedervergegenwärtigung früherer Erfahrungen entspricht. Fast alle Personen, die Gelegenheit hatten, persönlich als Zeuge einer Sitzung beizuwohnen, bestätigten bisher den Eindruck, den Prof. Dr. Rainer Fuchs einmal so formulierte:

»Die Reproduktion des Materials zeigte deutlich die Verlaufsform des Wiedererinnerns und des Zurückversetzens in Erlebtes und Erfahrenes. Es wurden nicht nur Situationen *erinnert*, sondern es kam auch zu einer Reaktivierung der situationsbezogenen Neigungen und Abneigungen, Strebungen und Widerstrebungen. Zudem war die Lebensgeschichte in erstaunlichem Maße in sich stimmig und in stimmiger Weise mit dem historisch-soziologischen Rahmen verknüpft.«

Dieses Wiedererleben ist so intensiv, daß es in manchen Situationen den ganzen Körper ergreift und sich nicht nur die physiologischen Funktionen wie Atmung, Herzfrequenz, Puls und EEG signifikant verändern, sondern auch der ganze Körper hin und her geworfen wird, sich einzelne Gliedmaßen verkrampfen und ähnliches mehr.

Bezeichnend ist ebenfalls, daß in den verschiedenen Vorleben sich jedesmal ganz bestimmte, in sich geschlossene Charaktere manifestieren, die oftmals sehr wenig Ähnlichkeit mit dem Charakter und Verhaltensmuster der Versuchsperson haben. In vielen Fällen ändert sich sogar die Stimme so stark, daß sie nicht mehr die geringste Ähnlichkeit mit der »normalen Stimme« der Versuchsperson hat. Ich habe Tonbandaufnahmen, auf denen eine fast sechzigjährige Patientin gerade die Kindheit ihres Vorlebens nacherlebt, nachträglich verschiedenen Leuten vorgespielt mit der Frage, wie alt wohl die Besitzerin dieser Stimme sein könnte. Alle schätzten auf ein fünfzehn- bis zwanzigjähriges Mädchen. Aus der zarten Stimme einer jungen Patientin wurde auch einmal während der Sitzung eine tiefe, rauhe Männerstimme.

Besonders interessant war folgender Fall: Ein Patient erlebte sein letztes Leben, in dem er als deutscher Soldat im Ersten Weltkrieg bei der Stürmung einer französischen Festung von einem Soldaten mit dem Bajonett in die linke Hüfte gestochen wurde und an dieser Verwundung starb. Bei der nächsten Konsultation erzählte mir dieser Patient, daß er seit der Geburt an der linken Hüfte eine Hautveränderung habe, die auf den ersten Blick wie eine verheilte Narbe aussehe, in Wirklichkeit aber auf eine andere Pigmentierung der Haut zurückzuführen sei. Erst zu Hause, als er sein Erlebnis seiner Frau erzählte, bemerkten beide die Identität von früherer Einstichstelle und dieser Hautveränderung, für die in diesem Leben keinerlei Verursachung vorhanden ist. Ein solcher Einzelfall dürfte für viele keine große Beweiskraft besitzen und wie üblich als »Zufall« abgetan werden. Doch schon vor zehn Jahren veröffentlichte der amerikanische Reinkarnationsforscher Prof. Jan Stevenson mehrere Fälle, in denen er nachwies, daß Narben offensichtlich ihre Ursache in früheren Inkarnationen haben können.

Es gibt noch mehr Phänomene, die nach meiner Meinung durch die bisherigen Hypothesen nicht gut erklärt werden können. Es ist möglich, in der Sitzung die Versuchsperson schreiben zu lassen. Hierbei zeigt sich nicht nur eine Veränderung der Handschrift, sondern wir erhalten je nach Epoche auch ganz andere Schriften, die in der Sitzung trotz der geschlossenen Augen flüssig niedergeschrieben werden.

Eindrucksvoll sind auch die Proben, die eine zwanzigjährige Sekretärin schrieb, als sie ihre Inkarnation im alten Ägypten, im 20. Jahre des Pharaos, wiedererlebte. Hier drängt sich spätestens die Frage auf, ob denn die Versuchsperson auch die alten Sprachen sprechen könne. Sie kann es tatsächlich! Zwar führen wir die ganze Sitzung in deutscher Sprache durch, um eine ständige Verbindung zu garantieren. Dieses Verstehen meiner Fragen und das Beantworten in derselben Sprache wird bei der Einleitung des Experiments von mir suggestiv festgelegt, da bei Abbruch der Kommunikation zwischen mir und der Versuchsperson auch der Rapport verlorengehen würde. Innerhalb der Sitzung kann ich jedoch die Versuchsperson auffordern, ganz bestimmte Antworten in der »Originalsprache« zu geben. Diese Aufforderung wird meist befolgt, wobei diese fremde Sprache auf Anhieb nicht ganz so flüssig und sicher beherrscht wird. Doch kann man durch weitere Sitzungen eine Verbesserung der Leistungen erreichen.

Bisher fehlte mir leider die Zeit, eine alte Sprache durch eine Serie von Übungssitzungen so vollständig bewußtzumachen, daß man sie als regelrechte Fremdsprache dem jetzigen Wachbewußtsein angliedern kann. Solche Experimente sind jedoch für die nächste Zeit geplant, nicht nur in bezug auf Sprachen, sondern auch in Hinblick auf andere Fähigkeiten wie Klavier spielen o.ä.

Sehr eindrucksvoll war eine Sitzung mit der oben erwähnten Versuchsperson, die im alten Ägypten eine der Göttin Isis geweihte Tempeltänzerin gewesen sein soll. Ich ließ sie in der Hypnose aufstehen und ihren Tempeltanz mit geschlossenen Augen tanzen. Zwar kann ich mit meinem Wissen nicht beurteilen, ob dieser getanzte Tanz mit dem im alten Ägypten üblichen Tempeltanz identisch ist, jedoch faszinierten die fremdländisch anmutenden

Bewegungen und das exakte Spiel der Hände und speziell der Finger, wie wir sie von den Tempeltänzen der östlichen Kulturkreise her kennen. Dieser, in allen Bewegungsabläufen perfekte Kunsttanz, der im tiefen hypnotischen Schlaf, ohne jegliche Mühe wie selbstverständlich präsentiert wurde, ist wohl eine Leistung, die schwerlich als Reproduktion einer beiläufig eingespeicherten Information abgetan werden kann.

Fassen wir zusammen: Neue, in sich geschlossene Persönlichkeitszüge treten auf; soziokulturelle Zusammenhänge längst vergangener Epochen werden detailliert dargestellt, die weit über das Maß der Allgemeinbildung hinausgehen (Maße, Gewichte, Währungen); Veränderung der Stimme; Veränderung der Schrift; frühere Verwundungen, die heute noch auf der Haut gezeichnet sind; Kenntnisse über historische Sprachen und deren Schreibweise; spontanes Auftreten von Fähigkeiten, die nicht im jetzigen Leben erlernt wurden. Wie lassen sich all diese Phänomene erklären? Phantasie oder Konfabulierung von einmal Gelesenem oder Gelerntem? Vielleicht eine besondere Variante der außersinnlichen Wahrnehmung oder ein PSI-Phänomen?

Wären es ein paar wenige Fälle, in denen diese Phänomene auftreten, so könnte man sie unschwer mit irgendwelchen parapsychologischen Hypothesen erklären. Doch führe ich dieses Experiment mit fast jedem durch, egal, ob er daran glaubt oder das Ganze von vornherein für Unsinn hält – immer mit den gleichen Ergebnissen. Somit erfülle ich eine der Hauptforderungen unserer Wissenschaft, die von einem Experiment beliebige Reproduzierbarkeit fordert. Dieses Experiment wird täglich reproduziert, es ist von Außenumständen weitgehend unabhängig. Ich brauche nicht mehr als eine Liege und eine Versuchsperson, die die innere Bereitschaft mitbringt, ein Experiment mit sich geschehen zu lassen, darüber hinaus nur noch Zeit, um die Versuchsperson langsam in die Technik der Regression einzuüben. Das Experiment läßt sich nicht immer in ein oder zwei Stunden durchführen, aber das dürfte wohl kein schwerwiegendes Gegenargument sein, denn auch andere Experimente brauchen »ihre« Zeit.

Wichtig für unsere Argumentation bleibt, daß das Experiment beliebig wiederholbar und reproduzierbar ist und daß dabei jedesmal das gleiche grundsätzliche Phänomen auftritt: Eine Person erlebt etwas, das sie als ihr Leben bezeichnet, obwohl es in der Zeit weit zurückliegt. Ein lebender Mensch erzählt von seinem Tod, seiner Existenz nach dem Tod, schildert seine neue Verbindung mit einem Körper, erzählt von seinen Eindrücken als Embryo und erlebt die Schmerzen seiner Geburt.

Nach der Sitzung, wenn die jeweilige Person wieder völlig wach ist, geschieht etwas, was für viele noch überraschender wirkt als die Sitzung selbst: Die Versuchsperson erinnert sich weiterhin an ihre früheren Leben und spricht über diese Erinnerungen mit der gleichen Selbstverständlichkeit wie ein anderer, der von seinem gestrigen Tag berichtet. Die durch die Sitzung zugänglich gemachten Erinnerungen werden im Wachzustand mit dem gleichen Identitätsgefühl erlebt wie die Erinnerungen an das jetzige Leben.

Dies ist ein wichtiger Punkt, denn ein Mensch kann sehr wohl zwischen einem Traum und der Wirklichkeit unterscheiden. Zwar kann ein Traum, solange man träumt, sehr stark als Wirklichkeit erlebt werden, doch in dem Moment, in dem der Träumer erwacht und sich über sein Wachsein klargeworden ist, weiß er, daß das »Erlebte« nur ein Traum war und kann es in der Regel mit Sicherheit von seinen wirklichen Erinnerungen an tatsächlich Erlebtes unterscheiden. Jeder normale Mensch weiß genau, ob er als Kind einmal ins Wasser gefallen ist oder ob er nur geträumt hat, ins Wasser zu fallen.

Diese Unterscheidungsfähigkeit sollte man auch einem

Hypnotisierten zubilligen. Doch gerade hier zeigt sich, daß meine Versuchspersonen den Inhalt der Sitzungen in die Kategorie des wirklich Erlebten einordnen. Und nun beginnen die Versuchspersonen im Wachzustand noch mehr Einzelheiten und Details aus ihren »früheren Leben« zu erzählen, über die in der Sitzung gar nicht gesprochen wurde. So folgt oft nach der hypnotischen Sitzung gleich noch eine Gesprächssitzung im Wachzustand, in der wir weitere Einzelheiten von früher erfahren. Diese Sitzungen sind manchmal sehr ergiebig, da die Aktivität und die Sprechgeschwindigkeit größer sind als in der Hypnose und der damit verbundenen Passivität.

Die hypnotische Sitzung entspricht etwa dem Aufschließen einer Tür, die zur Erinnerung führt. Ist sie einmal offen und wird sie nicht in der Hypnose selbst wieder geschlossen, so bleibt sie für alle Zeiten offen und die dahinter liegenden Erinnerungsräume können jederzeit auch im Wachzustand betreten werden. Diesen Vorgang kennen wir ja auch aus dem täglichen Leben. Man hat einen bestimmten Vorgang vergessen – man versucht sich zu erinnern – es gelingt nicht, man findet keinen Zugang. Hilft uns nun ein anderer mit einem Hinweis (». . . war das nicht damals, als Onkel Otto seinen 50. Geburtstag feierte?«), so öffnet sich auf einmal ein Zugang zu unserer Erinnerung, und nacheinander fällt uns die ganze Geschichte ein, die wir vergessen hatten. Einen ganz ähnlichen Wirkungsmechanismus beobachten wir bei unseren Regressionsexperimenten. Wir brauchen nur einmal einen Zugang zu erschließen, um dann beliebig weitersuchen zu können. Diesen Zugang schaffen wir durch unser Experiment. Die Phänomene selbst bleiben jedoch nicht an die experimentellen Situationen gebunden.

Die Reinkarnationshypothese

Nachdem ich versucht habe, die Mangelhaftigkeit der bisherigen Hypothesen darzustellen, sei mir nun gestattet, näher auf das einzugehen, was ich für die beste und zugleich naheliegendste Erklärung unseres Phänomens ansehe. Dabei gehe ich davon aus, was dieses Experiment tatsächlich bietet, ohne gewaltsam etwas dazuzutun oder wegzulassen, ohne Deutung und ohne Interpretation.

Warum sollte es nicht so sein, wie alle Versuchspersonen es selber sagen und auch empfinden: eine Kette von früheren Leben, die man vergessen hatte und an die man sich nun wieder erinnern kann? Warum sträubt man sich mit soviel Gewalt gegen diesen an sich einfachen Gedankengang, der unter dem Namen der »Reinkarnation« (griechisch = Wiederfleischwerdung) seit alters her für den größten Teil der Menschheit eine Selbstverständlichkeit ist. Alle Großreligionen und die Mehrzahl aller Philosophen lehren die Wiederverkörperung. (Im Christentum wurde die Reinkarnation erst beim Konzil in Konstantinopel im Jahre 553 abgeschafft!)

Nur für breite Kreise im Westen wirkt diese Lehre unter dem Gesichtspunkt der materialistischen Naturwissenschaft sehr abwegig und ungewohnt. Das ist verständlich, denn wenn man axiomatisch davon ausgeht, daß Bewußtsein ausschließlich in Verbindung mit Materie vorkommen kann, ja eigentlich die Bewußtseinsprozesse nur ein Produkt von irgendwelchen Stoffwechselvorgängen sind, muß die Behauptung der Wiederverkörperung absurd erscheinen. Was soll sich denn verkörpern, wenn es nichts anderes gibt als Körper?

Mag nun das wissenschaftliche Axiom, Bewußtseinsprozesse seien an Materie gebunden, richtig oder falsch sein, so erscheint es immerhin zweckmäßig, vorübergehend dieses Axiom beiseite zu stellen, um unvoreingenommen das Denkmodell der Reinkarnation verstehen zu können. Grundlage hierfür ist die klassische Dreiteilung von Körper, Seele und Geist. Diese drei Glieder sind qualitativ deutlich unterschieden, können aber miteinander in Wechselwirkung treten. Aus dieser Sicht wäre der Körper nichts anderes als die Materie, das, was von einem Menschen auch dann noch anwesend ist, wenn er gestorben ist. Der Geist entspräche dem Lebensprinzip, wäre also »Leben« schlechthin, ohne individuellen oder persönlichen Charakter, es ist universal und unzerstörbar. In der Seele finden wir jenen Teil des Menschen, den wir »Selbstbewußtsein« nennen, das Agens, das die Individualität prägt.

Verbinden sich diese drei Wesenheiten zu einer Einheit, so sprechen wir von einem Menschen. (Hierbei lassen wir vorläufig außer acht, daß diese Gesetzmäßigkeit auch außerhalb des Menschen in den anderen Naturreichen gültig sein kann.) Leben verbindet sich mit einer »individuellen« Seele, und beide gestalten einen materiellen Körper nach ihrem Plan. Die lebendige Seele wäre in diesem Fall also der Informationsträger, dessen Absichten im Korporalen Gestalt annehmen und formal sichtbar werden. Somit wären körperliche Vorgänge Ausdruck von Bewußtsein.

Die Wissenschaft hingegen hält Bewußtsein für einen Ausdruck von Körpervorgängen. Wir haben hier zwei gegensätzliche Auffassungen, und es mag für beide gute Argumente geben. Aus meiner Sicht ist die erstere naheliegender, denn unsere Erfahrung mit Materie zeigt, daß bloße Materie niemals Bewußtseinsvorgänge hervorbringt. Sollte die »Materie Mensch« eine Ausnahme bilden? Selbst wenn wir diese Ausnahme annehmen, so ist der Vorgang des Sterbens ziemlich erstaunlich. Wozu sollte ein Körper sechzig Jahre lang Bewußtsein produzieren, um auf einmal plötzlich damit aufzuhören?

Dagegen scheint der Tod mit unserer Hypothese besser erklärbar zu sein. Bildet die Seele den Körper, so würde bei der Trennung von Seele und Körper das Bild auftreten, das wir gewohnt sind, als Tod zu bezeichnen. Diesen Vorgang ahnend hat der Volksmund schon immer davon gesprochen, daß jemand »das Leben aushaucht«, daß er »von uns gegangen ist«, »den Geist aufgegeben hat« usw. All diese Redewendungen gehen davon aus, daß »etwas« aus dem Körper des Lebenden entwichen ist und nur der bloße Leichnam zurückbleibt.

Dieser leblose Körper kann wohl schwerlich jemals der Produzent all dessen gewesen sein, was wir Leben, Bewußtsein, Persönlichkeit und Individualität nannten. Dieser Körper war die Hülle, war ausführendes Organ. Ein Fernsehgerät braucht ein Programm, um eine Oper aufführen zu können, selbst die Oper produzieren kann es nicht. Nehmen wir das Programm weg, bleibt ein toter, stummer Kasten zurück. Es ist eminent wichtig, daß wir uns davon freimachen, die Individualität eines Menschen mit seinem Körper zu identifizieren. Wer bereit ist, diesen Schritt des Umdenkens wenigstens versuchshalber einmal mitzuvollziehen, wird keine Schwierigkeit haben, unserer Reinkarnationshypothese zu folgen.

Halten wir es für möglich, daß die Seele ohne grobstoffliche Materie allein existent ist, so wurden durch unsere Experimente lediglich die verschiedenen, aufeinander folgenden Verbindungen einer bestimmten Seele (Individualität) mit Körpern aufgezeigt. Oder, anders ausgedrückt, ein individuelles »Ich« durchläuft rhythmisch eine Phase einer körperlichen Existenz, löst sich dann wieder von dieser Hülle, um nach einer Phase der nichtkorporalen Existenz erneut eine Verbindung mit Materie einzugehen. Das »Ich« wäre hierbei immer dasselbe, die Körper von Leben zu Leben verschieden.

Mag nun diese Annahme vielen aufgrund einer anderen Denkgewohnheit etwas weit hergeholt erscheinen, so beinhaltet sie jedoch genau das, was alle Menschen von sich selbst berichten, wenn wir durch die Technik der

Hypnose die »Erinnerungsschranken« hochheben. Ist es nun so viel naheliegender, anzunehmen, daß uns alle Leute mit der gleichen Lüge abspeisen oder alle die gleichen unsinnigen Träume haben, oder könnte es nicht einfach so sein, wie es alle berichten, die danach gefragt werden. Wenn wir bisher davon nichts wußten, so liegt es einfach daran, daß niemand danach gefragt hat. Es erscheint mir keine andere Hypothese so einfach und naheliegend, wie die der Reinkarnation. Prüfen wir mit diesem Modell alle auftretenden Phänomene noch einmal durch, so sehen wir, daß sich keine Widersprüche aufdrängen.

Ein Phänomen habe ich jedoch bisher so gut wie verschwiegen, das in der Zwischenzeit zum Mittelpunkt meiner Arbeit geworden ist: der Zusammenhang zwischen psychischen Symptomen im jetzigen Leben und traumatischen Erlebnissen in früheren Inkarnationen. Als ich diesen Zusammenhang erkannt hatte, war es nur noch ein kleiner Schritt, um aus den spannenden Experimenten eine neue therapeutische Methode zu entwickeln, deren Erfolge in meiner Praxis mich veranlaßt haben, den Begriff der Reinkarnationstherapie zu prägen.

Die Reinkarnationstherapie

*»Erforsche den Strom deiner Seele;
woher und in welcher
Reihenfolge du gekommen bist.«
Zoroaster*

Protokoll einer Therapiesitzung, April 1975*

VP: Ich habe solchen Hunger und Durst (stöhnt), ich weiß nicht, ich glaube, die werden mich hinrichten.

H: Erzählen Sie mir erst, was Sie getan haben, erzählen Sie mir alles ganz langsam.

VP: Was ich getan habe, ja, ich weiß nicht, ich habe Afrah, ich weiß nicht, Afrah-Afrah, Afrahmus.

H: Was haben Sie?

VP: Afrah, Afrah ich weiß nicht, Afrahmus.

H: Was haben Sie?

VP: Afrahmus, ich habe den verleumdet, verleumdet, nein, die wollen, ich habe den verleumdet, weil – ich wollte den vergiften – da waren zwei oder drei Männer, die haben so einen roten Kittel – und da haben sie so goldfarbene Streifen, das ist so wie gemalt, auf diesen Kitteln sind diese goldfarbenen Streifen, und die haben so komische Hüte auf – so komische, das sieht so aus wie Helme – wie Rüstungshelme, die Farbe sieht so aus – wie Zinn.

H: Wie ist die Farbe?

VP: Zinn, Zinn oder Zinn, Zinn, Zinngeschirr, Zinngeschirr, Kupfer-Zinngeschirr, das ist so, es ist so breit,

* Das Protokoll dieser Sitzung beginnt etwas unvermittelt, da ich erst zu dem Zeitpunkt das Tonbandgerät einschaltete, als ich die plötzliche Regression in ein Vorleben bemerkte. Ich hatte nämlich die hypnotisierte Patientin lediglich aufgefordert, bis zur Ursache ihrer Angst zurückzugehen. Das Wiedererleben einer Inkarnation war in diesem Falle nicht suggestiv erzeugt, noch erwartet oder beabsichtigt.

und dann gehen da so Strahlen weg von diesem Helm, es sieht fast aus wie eine Krone, es ist aber keine – jeder von den Männern trägt diese Krone.

H: Wer sind diese Männer?

VP: Das sind die drei.

H: Welche drei?

VP: Das sind Leibwachen.

H: Von wem?

VP: Na ja, von – ich weiß nicht – der hat einen weißen Kittel an, ganz lang, manchmal trägt er ihn kurz – der . . .

H: Wer ist der?

VP: Der ist so groß, wie heißt er?, der ist schlank – wie heißt er? – Rrrrr, mit R, nein – das ist ein Imperator – das ist ein Imperator – das ist (stöhnt).

H: Was ist?

VP: Ich kriege so schlecht Luft.

H: Warum denn?

VP: Ich weiß nicht, das ist er! Der hat meinen Mann, der hat meinen Mann in die Arena geschickt, der hat ihn in die Arena geschickt, ich weiß das.

H: Was hat er getan?

VP: Ja, er hat ihn in die Arena geschickt.

H: Warum?

VP: Ja, das ist, weil er ein Christ war (stöhnt). Ich weiß nicht, wie er heißt – Augustionus – möglich – da sind so viele – ich habe so Angst.

H: Um wen?

VP: Ich habe Angst, ich weiß nicht.

H: Um den Mann?

VP: Nein, ich, ich – die bringen mich – die bringen mich auch weg, ich hab so Angst, ich hab furchtbare Angst – das ist alles so dunkel und riecht modrig (stöhnt), da ist überhaupt nichts auf dem Boden, nicht mal Stroh – und die schmeißen mich da rein –

H: Wie heißt Du denn?

VP: (weint) Ich weiß nicht, wie ich heiße. Ich weiß nicht, ich weiß nicht, ich weiß, oh, ich weiß nicht.

H: Gut, wie geht es weiter? Wer hat Dich denn hierher gebracht?

VP: A, Afrahmus, Afrahmus.

H: Wer ist das?

VP: Ein Lateiner, ich weiß nicht warum, nein – das ist von einem, ich weiß nicht, woher er kommt – ich weiß nicht.

H: Ist das ein Name: Afrahmus?

VP: Ich, ich hab, ich weiß, ich hab so Angst, weil er dieses Gesicht ist, das sieht schrecklich aus, die Haare, es ist ein männliches Gesicht, die Haare, die stehen ihm weg, und er lacht so, und die Zähne, er sieht fürchterlich aus, ich habe Angst vor dem – ich habe Angst vor dem – das ist der, der mich hinrichten soll!

H: Was hast Du getan?

VP: Mit dem Holz, mit der Holztür, mit dem Holz – ich will jemandem etwas besorgen – Gift –, weil, da muß ich durch die Tür – durch die große Holztür, ich muß durch diese Tür, ich muß da durch, ich muß durch die Tür.

H: Warum mußt Du durch die Tür?

VP: Das ist sehr wichtig –

H: Was hast Du vor?

VP: Ich will etwas überbringen. Ich will etwas überbringen!

H: Was willst Du überbringen?

VP: Hm, das ist ein Prüfer, ich kann das nicht sagen, das ist so.

H: Ein Gift?

VP: Ja, das ist etwas, das bringt ihn um!

H: Wen?

VP: Ich weiß nicht, soll es – nein, das ist von Afrahmus, der Bruder, der Bruder, der Brudermörder –

H: Erzähl mal, ständig sprechen und erzählen, immer erzählen!

VP: Jaha, ich habe so Angst (sehr ängstlich und stockend, weinend), ich hab so Angst, sie werden mich umbringen.

H: Wer wird Dich umbringen?

VP: Ich muß etwas tun, ich muß etwas tun –

H: Erzähl mir mal ganz langsam Deine Pläne, was willst Du tun, was mußt Du tun?

VP: Ich muß, das ist der Imperator!

H: Wer ist der Imperator?

VP: Ich weiß nicht – ich weiß, ich seh ihn, aber das ist die Schrift MVN.

H: Noch einmal laut!

VP: VMN, MVNI, ich weiß nicht, was das ist.

H: Lies es mir noch einmal so vor, wie Du es eben gesagt hast. Noch mal laut, wie fängt es an?

VP: XMVNI 111, ich – aber da ist noch etwas – die werden mich kreuzigen –

H: Warum werden sie das tun?

VP: Weil die Christenverfolgung ist.

H: Bist du Christ?

VP: Ja, mein Mann ist es gewesen, und ich bin es!

H: Und was ist mit Deinem Mann, erzähl mir das!

VP: Den haben sie dem wilden Tier überlassen – Afrahmus.

H: Wer ist Afrahmus?

VP: Ich weiß nicht.

H: Magst Du ihn, oder magst Du ihn nicht?

VP: Ja, ich mag ihn.

H: Afrahmus, ist das Dein Mann?

VP: Der ist schön, ganz viele Locken, ganz viele Locken, braune Locken, und er hat ein ganz kurzes Kleid – die einen, die Männer, die drei, die haben eines, das ist länger, das geht fast bis zu den Knien, und seines bedeckt die Schenkel, und das vom Imperator, das ist ganz bodenlang und weiß mit Gold, und er spielt Harfe, das ist eigentlich keine Harfe, das heißt anders.

H: Wie heißt das denn?

VP: Ich weiß nicht, mir fällt es nicht ein jetzt.

H: Ich zähle bis drei, dann fällt es dir ein. Eins, zwei, drei.

VP: Fet, nein nicht Feder, Feder paßt nicht. Feder, Feder – das ist mein Name – Feder, Feder, Feder – hm – ich weiß nicht, das ist Kyrillisch, nein, was sage ich, ich weiß nicht, warum – kyrillisch ist Feder – Feder ist kyrillisch – weiß auch nicht, das ist ein Erbteil.

H: Wo lebst Du denn? Ich welcher Stadt, in welchem Land?

VP: Ich weiß nicht, wie das heißt, ich weiß, das heißt – die Häuser, da sind die großen Häuser mit dem MVN – ich weiß nicht, po – nein, das ist nicht das Po – po – vonde – nein, das ist eigentlich keine Stadt, das ist keine Stadt, dieses Quadrat. Das ist das Quadrat, das ist ein Quadrat und viele kleine Quadrate – das ist keine Stadt.

H: Wie heißt dieses Quadrat?

VP: Ich weiß nicht, ich weiß nicht. Das ist schön!

H: Du sagtest eben einen Namen oder den Anfang eines Namens!

VP: Ja, nein, das ist es nicht – Potenas, Potenas, nein das ist es nicht.

H: Welchen Namen sagtest Du gerade?

VP: Pontenas.

H: Ist das ein Ortsname?

VP: Nein, das ist ein Quadrat, das ist ein Quadrat, das ist ein wachsendes – das ist sehr lieblich, diese Landschaft, das ist sehr lieb und grün und das ist schön dort – und die haben – da wohnen wir bei einem alten Mann, und da wohnen wir schon lange – ja –

H: Wer wir, Du und Dein Mann?

VP: Ja, die Familie, die ganze Familie.
H: Wie alt bist Du etwa?
VP: Ich weiß es – siebzehn – ist möglich, siebzehn Jahre.
H: Du bist verheiratet?
VP: Ja, es ist mein Mann.
H: Und Ihr seid Christen?
VP: Ja, wir sind Christen (weinerlich).
H: Ist das gefährlich, Christ zu sein?
VP: Ja.
H: Warum?
VP: Sie werden ërmordet.
H: Die Christen?
VP: Ja.
H: Von wem?
VP: Hm – sind Legionäre.
H: Bitte?
VP: Legionäre, die verfolgen uns.
H: Wer verfolgt Euch?
VP: Die Legionäre – ja, die verfolgen uns, bis in dieses Haus, und die lieben wir – das ist ein Freund meines Vaters, mein Vater ist tot – meine Mutter haben sie verschleppt – Afrahmus.
H: Wer ist das?
VP: Das ist ein junger Krieger.
H: Woher kennst Du ihn?
VP: Ich habe ihn kennengelernt – im Hause des Ohm –
H: Aber das ist nicht Dein Mann?
VP: Ich weiß nicht, ist nicht, nein, das ist noch nicht mein Mann.
H: Ihr liebt Euch?
VP: Ja, sehr, und er will – er will getauft werden. Dort wird immer getauft –
H: Wo?
VP: Zur Abendstunde wird getauft.
H: Wo?
 VP: Im Hause des Ohm wird getauft, das ist das Heimli-

che, es heißt – das ist eine Villa, und dort ist alles grün, rundherum, und wir treffen uns unter dem Vorwand, ein Fest zu geben, aber wir feiern die Heilige Messe, nein, eine Opferandacht – eine Opferandacht – keine Messe.

H: Was opfert Ihr?

VP: Sierenus, Sierenus, Sierenus, ich glaube Sierenus ist es – das sind Opfergaben – und Sierenus sorgt dafür, daß niemand kommt und uns stört – auch der alte Mann ist dabei, und es sind noch junge Mädchen, Jungfrauen – und sie warten alle auf eine Nachricht – weil es wird Krieg geben, ja, es wird Krieg geben, es wird Krieg geben.

H: Gegen wen?

VP: Weil es wird Krieg geben – gegen diese – ach, ich habe Angst.

H: Vor was hast Du Angst?

VP: Das sind so viele Gesichter, und sie haben eine Schrift gebracht – aber das ist eine fremde Schrift, von einem fremden Land – aber weit weg, und diese Schrift kann man nicht lesen – und jetzt werden sie Sierenus (weint), ja, weil – es kommen – das geht nicht – ich muß leise sein – (stöhnt und weint), es kommen, es kommen Soldaten, und die suchen uns, da – daa – daarints – darrint – darinnts –

H: Was ist das Wort?

VP: Oh, das ist zwischen zwei Hügeln, Darinnt-Darinnts.

H: Was ist damit?

VP: (weint) – Dort werden alle gekreuzigt.

H: Woher weißt Du das?

VP: Ja, weil ich es sehe, weil ich es sehe (weint).

H: Du brauchst keine Angst zu haben! Erzähl mir nun, wie es weitergeht.

VP: Ich sehe so viele Buchstaben, aber ich kann sie nicht sagen, das ist so fremd – wir haben eine Aufgabe zu lösen – und wenn wir die nicht lösen, dann werden wir gekreuzigt. Aber es ist unmöglich, diese Aufgabe zu lösen.

H: Was ist das für eine Aufgabe?

VP: Oh – Holz aus dem Blut fließt, das ist das Holz, aus dem Blut fließt.

H: Kannst Du mir das genauer erklären? Wie heißt die Aufgabe?

VP: Breche das Holz, aus dem Blut fließt, und bring es vor meine Augen, und vor diese Augen das Holz, woraus Blut fließt.

H: Was ist das für ein Holz, woraus Blut fließt?

VP: Das ist dunkles Holz, ich weiß nicht, wie es heißt, es ist dunkles Holz.

H: Du kennst es?

VP: Es ist möglich, es ist möglich.

H: Wie heißt noch einmal die Aufgabe? Was mußt Du machen, oder was müßt Ihr machen?

VP: Das Holz zu brechen, das blutet, und bring es vor meine Augen, damit ich sehe, damit ich sehe, und das Licht, damit – ich sehe und das Licht rot werden soll und der Himmel rot werden soll –. Ich weiß – das Holz gibt es zwischen den zwei Hügeln in Darinnts, das Holz gibt es zwischen den zwei Hügeln.

H: Woher weißt Du das?

VP: Es ist das Holz – aus dem die Pfähle und Kreuze gemacht werden – woran wir aufgeknüpft werden. Das Holz, womit sie uns durchbohren, wo auch das Blut fließt.

H: Und ihr könnt die Aufgabe nicht lösen?

VP: Wir möchten es und sind nahe daran, aber die kommen uns zuvor, sie kommen uns zuvor, nein, wir könnten die Aufgabe lösen, aber es ist Krieg, ja, und das ist der Himmel, der ist so blutrot, das ist das – wir sollten fragen, wo ist das Holz, aus dem Blut quillt, wenn man es bricht. Bringe es vor meine

Augen, damit ich den Himmel rot sehe. Ich habe Angst – und ich weiß, wenn ich weitergehe, dann werden sie mich fangen.

H: Warum bist Du alleine, wo sind die anderen?

VP: Wo? In den Bergen, in den Bergen vielleicht, ich weiß es nicht, vielleicht in den Bergen, in den Bergen hinter den Hügeln – ja, das ist vor den Toren.

H: Vor wessen Toren?

VP: Unseres Romanums.

H: Vor wessen Toren?

VP: Das ist ein Romanum.

H: Was ist ein Romanum?

VP: Wo wir alle leben.

H: Das heißt Romanum?

VP: Ja, das ist ein Romanum, weil die haben das so genannt, Romanum, aber noch ein Name – noch ein Name – ich habe immer Angst, wenn es nur vorbei wäre – und Afrahmus – ich habe etwas, womit ich jemandem einen Gefallen erweisen kann. Ich bringe ihm – ich bringe ihm etwas, was aussieht – ja – wie Manna, aber ist nicht, es sieht nur so aus – und er wird tot sein, wenn er davon ißt – und er wird tot sein, aber das wird vorher schon zu Ende sein.

H: Wer soll tot sein, wenn er es gegessen hat?

VP: Das ist ein Freund, cin Freund von – ich weiß nicht – mir fällt der Name nicht ein – ich weiß, wie er aussieht, aber ich weiß nicht, wie er heißt.

H: Welche Funktion hat er, was macht er?

VP: Er unterdrückt alle, alle Menschen, er hält sich Sklaven, und er regiert ein großes Reich, ein großes Reich. Er hat viel Macht, sehr viel Macht, aber er haßt alle Christen, er haßt alle Christen!

H: Er hat viel Macht – ist er ein König, ein Kaiser?

VP: Nein, nein, er ist ein Imperator, er ist ein Imperator, er ist der – nein, Kaiser – er hat viele Titel, er hat viele Titel – Augustus, Augustinus, Augustus, nein,

Augustinus, ja, Augustinus. Er haßt alle Christen, er haßt alle Christen vom Romanus – soll sauber werden, das Romanus, und ein edles Geschlecht soll dort sein – und keine Hunde wie diese Christen – kür – kür – n – karn – wird geopfert – karne.

H: Was wird geopfert?

VP: Ich weiß nicht, karn – karne – karne – karne. Ja, viele bringen karne, viele bringen Karne, Schafe –

H: Wie geht es weiter mit Dir, Du wirst jemanden vergiften?

VP: Ja, ich, das ist – ich backe es in Brot ein.

H: Was ist das für ein Gift? Woher hast Du es?

VP: Das ist eine Kammer, von einem Heil – nein – a, mit a, es ist ein hei – mit Blumen und Pflanzen.

H: Von ihm hast Du das Gift?

VP: Nein, ich besorge es mir, ich stehle es.

H: Du weißt, daß es Gift ist?

VP: Ich schwöre es.

H: Was schwörst Du?

VP: Ich schwöre es, das ist Gift, ich habe ihn getötet!

H: Wen denn?

VP: Ssssirenus, Sirenus.

H: Hat er das Brot gegessen?

VP: Ja.

H: Sollte er es essen?

VP: Ja, er sollte es essen.

H: Warum?

VP: Damit er uns nicht verraten würde, aber er hat es ja nicht getan –

H: Was hat er nicht getan?

VP: Er hat uns nicht verraten, aber ich habe geglaubt, er hat uns verraten.

H: Wer ist Sirenus?

VP: (weint) Das ist – ich glaube – das ist ein Bruder – mein Bruder – ich schwöre es –

 H: Was schwörst Du?

VP: Ich möchte büßen dafür – ich weiß nicht – ich muß das machen.
H: Was mußt Du machen?
VP: Drei Finger heben! Ich muß schwören vor vielen Leuten, und die werden mich kreuzigen.
H: Warum werden sie Dich kreuzigen?
VP: Nicht, weil ich eine Christin bin . . .
H: Sondern?
VP: Weil ich einen Mord begangen habe, einen Meuchelmord mit Gift. Das würde er verraten, und Taurus hat gesagt, der Verrat – Taurus, Taurus heißt der Mann, der mir befohlen hat, das Gift zu backen, Manna gebe ich ihm. Ich backe es, und es ist dunkel und lang, glänzend, und es ist wie eine Frucht. Das Gift ist aus einer Frucht, aus einer Frucht, die – ich weiß nicht, wie die heißt, das kommt aus – nein, oder doch – aus einem ganz fernen Land und ist dunkelbraun, fast wie Ebenholz so dunkel – fast schwarz, und das ist lang, ganz lang und schmal, und es schmeckt, wenn man das so probiert, wie etwas, das genauso aussieht. Drum merkt man das auch nicht, wenn ich das ins Brot einbacke – das ist ein Brauch bei uns. Man backt zu dieser Zeit immer was ins Brot hinein.
H: Was ist das für eine Zeit?
VP: Man backt es ins Brot hinein!
H: Zu welcher Zeit? Wie heißt diese Zeit?
VP: Ein umgekehrtes »T« – ich weiß es nicht.
H: Was hat diese Zeit für eine Bedeutung, ist es ein Fest?
VP: Ja, es ist ein Fest, ein Auferstehungsfest, und dort backen wir das hinein. Aber die Frucht ist nicht die echte, sondern ist die giftige.
H: Und Du bäckst diese giftige Frucht hinein?
VP: Ja, weil Taurus es mir befohlen hat.
H: Hättest Du es sonst nicht getan?

VP: Nein, ich glaube nicht.
H: Wer ist Taurus?
VP: Taurus ist ein Soldat, nein, er ist Schreiber, Schreiber bei einem Herrn, in einem Haus.
H: Ist er ein Christ?
VP: Er sagt, er ist ein Christ. Ja, er ist aber auch ein Christ.
H: Und für wen ist dieses Brot gedacht?
VP: Für Sirenus.
H: Ist Sirenus ein Christ?
VP: Er ist ein Christ, aber er ist ein Verräter, er ist ein Verräter.
H: Und er ißt dieses Brot?
VP: Ja, ich überbringe es ihm in einem Korb, aus Weiden geflochten. Der Korb ist so klein, aber hat einen ganz langen Griff – Griff zum Tragen, und ich stehe vor ihm, und neben mir stehen zwei kleine Kinder, ich reiche ihm das Brot. Es ist vor einem großen Gebäude, es ist ein – ein – es ist ein – ich weiß es nicht, ein großes, großes Gewölbe, vor dem ich stehe, ja, jetzt ißt er das Brot, er ißt das Brot, er muß nun sterben – und er sieht mich fragend an, ganz fragend und sagt nichts mehr – nur ganz fragend und große Augen, ich weiß nicht, ich – was soll ich tun – was soll ich tun (weint), Bruder – ich bin . . .
H: Erzähle alles, was Du denkst!
VP: Ich bin entsetzt, ich kriege keine Luft, und ich kann so schlecht schlucken.
H: Warum denn? Du erzählst ruhig weiter.
VP: Ich wollte es nicht, er ist es nicht gewesen, er ist es nicht gewesen.
H: Woher weißt Du das jetzt?
VP: Weil er mich so angeschaut hat, so erstaunt und so fragend, das ist nicht er gewesen – das ist nicht er gewesen – er ist es nicht gewesen, ich weiß es, er ist es nicht gewesen, und ich gehe heim und versuche es –

aber da kommen Wachen hinter mir her, da kommen die Wachen hinter mir her. Ja, und ich sehe das Haus des Ohm, und er steht da und sieht sehr traurig aus, er hat einen langen, langen Mantel, ein langes Kleid an, und er steht da und schaut mich an, er schaut mich nur an und sagt nichts, und ich kann auch lesen in seinen Augen, er ist traurig, was ich getan habe – weil ich Taurus vertraut habe – und er wendet sich ab und geht. Ich komme vor ein Tribunal.

H: Wo kommst Du hin?

VP: Ich komme vor ein Tribunal und werde dort . . . Ich stehe in einem ganz großen Saal, das ist wie eine Kirche, ich stehe hier, und da sind sehr viele Männer, sie alle werden das Urteil sprechen – einige von ihnen kenne ich – sind ehemalige Freunde meines Vaters – ja, ich kenne einige von ihnen – ich bekenne, ich bekenne, ich bekenne, ich beschwöre, ich bin eine Mörderin, gedungen – aber ich bin eine Mörderin – ja, Taurus, Taurus, wo gehst du nur hin, er geht dorthin, wo die Sonne blutrot ist, und ich werde in das Tal . . .

H: Du erzählst ganz ruhig weiter!

VP: Ich habe Angst, aber nicht mehr um mich, was wird mit den anderen jetzt passieren – was wird ihnen passieren, was wird ihnen zustoßen? Und dann Afrahmus, er verabscheut mich – er will mich nie mehr sehen – nie mehr. Die Männer, sie fragen alle so laut.

H: Was fragen sie?

VP: Ich soll ihnen sagen, wo die Christen ihre heimlichen Messen geben – ihre Andachten – ich soll etwas erzählen aus dem, was die Christen tun und warum sie es tun – und sie lachen und spotten mich – ich sei keine Christin – weil ich eine Mörderin bin, eine Brudermörderin – und sie werden mich deshalb kreuzigen, nicht weil ich eine Christin bin. Es sind so viele, die sagen, daß sie Gott lieben, aber sie lieben ihn nicht, sie dürfen neben dem Kaiser nichts lieben – er macht das schon so lange, ein XV – er macht schon achtzehn Monate oder sind es Tage, nein, verfolgt er die Christen und schickt Tag und Nacht seine Soldaten in die Häuser, um dort Verstecke aufzuspüren und läßt sie alle ermorden. Es ist schrecklich, ich soll meinem Herrgott abschwören – ich soll schwören, ich soll schwören – ich tue es nicht – ich soll dem Herrgott abschwören, Christus, ich komme um meinen Kopf, sei, wie es sei, es ist egal, für was, ich weiß, daß ich sterben muß, und ich möchte es – weil ich bereue – (weint). Taurus geht dorthin, wo die Tage dreiviertel ausgefüllt sind, dreiviertel ausgefüllt sind – über die Hälfte – er zieht in ein Land, wo die Tage ein Viertel weiß im Kreis und das andere Anteil im Kreis dunkel ist, ist Nacht – ja? Ich hab so die Linien und die Kreise, soviele Linien und Zeichen, ich kann aber nicht lesen, deshalb kann ich auch nichts entziffern – ich kann nicht lesen, dieses Vorrecht genieße ich nicht – Männer, alle höheren Standes, die können lesen, und einige von ihnen sind Schreiber, genau wie Taurus. Aber ich kann nicht lesen und kann auch nicht schreiben – aber ich kenne mich in Pflanzen aus – das wird mir zum Verhängnis werden – das hat Taurus eingefädelt, sehr geschickt – ja, er ist in unser Haus gekommen und hat gesagt, er sei ein Christ. Unter diesem Vorwand hat er unser Vertrauen erschlichen – und ich habe ihm geglaubt, weil ich blind war, und habe meinen Bruder getötet. Er hat nichts gesagt, aber er hat so gefragt, er hat so gefragt, die Augen erhoben – ich komme ins Verlies, ich werde dahineingeführt, das ist so gedreht, ich muß ganz hinuntergehen, und dort werde ich dann festgemacht, damit ich nicht mehr schwören kann und nicht mehr bereuen kann – hm – weil ich habe an den Händen, an den Gelenken habe ich etwas an, ich weiß nicht, wie's heißt, das Geschmiedete, da ist ein Schmied, und da werde ich angeschmiedet, und muß ich warten, dann werden wir hingeführt – ich weiß nicht, was jetzt kommt, ich habe Angst, habe furchtbare Angst, was passiert. Es sind soviele Frauen, und alle haben die Haare, lange Haare, und jetzt werden sie ihnen abgebrannt, abgebrannt, ja, sie binden uns ans Kreuz mit Stricken und zünden ein Feuer an, und zünden ein Feuer an. Ich habe Angst, ich habe Angst . . .

H: Du bist ganz ruhig und erzählst weiter, was geschieht?

VP: Ich habe Angst.

H: Du wirst jetzt nichts spüren, Du wirst es nur sehen. Du atmest ruhig und gleichmäßig und erzählst mir weiter, was geschieht, erzähle!

VP: Sie sammeln Holz und legen es nieder, aber sie zünden es noch nicht an, sondern wir müssen, wir müssen dort bleiben, bis der Himmel sich rot färbt, aber es macht mir nichts mehr aus, weil . . .

H: Erzähle weiter.

VP: Ich komme, ich gehe weg, ich gehe weg von mir, ich gehe immer weiter weg . . .

H: Du gchst wcg von Dir?

VP: Ja, ich gehe weg von mir, hm.

H: Kannst Du noch etwas sehen?

VP: Ich weiß nicht, nein, doch es ist schön, ja, weil ich sehe unsere Körper, alle – es tut nichts mehr weh, und es ist schön!

H: Was empfindest Du jetzt?

VP: Es ist wie ein Gleiten, das ist immer weiter weg – die Stimme – es ist – weltumfassend – es ist Freiheit, ich merke, ich werde alles und nichts – ich bin hier.

H: Was sagst Du?

VP: Ich bin hier so und da, aber ich bin da, das ist – ich

bin etwas, was aus mir selbst heraus entflohen ist. Jetzt bin ich echt und rein, jetzt bin ich – es ist gewaltig, das Gefühl enorm, ich bin ich, hm, aber es ist nichts fühlbar, nichts zum Sehen, nichts zum Hören, nur allein, ich bin es, es ist nichts – ich ziehe mich zurück.

H: Wohin?

VP: Ich weiß nicht, das ist alles Musik, ja, in Sphären, ich weiß es nicht, es gibt keinen Namen dafür, es ist aber schön! Ich warte auf etwas, ich warte auf etwas – weil ich spüre, wie etwas fester wird – spiralenartig.

H: Gut, bevor Du aber diese Dinge genau beobachtest, gehen wir in der Zeit nach vorn, immer weiter, ohne auf die Einzelheiten zu schauen. Im Fluge geht ein Jahrhundert nach dem anderen vorbei, bis wir in das Jahr Neunzehnhundert gelangen.

VP: Ja, ich kehre ein in einen Körper, mein Ich geht in einen Körper, in einen Körper, ja, das hat so viele Windungen, bis das drinnen ist, und drum denk ich, das Leben entfleucht, nein, ob das Leben weggeht, ich weiß nicht. Die Luft . . .

H: Nein, die Luft kann nicht weggehen, Du wirst geboren!

VP: Ja, es ist angenehm! Ich weiß es jetzt, ich weiß es!

H: Was wissen Sie?

VP: Daß ich Mensch werde, ich weiß es, ich weiß es, daß die Menschwerdung beginnt, ich weiß es.

H: Eine tiefe Ruhe erfüllt Sie ab jetzt! Es gibt keine Ängste.

VP: Ja, das stimmt, ich weiß es einfach.

H: Was fühlen Sie?

VP: Ja, Friede, Friede und Freude über den Frieden – und ozeanisch, also weltumfassend, nein, weltenumfassend, das ist ein Gefühl, das ist so weit und groß und breit, das ist kein räumliches Gefühl, man kann es nicht beschreiben, wirklich schön – ja (lacht).

Sie liegt da und strahlt. Frau Inge S. aus Nürnberg, achtundzwanzig Jahre alt, verheiratet, Hausfrau, hat gerade ihre dreizehnte Sitzung hinter sich. Sie ist meine Patientin. Sie wollte nicht ihre Vorleben kennenlernen, sondern von einer ganzen Anzahl von Symptomen befreit werden, die sie seit einigen Jahren stark behindern. Sie hatte eine eineinhalbjährige Psychotherapie aus irgendwelchen Widerständen heraus abgebrochen, als sie zu mir kam. Ihre Symptomatik war umfangreich und teilweise recht originell. Sie hatte Depressionen und litt anfallsweise unter entsetzlicher Angst. Sie konnte das Haus nicht mehr alleine verlassen und fürchtete die Leute. Besonders haßte sie alle Frauen, wobei sie bei schwangeren Frauen das Gefühl hatte, sie schlagen zu müssen, denn »jede Schwangere sei eine Mörderin«. Sie konnte in keinen Spiegel schauen, weshalb sie bereits seit Jahren nicht mehr zum Friseur ging. Das Kämmen machte ihr große Schwierigkeiten, da sie »die Mitte nicht findet – die Mitte des Lebens«. Ging sie an Leuten vorbei, die sie gar nicht mochte, hielt sie die Luft an, um ihren Atem nicht teilen zu müssen. Gelang es ihr einmal, das Haus zu verlassen, so konnte sie nicht mehr heimgehen. Alle Symptome waren vermischt mit religiösen Ideen, sie sprach von Erbsünde, von der Angst, entdeckt zu werden, und meinte, »es ist etwas, was ausgesprochen werden muß«.

Ich begann die Therapie damit, im Zustand der Hypnose einzelne Symptome herauszugreifen und deren Gefühlsgehalt erleben zu lassen. Dieses Gefühl dient mir als eine Art Leitlinie, als roter Faden, indem ich den Patienten auffordere, an diesem Gefühl entlang in der Zeit weiter zurückzugehen, bis er ein Ereignis oder Erlebnis findet, in dem dieses Gefühl vorhanden war. Diese Technik, entlang einer Emotion zurückzugehen, ist sehr zeitsparend und ergiebig. Der Patient stößt wie von selbst auf die Ereignisse, die untereinander eine thematische Ähnlichkeit haben, denn sie gleichen sich im Gefühlswert. Wer diese Art der Regression niemals erlebt hat, kann sie sich vielleicht nur schwer vorstellen.

Im Normalfall, bei einem Patienten, der auf Hypnose oder Tagtraumtechnik anspricht, geschieht diese Regression meistens auf dem optischen Weg. Der Patient liegt mit geschlossenen Augen da, empfindet eine angenehme Entspannung und sieht vor seinen geschlossenen Augen Erlebnisse filmartig ablaufen. Er sieht sich diese Bilder an und berichtet gleichzeitig darüber, was er wahrnimmt. Es hängt nun von der Tiefe der Hypnose und von der Persönlichkeit des Patienten ab, ob eine innere Distanz zum Geschehen besteht oder nicht.

In der tiefen Hypnose wird das Gesehene gleichzeitig zum Erlebnis; der Patient durchlebt mit allen Emotionen die Situation, die er gerade sieht, ohne sich bewußt zu sein, in einer Therapiesitzung auf der Couch zu liegen. Ist die Hypnose nicht tief, so weiß der Betreffende genau, wo er ist, sieht aber dennoch filmartig seine früheren Erlebnisse. Entscheidend an dieser Technik ist, daß der Patient also nicht nach Erinnerungen sucht, nicht aktiv im Gedächtnis wühlt und auf diese Weise auch nur das finden kann, was ihm sowieso mehr oder weniger bekannt und bewußt ist, sondern daß er völlig passiv sich dem hingibt, was von selbst kommt. Es werden also keine Bilder produziert, sondern die Bilder steigen auf. Dadurch bietet diese Methode einen direkten Zugang auch zu den verdrängten, unbewußten Erlebnissen.

Auf diese Weise können wir auch sehr schnell die ganz frühen Kindheitsjahre nach wichtigen Traumata durchsuchen. Dieses Suchen nach einem Trauma oder mehreren Traumata ist das Grundmodell meines Vorgehens; es ist nicht neu und liegt fast allen tiefenpsychologischen Therapien zugrunde. Es geht davon aus, daß einem Symptom irgendein belastendes Erlebnis in der Vergangenheit zugrunde liegt, das wegen seines unangenehmen Charakters aus dem Bewußtsein verdrängt wurde.

Nun kann man zwar die Erinnerung an ein Ereignis verdrängen, nicht aber seinen emotionalen Anteil. Diese zum Ereignis gehörende Emotion bleibt nach der Verdrängung frei fluktuierend übrig und wird bei einer späteren Gelegenheit, die durch irgendeine Ähnlichkeit an das verdrängte Erlebnis erinnert, auf die neue Situation projiziert. So entsteht ein Symptom.

Eine Therapie müßte diesen Prozeß rückgängig machen. Ziel einer Therapie ist es demnach, das verdrängte und vergessene Ereignis wieder bewußtzumachen. Gelingt dieses Bewußtmachen, verschwindet das Symptom, denn der Patient kann die symptomatische Projektion auflösen, indem er erkennt, daß das Gefühl in Wirklichkeit zu einem längst vergangenen Erlebnis gehört. Er lernt, seine Emotionen, die er auf momentane Reize projiziert hat, zeitlich wieder richtig einzuordnen.

Wir sehen hier die enorme Bedeutung der Zeit. Eine Neurose entsteht letztlich dadurch, daß ein Mensch seine Emotion zeitlich nicht mehr richtig einordnen kann.

Nehmen wir an, eine junge Frau hat Angst vor allen Männern. Sie kann sich selbst nicht erklären warum, sie hält diese Angst auch für unsinnig, hat sie aber dennoch. Der Grund dafür könnte beispielsweise sein, daß sie als fünfjähriges Mädchen von irgendeinem fremden Mann auf einem Waldweg ausgezogen und an den Geschlechtsteilen berührt wurde. (Ein solches Ereignis nennen wir Trauma, griechisch = Verwundung.) Dieses Erlebnis erzeugte damals eine große Angst, sie hat es aus Angst und Scham auch niemals jemandem erzählt. Mit der Zeit hat sie dieses Erlebnis vergessen. Doch das Vergessen ist eine Scheinlösung, denn vergessen beseitigt nichts, sondern schützt nur vor dem Anschauen. Die Angst, die damals mit dem Mann verbunden war, bleibt.

In unserem Beispiel verspürt diese junge Frau jedesmal Angst, wenn sie in Kontakt mit Männern kommt. Wir sprechen hierbei von einer Restimulation. Das heißt, daß durch einen äußeren Reiz (= Stimulus), der Gefühlswert eines früheren Erlebnisses, das mit dem Reiz eine gewisse Ähnlichkeit hat, neu ausgelöst wird. Die Frau in unserem Beispiel wird auch beim besten Willen die Angst vor Männern so lange nicht loswerden, bis sie den wahren Zusammenhang erkennt. Ist es ihr aber möglich, bewußt zu erkennen, daß ihre jetzige Angst eigentlich die Angst ist, die sie damals als Fünfjährige empfand, löst sich ihre Projektion. Sie kann die Angst jetzt in der Zeit richtig einordnen. Ihr Problem war also eine Zeitverwirrung.

Ich kenne anfangs nur das Symptom eines Patienten. Ich vermute, daß irgendein unangenehmes Erlebnis (Trauma) irgendwann einmal Ursache war – doch wir beide, Patient und ich, kennen das Trauma nicht. Sicher ist, daß alles, was mir der Patient erzählen kann (meistens reichlich), mit dem Symptom nichts zu tun hat – denn es ist ja bewußtes Material, sonst könnte er es mir nicht berichten. Was aber bewußt ist, führt nicht zum Symptom. Das Problem besteht darin, eine Suchtechnik zu entwickeln, um das Unbekannte zu finden. Jede Technik ist gut, falls sie in der Lage ist, das Gesuchte wirklich zu finden.

In der Psychoanalyse benutzt man hierzu die freie Assoziation, die Traumdeutung und ähnliches. Ich benutze als Hilfsmittel die Hypnose, um den Zugang zum Unbewußten zu öffnen, und gehe dann an einem roten Faden so lange weiter, bis dieser Faden mich zum gesuchten Ereignis geführt hat. Dieser rote Faden ist die Emotion. Sie ist schließlich vom Symptom her bekannt und muß auch bei dem gesuchten Ereignis anwesend gewesen sein.

So schematisiert, wirkt die Methode recht einfach, doch ganz so glatt geht es in Wirklichkeit nicht immer. Das verdrängte Material wehrt sich dagegen, ins Bewußtsein gehoben zu werden. Der Kampf mit dieser Abwehr ist es, was die meiste Zeit in einer psychotherapeutischen Behandlung kostet.

Wir stoßen hier offensichtlich auf ein energetisches

Problem. C. G. Jung hat in seinen frühen psychiatrischen Studien ein Komplexmodell entworfen, das ich für geeignet halte, das energetische Geschehen zu erklären. Jung beschreibt in seiner Abhandlung »Der gefühlsbetonte Komplex«, wie neben dem Ich-Komplex andere Komplexe molekülartig aufgebaut werden, von denen jeder das Bestreben hat, an eigener Intensität zuzunehmen. »Alle psychische Energie wendet sich ganz dem Komplex zu auf Kosten der übrigen psychischen Materialien.« (Komplex bedeutet hier einen höheren Verband verschiedener Vorstellungen, die durch einen Affekt zusammengehalten werden.) Einen solchen Komplex können wir uns etwa wie einen ständig wachsenden Kristall vorstellen. Irgendein affektives Erlebnis sammelt in der Folgezeit alle gefühlsmäßig passenden Begebenheiten um sich herum und lädt sich so immer stärker mit Energie auf. Dieses energetische Wachstum kann so weit gehen, daß es an Stärke den normalerweise übergeordneten Ich-Komplex erreicht oder sogar zu übertreffen droht.

Alle verdrängten und vergessenen Ereignisse bilden je einen Komplex, die sich voneinander durch ihre energetische Stärke unterscheiden. Für diese Energiebesetzung verwenden wir den Begriff der »Ladung«. Wir sprechen von einer »hohen Ladung«, wenn ein Komplex bzw. eine Erlebnisgruppe sehr groß geworden ist, also viel Affekt besitzt.

C. G. Jung untersuchte und beschrieb bereits in sehr frühen Jahren die Gesetzmäßigkeiten des gefühlsbetonten Komplexes und dessen störenden Einfluß auf das Denken und Handeln des Menschen experimentell in seinen Assoziationsexperimenten. Die Versuchsanordnung dieses Experimentes ist einfach: die Versuchsperson bekommt ein sogenanntes Reizwort, auf das sie ein ihr dazu gerade einfallendes Wort sagen soll (Assoziation), z.B. Baum – Wurzel oder küssen – lieben usw. Aus der Art des Reaktionswortes und aus der Reaktionszeit zwischen

Reiz und Antwort kann man nun schließen, ob das Reizwort einen Komplex berührt hat oder nicht.

Später erweiterte Jung diese Experimente, indem er gleichzeitig den psychogalvanischen Hautwiderstand der Versuchsperson maß. Diese Versuchsanordnung, die durch die moderne Elektronik heute wesentlich einfacher ist als noch zu Zeiten C. G. Jungs, ist geeignet, das, was wir »Ladung« nannten, numerisch relativ exakt zu messen. Es zeigt sich folgende Gesetzmäßigkeit: Je größer die Ladung eines Komplexes ist, desto weniger kann er bewußtgemacht werden. Dieser Zusammenhang kennt in einfacher Form jeder am Beispiel der verschiedenen Tierphobien. Je größer die Angst vor einem bestimmten Tier ist, desto weniger kann man es anschauen. Doch auch der Bewußtwerdungsprozeß ist letztlich nichts anderes als ein »Anschauen«. Man muß ein Ereignis, das damals bereits so unangenehm bzw. affektgeladen war, daß es verdrängt wurde, nun nochmals anschauen, um es bewußtzumachen. Das Anschauen bringt aber auch wieder den ganzen gefühlsmäßigen Eindruck mit sich – und gerade davor hat das Bewußtsein Angst, um so mehr, je größer die affektive Ladung ist.

Hier haben wir die Ursache, warum das Finden des gesuchten Traumas meist gar nicht so einfach ist. Das Bewußtsein wehrt ab. Diese Abwehr ist gleichzeitig ein Schutzmechanismus, der das Ich vor einer Gefühlsüberflutung bewahrt und dafür sorgt, daß ein zu starker Komplex nicht mit seiner ganzen Energie wie eine Bombe auf einmal explodiert. Denn war die Ladung zur Zeit der Verdrängung ja schon groß, so ist sie in der Zwischenzeit noch um ein Vielfaches gewachsen, indem der Komplex ähnliche Erlebnisse an sich gebunden hat. Was kann man also tun, um einerseits den traumatischen Komplex bewußtzumachen und andererseits den sinnvollen Sicherheitsmechanismus der Abwehr nicht auszuschalten?

 Kehren wir noch einmal zum Beispiel der Tierphobie

zurück. Wir stellen uns jemanden vor, der eine schreckliche Angst vor Schlangen hat. Schon wenn er das Wort »Schlange« hört, fühlt er sich unwohl. Bilder von Schlangen erwecken seinen Ekel. Würden Sie einem solchen Menschen von hinten eine große, lebende Schlange um den Hals hängen, würden Sie mit Sicherheit einen gewaltigen Schock auslösen, mit dem Sie die Angst vor Schlangen eher vergrößern als ihn davon befreien. Ist letzteres Ihr Ziel, würden Sie wahrscheinlich etwas vorsichtiger und langsamer vorgehen. Vielleicht erzählen Sie ihm zuerst etwas über die positiven Seiten der Schlangen, zeigen ihm dann ein paar Bilder und versuchen so, ihn schrittweise mit dem Angstobjekt auszusöhnen. Wenn Sie ihm schließlich eine echte Schlange im Abstand zeigen, so wird er sich zuerst noch wegwenden, dann immer ein bißchen länger hinsehen, bis er sich langsam und allmählich an den Anblick gewöhnt.

Dieses Vorgehen, das wohl jedem einleuchtet, wird heute in der Verhaltenstherapie unter der Bezeichnung »Systematische Desensibilisierung« besonders bei Phobien häufig angewendet. Wir wollen in diesem Zusammenhang damit jedoch etwas anderes deutlich werden lassen, denn unser Problem ist ja nicht eine Tierphobie, sondern eine »Komplexphobie«. Wir werden daher unser Vorgehen bei der Traumasuche am besten nach ähnlichen Gesichtspunkten orientieren.

Stellen wir uns einen Komplex bildhaft als ein sehr großes Molekül vor, so sitzt in der Mitte als Kern das gesuchte Trauma, das ursprüngliche Erlebnis, um das sich wie einzelne Atome all die ähnlichen Erlebnisse gruppieren, die in der Zwischenzeit stattgefunden haben. Dieser Komplex ist schnell zu finden, denn das Symptom ist ja sein Ausdruck. Gemäß dem oben dargestellten Vorgehen werden wir nicht versuchen, sofort den Kern gewaltsam zu knacken, sondern an der äußeren Schale anfangen. Praktisch heißt dies, der Patient berichtet zuerst von einem Ereignis in der letzten Woche, das thematisch bzw. gefühlsmäßig mit dem Komplex zu tun hat.

Wenn ich von berichten spreche, so ist dies nicht exakt. In unserem Falle versuchen wir vielmehr, zu erreichen, daß der Patient dieses Ereignis wiedererlebt und nicht nur als reine Gedächtnisleistung einen intellektuellen Überblick über das Ereignis liefert. Es besteht ein gewaltiger Unterschied, ob ich sage: »Im letzten Monat besuchte mich meine Schwiegermutter, und wir hatten Streit wegen der Kinder«, oder ob ich mich zeitlich zurückversetze und nun erlebe: »Meine Schwiegermutter kommt zur Tür herein, sie hat ein grünes Kostüm an. Ich sehe, wie sie ins Zimmer geht, und höre, daß sie nun folgendes zu mir sagt . . .«

Durch die Technik der Hypnose und des Bildstreifendenkens ist das Wiedererleben einer Situation recht leicht, auch dann, wenn sie zeitlich sehr weit zurückliegt. Wenn jedes Erlebnis ein Atom unseres Komplexmoleküls darstellt, so entlädt sich beim Wiedererleben dieses betreffende Atom und verliert seine Ladung. Auf diese Weise kann man das große Molekül langsam immer kleiner werden lassen, indem man, der Zeitachse entlang, immer weiter zurückgeht und alle Situationen wiedererlebt und noch einmal anschaut, die Bestandteile des Komplexes sind. Je weiter man zeitlich zurückgeht, um so mehr Ereignisse tauchen auf, an die sich der Patient »normalerweise« nicht mehr erinnern konnte. Hier erlebt der Patient, meistens zu seiner Überraschung, daß das »Nicht-erinnern-können« in Wirklichkeit ein »Nicht-erinnern-wollen« ist und daß es kein Vergessen gibt.

Setzt man diesen Vorgang des Bewußtmachens konsequent fort, so stößt man zwangsläufig irgendwann einmal auf den Kern, auf das wirkliche Trauma. Dieses Ereignis kann nun ebenfalls bewußtgemacht werden, denn seine »Ladung« ist in der Zwischenzeit zu einem erträglichen Ausmaß zusammengeschrumpft und daher vom Bewußtsein des Patienten verkraftbar. Hierbei spielt auch die Person des Therapeuten eine Rolle, der eine Art Geburtshelfer spielt und durch seine Anwesenheit die aufsteigende Angst des Patienten vermindert. Es stehen also der freiwerdenden Ladung eines Geschehens zwei Leute gegenüber, was dem Patienten die Konfrontation des Unbekannten erleichtert. Belastend und angsterregend ist lediglich der Vorgang des Bewußtmachens, nicht das Kennen der Ereignisse selbst.

Im selben Moment, in dem ein Ereignis voll bewußt ist, fühlt sich der Patient schlagartig erleichtert und hat keinerlei Beschwerden oder Angst mehr. Es ist vergleichbar mit der Geburt eines Kindes. Die Beschwerden betreffen nur den Vorgang selbst, nicht das Resultat. Es ist also völlig gleichgültig, wie grauenhaft das Ereignis ist; wenn der Patient es erst weiß, hat es keine Wirkung mehr auf ihn.

Dies ist eine wichtige Regel: Alles, was bewußt ist, kann nicht mehr weh tun. Es kann nämlich vorkommen, daß sich jemand nach dem Bewußtwerden eines bestimmten Ereignisses gar nicht wohl fühlt, sondern auf einmal eine eigenartige Unruhe, eventuell auch Spannungen und Kopfschmerzen empfindet. Man ist geneigt, als Ursache das bewußtgewordene Ereignis anzusehen und die Folgen als gewisse Verarbeitungsschwierigkeiten zu erklären. Eine solche Erklärung ist falsch. Treten negative Folgen auf, so heißt dies, daß das bewußtgemachte Ereignis nicht der wirkliche Kern des Komplexes war. Durch das Aufdecken eines Ereignisses wurde jedoch das darunter befindliche Material freigelegt, das nun an die Bewußtseinsschwelle drängt. In einem solchen Falle ist es möglich, den Prozeß sehr schnell weiterzuführen, da ja das Material bereits von sich aus an die Oberfläche steigt. Auch hier gilt der Satz: Symptome und Beschwerden werden ausschließlich von unbekanntem Material verursacht, niemals von bewußten Dingen.

In dem Moment, in dem der Patient das Kerntrauma

wiedererlebt, erlebt er es mit all den dazugehörigen Emotionen. Dadurch verbinden sich die beiden Dinge wieder miteinander, die seinerzeit beim Vorgang der Verdrängung getrennt wurden: Ereignis und Emotion. Nachdem das Gefühl aber wieder seine richtige komplementäre Hälfte gefunden und sich damit wieder neu verbunden hat, braucht es nicht mehr projiziert zu werden. Denn, wie eingangs erwähnt, das Symptom war lediglich der ständige Versuch, ein frei fluktuierendes Gefühl an ein Ereignis zu binden, wobei in der Gegenwart nur die Projektion sich als Möglichkeit anbot. Dieser Vorgang fällt jedoch schlagartig in sich zusammen, wenn das Gefühl seinen echten Platz in der Vergangenheit wiedergefunden hat – das Symptom verschwindet.

Das Gesagte möge als theoretisches Konzept vorläufig genügen, um zu unserer eingangs vorgestellten Patientin zurückzukommen. Ich griff ein bestimmtes Symptom heraus, wie z.B. die Unfähigkeit, das Haus allein zu verlassen, und ließ diese Situation in der Hypnose erleben. Das auftretende Gefühl, nämlich eine ganz spezifische Angst, wählten wir als Leitlinie, um daran zu früheren Ereignissen zurückzukehren, in denen das gleiche Gefühl bereits auftrat.

So gelangten wir sehr schnell in die Kindheitsjahre, und es zeigten sich jene psychischen Zusammenhänge, die jedem Psychoanalytiker bekannt sind: Liebe zum Vater, heimliches Begehren des Vaters als Sexualpartner, Haß auf die Mutter als Rivalin, Bestrafung des Onanierens und die damit verbundenen Kastrationsphantasien. All dies ist wohlbekannt seit den bahnbrechenden Arbeiten von Sigmund Freud und paßte auch in unserem Falle sehr gut zur Symptomatik der Patientin. Wir machten all diese Zusammenhänge bewußt und stellten den Bezug zum Symptom her. Der innere Zusammenhang wurde verstanden und eingesehen, die Symptome verloren allmählich etwas von ihrer Schärfe.

Dieses Vorgehen füllte etwa die ersten zwanzig Therapiestunden aus. Der recht geringe Zeitaufwand, verglichen mit der Psychoanalyse, ist durch den Einsatz der Hypnose möglich. Es werden hier also zwei Techniken kombiniert, einmal die Hypnose, zum anderen die Analyse. Die Methode ist unter dem Namen der Hypnoanalyse in den Vereinigten Staaten wesentlich gebräuchlicher als bei uns.

Bei uns setzt man Hypnosetherapie meist gleich mit reiner Suggestionstherapie und bezeichnet sie als ein »zudeckendes Verfahren«. Diese Therapieform, die noch von den Anfängen der Hypnose herrührt, verzichtet auf jegliche Analyse (analysieren = aufdecken) und arbeitet statt dessen ausschließlich mit Heilsuggestionen, die inhaltlich den Symptomen entgegengesetzt sind. So würde man beispielsweise starke Minderwertigkeitskomplexe dadurch therapieren, daß man dem Patienten in der Hypnose immer wieder die Suggestion einpflanzt: »Sie fühlen sich immer und überall ruhig, frei und selbstsicher!« Hierbei interessiert man sich in keiner Weise für die Ursache des Minderwertigkeitsgefühls, sondern versucht lediglich, es durch ein anderes Programm zu ersetzen. Gefahren dieser Art von Therapie sind einerseits die Möglichkeit eines Rückfalls als auch die Symptomverschiebung, da das zugrunde liegende Problem nicht aufgedeckt wurde. Dennoch erzielt auch dieses Verfahren oft recht überzeugende Erfolge.

Der Idealfall dürfte jedoch auch hier in der Kombination von Hypnoanalyse und Suggestionstherapie liegen. Der besondere Zustand der Hypnose erleichtert den Vorgang der Analyse gewaltig und erspart Zeit und vermeidbare Umwege, und die gleichzeitigen positiven Suggestionen füllen den durch die Analyse neu erschlossenen Seelenraum gleich mit »erwünschten Programmen« aus. So läßt sich durch die Kombination verschiedener Methoden ein Maximum an Erfolg erreichen, den eine Methode isoliert nicht oder nur wesentlich langsamer bringen kann.

Man sollte sich in Deutschland daran gewöhnen, Hypnosetherapie von der klassischen Suggestionstherapie gedanklich zu trennen. Hypnose allein ist keine Therapieform, sondern ein Hilfsmittel, möglichst rasch und direkt an das Unbewußte des Patienten zu gelangen. Erst wenn das geschehen ist, beginnt die eigentliche Therapie. Die Hypnose öffnet lediglich eine Tür und entspricht etwa dem Messer des Chirurgen, mit dem er die Bauchdecke öffnet. Erst danach geschieht die Operation. Deshalb sagt auch die Tatsache, daß ein Therapeut sich der Hypnose bedient, nicht das geringste über seine Therapie aus.

Es gibt keine Hypnosetherapie, sondern nur Therapien, die sich der Hypnose bedienen – was man allerdings wesentlich häufiger tun sollte und könnte, als es bei uns zur Zeit geschieht. Seit Freud weiß man, wie bedeutungsvoll die allerersten Lebensjahre eines Kindes für die spätere Entwicklung und auch für das Verstehen späterer Neurosen sind. Gerade die Hypnose ermöglicht ein besonders schnelles und intensives Wiedererinnern und Wiedererleben dieser frühen Lebensjahre.

Doch am Anfang steht ein Ereignis, das besonders wichtig ist und das ganz entscheidende Eindrücke hinterläßt, nämlich die Geburt selbst. Der Ablauf der Geburt, die Bemerkungen von Mutter, Vater, Arzt und Hebamme zu und über den neuen Erdenbürger haben eine nicht zu unterschätzende Wirkung auf das Baby. In dem Irrglauben, der Säugling könne kein Wort verstehen, werden in dieser Situation oft Dinge gesprochen, die eine vernichtende Wirkung auf den Neugeborenen ausüben. Auf die Schilderungen der Geburt und was man dabei beachten sollte, werde ich noch genau eingehen. Hier sei das Wiedererleben der Geburt und das Bewußtmachen des gesamten Ablaufs nur als wichtiger therapeutischer

Schritt hervorgehoben, der in keiner Behandlung fehlen sollte (aber meistens doch fehlt!).

Doch auch hier mache ich nicht halt und gehe mit meinem Patienten weiter in der Zeit zurück. Wir suchen den Embryonalzustand ab, ob es hier Eindrücke für das Kind gab, die für die spätere Entwicklung einschneidend wurden. Damit meine ich keineswegs nur physische Einflüsse, sondern vor allem psychische Einwirkungen der Eltern auf das Kind. Man staunt, wieviel Unfug geschieht. Noch mehr würden wohl die Eltern staunen, wenn sie wüßten, wie ihr Kind bereits im ungeborenen Stadium auf ihr Verhalten reagiert.

Die Erziehung des Kindes beginnt bei der Zeugung. Auch dieses Ereignis mache ich in der Therapie bewußt. Dies mag für viele völlig unmöglich erscheinen, auch meine Patienten lächeln mich meist mitleidsvoll an, wenn ich diesen Schritt in Aussicht stelle. Doch dann geschieht alles viel schneller und einfacher als erwartet. Die Geburt, die Station der Embryonalentwicklung und die Empfängnis werden auf einmal in voller Lebendigkeit erlebt, optisch, akustisch und mit den dazugehörigen Körperempfindungen und Schmerzen. Hier findet man plötzlich die Ursache, warum eine Frau sich ein Leben lang in ihrer Geschlechtsrolle als Frau minderwertig vorkam und sich immer wünschte, ein Mann zu sein: Nach der Zeugung sagte der Vater: »Hoffentlich bekommen wir kein Kind, und wenn, wenigstens einen Buben.«

Auch bei unserer Patientin, dem Fall, den wir als Exempel weiterverfolgen wollen, brachte das Embryonalstadium die Lösung eines Symptoms. Wir erinnern uns, daß sie besonders Aggressionen gegen schwangere Frauen verspürte und alle Mütter als Mörderinnen bezeichnete. Als ich dieses Symptom verfolgte, landete ich in einem Abtreibungserlebnis. Die Mutter meiner Patientin unternahm im 3. Monat einen Abtreibungsversuch. Diese massive Lebensbedrohung war das gesuchte

Trauma, von dem das Symptom seinen Gefühlswert entlieh. Meine Patientin erlebte bewußt diesen Abtreibungsversuch noch einmal durch, mit allen Schmerzen, Ängsten und Haßgefühlen. Danach kannte sie nun die Ursache ihrer Einstellung Schwangeren gegenüber, und der Haß und die Aggression waren verschwunden.

Nicht ganz so erfolgreich waren die analytischen Deutungen der anderen Kindheitserlebnisse. Die Zusammenhänge wurden erkannt und bestätigt, der Zusammenhang zum Symptom wurde eingesehen, und die Symptome verloren langsam an Schärfe, die Patientin fühlte sich von Mal zu Mal besser, doch die meisten Symptome verschwanden nicht. Die Wende trat in jener dreizehnten Sitzung ein, in der Frau Inge S. von selbst und ohne spezielle Suggestion die Regression weiter ausdehnte und voller Erregung völlig ungeordnet Dinge zu erzählen begann, die nicht mehr aus diesem achtundzwanzig Jahre alten Leben stammten. Erst als ich dies erkannte, schaltete ich das Tonbandgerät ein. Dadurch beginnt das Protokoll etwas unvermittelt.

Liest man ein solches Protokoll, so versäumt man leider die ganze Dramatik, die eine solche Sitzung bietet. Der ganze Körper der Patientin war in Erregung, sie stöhnte, schrie, dann wieder war die Stimme gepreßt und verzweifelt. An der Stelle, als sie schwörte, hob sie krampfhaft ihre Hand zum Schwur hoch, immer und immer wieder. Das Faszinierendste aber war jedoch nach etwa einem Drittel der Sitzung ein schlagartiger Wandel der Stimme. Aus ihrer normalen Stimme wurde plötzlich eine tiefe rauhe Stimme, die fast von einem Mann zu sein schien. Die neue Stimme hatte nicht die geringste Ähnlichkeit mit ihrer Normalstimme und wirkte dadurch fast gespenstisch.

Dazu kommt, daß diese Frau von ihrer Schulbildung her weder Latein kann noch von den geschichtlichen Zuständen des alten Roms irgendwelche Kenntnisse besaß.

Genausowenig Kenntnisse besaß sie in der Frage der Reinkarnation. Sie ist gläubige Katholikin und ihre Symptome waren auch alle in dieser Richtung gefärbt. Um so erstaunlicher war auch hier die Erfahrung, daß die Patientin nach dieser Sitzung keinerlei Schwierigkeiten hatte, ihr neues und so plötzlich erworbenes Erlebnis eines möglichen Vorlebens zu verarbeiten und einzuordnen. Dafür spricht das Ende der Sitzung, in der sie wörtlich sagte: »Ich weiß, daß ich Mensch werde, ich weiß es, ich weiß, daß die Menschwerdung beginnt. Ich fühle den Frieden und die Freude, ozeanisch, weltumfassend, nein – weltenumfassend, das ist ein Gefühl, das ist so weit und groß und breit, das ist kein räumliches Gefühl, man kann es nicht beschreiben – wirklich schön ...«

Als wir uns acht Tage später bei der nächsten Therapiesitzung wiedersahen, klagte Frau Inge S. noch speziell über ein Symptom, das sie nach wie vor beeinträchtigte. Sie hatte manchmal rote Flecken im Gesicht, deren sie sich sehr schämte und die besonders stark wurden, wenn sie das Haus verlassen sollte. Sie hatte immer Angst, die Leute würden ihr etwas an diesen Flecken ansehen, doch wußte sie nicht, was. Im Laufe der Therapie hatten wir zwar bereits herausgefunden, daß sie unbewußt die Angst hatte, man könnte ihr an diesen Flecken ansehen, sie habe Geschlechtsverkehr gehabt und schäme sich dessen. Doch diese Erhellung ließ das Symptom nicht verschwinden. In besagter vierzehnter Sitzung kamen wir wieder darauf zu sprechen, als wir klärten, was an Symptomen verschwunden und was noch vorhanden war. Ich gab nach Eintritt des hypnotischen Schlafes die Suggestion: Wir gehen in der Zeit zurück, so lange, bis Sie auf das Ereignis stoßen, in dem die Flecken zum erstenmal auftraten. Bei dieser Sitzung entstand nun folgendes Protokoll:

H: Wer hat Sie verbrannt?

VP: Das ist die Sonne, und weil ich so einen Durst hab und deswegen ... und alle sehen mich.

H: Erzählen Sie weiter!

VP: Ich möchte weglaufen – aber ich kann ja nicht.

H: Warum nicht?

VP: Ja, weil – das geht nicht – ich weiß jetzt – die wissen alle etwas – alle.

H: Was wissen sie denn?

VP: Die wissen – die sind alle gebrannt gewesen – hm – alle, die, mit denen wir zusammen waren.

H: Mit wem wart Ihr zusammen?

VP: Ja, mit den anderen – mit – wir sind . . .

H: Erzählen Sie mir die ganze Geschichte, langsam und ruhig, alle Einzelheiten.

VP: Ich hab aber Angst – das geht nicht!

H: Wovor haben Sie Angst?

VP: Da ist – ich hab ja schließlich – die Eltern, die sind nicht mehr da – ich weiß, warum ich jetzt – weil, damals ist er ja weggegangen – das ist so, weil wir erst getauft werden mußten, da konnten wir noch nicht zusammen sein, das ist dann inzwischen passiert mit meinem Bruder, und dann ist er weggegangen.

H: Was ist denn passiert?

VP: Ja, das.

H: Na, sagen Sie es mir.

VP: Ich mag das nicht sagen –

H: Was ist denn passiert?

VP: Ja, wie ich den Bruder – weil – das ist genug damals gewesen – aber nicht, weil ich das getan hab, sondern weil er dann weggegangen ist, hab ich die Flecken – damit jeder sieht, daß ich schuldig bin.

H: Für was?

VP: Ja, daß ich schuldig bin, und ich bin nicht getauft worden – weil, das ist ja alles nicht mehr gegangen – das sind die – ich weiß nicht, warum mir das einfällt – mit den Flecken, wenn man sündigt, weil man dann gezeichnet ist, und deshalb sind wir auch verbrannt worden.

H: Wer wir?

VP: Ich darf nichts sagen!

H: Warum dürfen Sie nichts sagen?

VP: Weil – wenn ich meine Schuld – weil ich dann immer wieder der Angst wegen – weil ich doch meinen Bruder vergiftet habe und deswegen immer Angst hab, und wir konnten nicht heiraten, ob . . . Ich darf das eigentlich nicht sagen.

H: Sie dürfen.

VP: Also der heißt – sag ich nicht – nein, dann sperrt man den auch ein.

H: Sie brauchen keine Angst zu haben, wenn Sie es mir sagen . . .

VP: Also, der wird aber auch erst getauft, und das ist das – das . . . ich weiß den Namen – wenn ich das sage . . .

H: Was ist dann?

VP: Es kann mir nichts mehr passieren, jetzt – weil er so weit weg ist –

H: Wie heißt er?

VP: Afrahmus.

H: Afrahmus?

VP: Ja.

H: Ist das Dein Freund?

VP: Ja – aber – warum der weggegangen ist – ich weiß es ja.

H: Warum?

VP: Ja, weil . . . weil er gewußt hat, er kann mich am meisten damit bestrafen –

H: Warum wollte er Dich bestrafen?

VP: Weil ich – weil ich meinen Bruder getötet hab und er wollte mich nicht mehr, und ich hab mich so geschämt – aber ich hab mir gedacht, weil ich jetzt befleckt bin und – aber er – die Seele befleckt, also nicht mehr die Reinheit habe, und deshalb ist er weggegangen – die Seele, das bin ja ich, und deshalb wird mir auch ganz heiß bei dem Gedanken – wenn ich dann denke, daß der weggeht und nie mehr kommt – ich weiß nicht mehr, es hat ... das ist so weit weg gewesen, das ist – da ist er – ich – da sind Berge, nein, erst Wege, dann Berge, dann ist das Wasser da, und deswegen mag ich ja auch das Wasser nicht, weil ich weiß, da ist er, der kommt auch nie mehr her, weil er über das Wasser ist – ich weiß nicht, aber er ist über das Wasser und dann noch weiter.

H: ...

VP: Weil ich das weiß – ich weiß, daß er nicht zurückkommen wird – das ist der Weg dahin – das kann man sehen – da ist das, wo die Hügel sind – da ist der Richtplatz.

H: Was ist da?

VP: Das ist der Richtplatz, wo die Pfähle sind, wenn man gekreuzigt wird, und wenn man da geht – das ist sehr weit – da kommt man an einen Felsen, und dann dahinter ist Wasser, Meer – drum mag ich das ja auch nicht, und das ist nämlich das Meer gewesen, wo ich dann immer am Rand von dem Felsen stand, aber ich stand ja nicht am Rand, ich bin dort nie gewesen – sondern ich hab das nur gesehen – ich bin nie bis zum Abgrund gegangen, weil ich Angst gehabt hab, und deswegen mochte ich das Wasser auch nicht – das Wasser, weil ich immer dran erinnert wurde.

H: An was?

VP: Ja, daß er da über das Wasser gegangen ist, und dann kommt er nicht mehr.

H: War das Dein Freund?

VP: Ja, das war mein Freund.

H: Hattet ihr schon eine enge Verbindung ...

VP: Nein, nein, noch nicht – er hat zwar gewohnt beim Onkel, aber er hat – wir waren ja noch nicht getauft – wir konnten ja nicht heiraten, und das war ja der Tag der Auferstehung, wo das passiert ist.

H: Was ist passiert?

VP: Ja, wo ich in das Großgebäude hineingegangen bin und meinem Bruder das Brot gebracht hab – das ist, als wenn mir jemand dann das Herz herausreißt – das ist entsetzlich . . .

H: Du hast noch keinen Geschlechtsverkehr mit Afrahmus gehabt?

VP: Nein, das geht nicht, wirklich nicht.

H: Warum nicht?

VP: Nein – weil, wir wollten ja erst getauft werden – und ich hab Angst gehabt, vielleicht –

H: Wovor?

VP: Na, und dann das ist so – Angst eigentlich nicht, sondern das war einfach so, das hat man einfach – das hat man nicht getan vorher, das war weil – wir waren ja versprochen, und deshalb haben wir das nicht getan, und außerdem ist das viel schöner gewesen – weil wir warten wollten – weil, wir haben ja gewußt, daß wir zusammenkommen werden, aber dann hab ich das getan und . . .

H: Jetzt glaubst Du, bist Du gezeichnet, befleckt?

VP: Ja – (schwerer Seufzer).

H: Sieht man das äußerlich an Dir?

VP: Ja – das sieht man nämlich.

H: Woran denn?

VP: Da krieg ich einmal ganz feste Herzklopfen und dann – sieht man – ja . . .

H: Woran sieht man das?

VP: Ich weiß nicht, hm – am Gesicht – man sieht das, ich weiß, man sieht das deshalb, weil ich mich selbst zerstöre.

H: Wodurch?

VP: Ja, ich möchte mich selbst zerstören.

H: Warum?

VP: Weil ich mich selbst quälen möchte und denke, ich will büßen dafür.

H: Wie willst Du das tun?

VP: Ja – ich kann das selbst nicht – aber man sieht es ja schon.

H: Woran denn?

VP: Ja, weil alle Leute mich anschauen – und sie können das sehen.

H: Woran können sie das sehen?

VP: Ich weiß es nicht – ich – aber es ist möglich – nein, wir haben das nicht getan vorher.

H: Was?

VP: Ich weiß nicht – ich bekomm aber kein Kind.

H: Habt Ihr doch Geschlechtsverkehr gehabt?

VP: Nein – ich weiß nicht . . .

H: Erzähle weiter.

VP: Ich, ich weiß nicht, ich – da sind zwei kleine Kinder neben mir, aber die gehören ja nicht mir –

H: Wem gehören die denn?

VP: Ich weiß es nicht – die sind halt so mitgegangen in das Gebäude, ich weiß nicht, warum – es kann schon sein, daß ich so einen Bauch hab, so, aber das –

H: Bist Du schwanger?

VP: Ich weiß es nicht – ich weiß es wirklich nicht.

H: Du weißt doch, ob Du schwanger bist.

VP: Nein.

H: Könnte es sein?

VP: Nein – ich weiß es auch nicht, ob es sein könnte oder – ja – ich bin aber nicht schwanger – ich bilde mir das ein, weil ich mir auch einbilde – nein – das ist schon möglich.

H: Was ist möglich?

VP: Das vielleicht doch etwas war.

H: Wir blenden zu diesem Zeitpunkt zurück . . .

VP: Genau, das war das.

H: Erzähle.

VP: Das war das im Garten, ja – das ist das in dem Garten – aber man durfte das nicht.

H: Erzähl mal ganz genau, was geschieht.

VP: Naja, wir gehen so nebeneinander her, und wir sagen eigentlich nichts – so ist es recht angenehm, aber ich hab trotzdem Angst.

H: Wovor?

VP: Naja, daß er das vor der Heirat möchte – hm, und der ist wirklich sehr lieb, und weil ich das auch irgendwie möchte – jetzt weiß ich, wie das war – weil der uns gesehen hat – der hat uns gesehen, ich weiß nicht, wer es ist – ich kenn den, wir kennen ihn alle, und der hat es gesehen.

H: Was hat er gesehen?

VP: Na ja, daß wir uns halt geliebt haben, das hat er gesehen.

H: Wo habt Ihr Euch denn geliebt?

VP: Im Garten – das ist eigentlich kein Garten, das ist – da ist – da ist eine Mauer und ein Rasen, und da sind so kleine Sträucher, das ist aus Holz, so wie eine Laube, und jetzt hab ich Angst.

H: Wovor?

VP: Ja, weil wir uns versprochen sind, aber man darf ja nicht schwach werden, weil man dann gezeichnet ist – wenn man das getan hat, das sehen die anderen.

H: Woher weißt Du das?

VP: Weil es die anderen sagen, man sieht es.

H: Hast Du es schon einmal bei einem anderen gesehen?

VP: Die müssen den Schleier nehmen, ich weiß nicht, das ist von den Freunden – die müssen sich verbergen, die können nicht mehr hinausgehen, weil man sie sieht.

H: Gut, wie geht es in diesem Park weiter? Da ist die Mauer, der Rasen, die kleine Laube . . .

VP: Ja, der hat uns gesehen – weil er auf der Terrasse war, und dann hat er sich hinter einer Säule versteckt, und ich hab mich geschämt, wahnsinnig, wirklich, aber erst, erst wie ich ihn alleine gesehen hab, da hab ich mich geschämt. Ich weiß nicht, wie er heißt.

H: Aber Du kennst ihn?

VP: Ich weiß nicht, ich weiß nicht, wie er heißt.

H: Das macht nichts!

VP: Ich schäme mich vor dem alleine, der hat mich gesehen, und dann hat er mich so angeschaut – so gemein, und da bin ich so rot geworden – und da hab ich wirklich gespürt . . .

H: Gut, diese Szene erleben wir jetzt noch einmal durch.

VP: Der meint natürlich, daß ich für jeden zu haben wäre, weil er genau gewußt hat, daß wir noch nicht verheiratet sind, und deshalb kann ich ja auch kein Kind bekommen, weil, das sieht man ja, und dann, wenn die alle so starren auf meinen Bauch, dann denken sie sich, sie könnten mich vielleicht auch haben – weil ich so etwas ja schon gemacht habe – und dann bekomm ich ganz rote Flecken, und die gehen gar nicht weg momentan, und je mehr ich mich dessen bewußt werd, desto schlimmer wird das, und dann mag ich nicht hinausgehen – vielleicht auch – ach, das merkt man aber auch – ja – weil ich damals mich doch einfach so preisgegeben hab, das war, weil wir noch nicht verheiratet waren, und das meine ich – und vielleicht ist der auch deshalb weggegangen, und weil ich eben schuld daran war, bekomm ich eben diese Flecken im Gesicht – und weil ich es selbst gern wollte – vielleicht – und dann hab ich mich so geschämt – wie ich dem gegenüberstand, und wir standen dann so alleine gegenüber, und ich hab mich so geschämt – und da bin ich auch ganz heiß geworden im Gesicht, und das ist, als wenn einer einem Löcher in die Haut brennt.

H: Woher weißt Du das, wie das ist, wenn einer einem Löcher in die Haut brennt?

VP: Das geht – oder wenn man sich schuldig fühlt – ja – wenn man etwas sagen soll und das nicht sagen will, dann brennen die einem Löcher in die Haut.

H: Hast Du das mal erlebt? Blende zu diesem Ereignis!

VP: Hm, das ist die Sonne – ich sage nichts – ich weiß, was es war – nein –ich sollte etwas sagen – aber das geht nicht – man wird gebrandmarkt.

H: Zu wem solltest Du etwas sagen?

VP: Das sind kleine Schwämme – die werden einem auf die Haut gebrannt – Schwämme – die sind aus dem Wasser – und die werden einem auf die Haut gebrannt – mit etwas Klebrigem, das ist braun – rot und ein bißchen gelb, wenn man es heiß macht – und da werden die Schwämme eingetaucht, und dann werden sie einem auf die Haut gedrückt.

H: Warum macht man das?

VP: Damit man gezeichnet ist für etwas.

H: Warum macht man es bei Dir?

VP: Weil man glaubt – weil ich, weil ich, weil man mich gesehen hat – sie haben geglaubt, ich will sie verraten, ich will – ich will, ja ich will Christus verraten – hm, sie haben gesagt, ich hab ihn verraten – weil ich mich so einfach weggeworfen hab – hm – und das sind die Freunde in dem Haus, aber das ist ein so böser Mensch, ja – das ist – ich weiß nicht – das ist auch der gewesen, der später zu mir gesagt hat, ich solle meinen Bruder ermorden – Tau . . .

H: Kehren wir zurück zu diesem brennenden Gesicht und zu diesen Schwämmen – schildere mir, wie das vor sich geht – und schildere alles, was Du erlebst, was geschieht, wo Du bist – wer ist da – was wird gesprochen?

VP: Es ist ein Raum – das ist ein Raum – ein langer Tisch oder ein Holz – ein langes Holz und – es sind so lange

– hm, da werden die Schwämmchen aufgespießt, und dann taucht man sie in diese Flüssigkeit – hm – ich hab Angst davor – da taucht man sie in diese Flüssigkeit, und dann drückt man sie uns auf die Haut.

H: Wem uns? Wem denn?

VP: Ja, weil da sind noch drei Frauen, und die sind auch angeklagt – aber nicht wie ich, und die wollten mit diesen Schwämmen –

H: Will man, daß Du was zugibst oder was sagst?

VP: Ja – daß ich das sage.

H: Was denn? Was sollst du sagen?

VP: Hm – daß ich die Kirche beschmutzt habe – das ist im Haus vom Onkel –

H: Was ist im Haus vom Onkel? Wo das geschieht?

VP: Ja.

H: Wer ist denn alles anwesend?

VP: Es sind – ich weiß nicht, es sind aber nur – fünf Männer, glaube ich – nein – ja – und einer ist ganz besonders grausam.

H: Wieso, was macht er denn?

VP: Der drückt mir die Schwämmchen auf die Haut – das ist der – ja, der hat einen Buckel und ist klein.

H: Was hat der?

VP: Einen Buckel und klein, und ich hab Angst – richtig.

H: Wie groß sind diese Schwämmchen?

VP: So groß wie – so groß wie die – hm, wie diese nicht rund – hm, man kann vielleicht sagen, so groß wie . . . (schweres Atmen).

H: Wie eine Daumenkuppe?

VP: Wie vier solcher kleinen Kuppen, vier kleine Fingernägel.

H: Wie vier Fingernägel? Gut, dann blenden wir noch einmal zurück zu diesem Augenblick, wo sie aufs Gesicht gesetzt werden.

VP: Aber das darf dann nicht weh tun – ich hab so Angst davor, und ich gebe nichts zu ...
H: Was geschieht – erzähle jede Einzelheit.
VP: Da ist eine Schiene und da liegen viele – solche ...
H: Was?
VP: Solche – wo man die Schwämmchen draufsteckt – die liegen schon dort bereit – und weil man die Schwämmchen da draufsteckt – weil, wenn er sich nicht verbrennen möchte selbst, dann muß er das darauftun, und er dreht das dann in seinem Gefäß, und das hängt auf so einem – da ist Feuer drunter, und das ist in der Wand, und da taucht er das hinein in das Heiße, und das ist so heiß, daß das alles verklebt, und das drückt er einem dann aufs Gesicht.
H: Wo – wo drückt er jetzt eins hin?
VP: Ja, der drückt mir das – der drückt mir das nämlich aufs Gesicht, und das brennt wie Feuer – der drückt mir das nämlich aufs Gesicht, und genau, wo man es sieht, dann – und auch überallhin und von der Seite, und da wird mir so heiß – (seufzt).
H: Gut, wie viele hat er jetzt schon draufgetan?
VP: Ich weiß nicht.
H: Ja, dann zähl mal mit.
VP: Das hat er mir hierhin gedrückt, und dann drückt er mir da ...
H: Erzähl weiter.
VP: Und dann brennt er mir am Kinn entlang und die Wangen besonders stark.
H: Und wo noch?
VP: Und am Hals.
H: An der Stirne nicht?
VP: Ja – ah, das ist aber so heiß – mir wird nämlich ganz – der wollte – drum brennen meine Augen so – weil da hat er mich – das, das tut ...
H: Weiter erzählen.
VP: Der hat mein ganzes Gesicht entstellt – der brennt

ganz fest – ganz fest brennt er mich – ich kann da gar nicht hingreifen, das brennt noch mehr.

H: Wie geht es weiter?

VP: Ich spür das nicht mehr, aber der macht das von neuem, und da ist ein alter Mann.

H: Was ist da?

VP: Und deshalb – daß er aufhören möchte – und dieser Böse, der brennt mir noch einmal ins Gesicht hinein, und ganz fest hier brennt er mich, und daß man das sieht – mir ist ganz heiß ...

H: Wie geht es weiter?

VP: Ich weiß nicht – der – irgendwas zieht der an meinen Beinen – weil, der zieht da noch.

H: Was macht der?

VP: Der zieht an meinen Beinen – ich – das tut weh – der zieht da so fest ...

H: Wie macht er das – wie zieht er daran?

VP: Da – mit so – das ist ein Rad – der zieht mir den Fuß kaputt – das ist das Rad, das tut so weh.

H: Warum macht er das alles mit Dir?

VP: Damit ich bereue.

H: Was sollst Du denn bereuen?

VP: Daß ich das getan habe.

H: Was denn?

VP: Weil ich mit – weil ich mit Afrahmus im Garten war – weil, weil wir uns dort geliebt haben – vor der Ehe und vor der Taufe und – und ...

H: Was ist jetzt?

VP: Er verbrennt mir das Gesicht – hm – der verbrennt mir das Gesicht – hm (weint und schluchzt).

H: Wie geht es weiter?

VP: Weil der – der zieht, der zieht immer noch an meinen Beinen – der zieht immer noch an meinen Beinen – der möchte mir das ausreißen – der zieht mir das Bein kaputt – das wird ganz – steif, ich weiß nicht.

 H: Wie geht es weiter?

VP: Ich weiß nicht – ich glaub, daß mir schlecht wird . . .
H: Wie geht es weiter? Erzähl, wie es weitergeht!
VP: Und da ist ein Raum – und dort legt man mich hin – auf eine Decke am Boden – ja – und dann ist eine Frau dort, die hat Tücher, und dann legt sie Tücher um meinen Kopf – und da tut sie etwas hinein in die Tücher, etwas durchsichtig Grünes – und dann – ich hab so Schmerzen – weil er – mein Bein – ich brauch aber keine Angst zu haben, daß ich noch einmal so gefoltert werde.
H: Warum?
VP: Weil ich ja schon gezeichnet bin – hm, und somit können das alle sehen – ich kann das nicht überblikken – das ist zuviel – ich kann das nicht überblicken.
H: Was kannst Du nicht überblicken?
VP: Weil das so viel ist.
H: Was ist soviel? Was ist viel?
VP: Weil ich ganz verwirrt bin – so, ich hab nicht gewußt, daß das etwas, hm – weil, das war ja doch schön und nicht böse, ich hab gewußt, ich darf das nicht tun – aber, hm – daß man da so hart bestraft wird, das habe ich nicht gewußt – aber ich weiß, daß ich das niemals mehr tun werde – nie mehr – ich möchte das auch nicht mehr sehen – weil der so – der hat mich so angeschaut – niemand hat mir geholfen, etwas zu sagen – hm.
H: Gut, wir lösen uns von diesem Ereignis, kannst Du mir noch sagen, welche Jahreszahl gehört zu diesem Ereignis?
VP: Ich – ich weiß das – das ist 3 – ich sehe nur, ich . . .
H: Was siehst Du?
VP: Das ist 3 – ich habe Angst vor der Zahl.
H: Wie sieht sie denn aus?
VP: Weil ich – seh die – das ist die Zahl – das ist in der Mauer in dem Gebäude, aber weil ich nicht lesen kann – nicht richtig . . .

H: Beschreibe mir, wie die Zahl aussieht.

VP: Hm, ich möchte es vielleicht so sagen – weiß nicht, ob das stimmt oder bei uns – ob man das sagt heute, ich kann das nicht lesen – aber ich weiß es, daß es soviel heißt – das ist – kann ich das sagen – ich weiß es nicht.

H: Was meinst Du da jetzt?

VP: Also ich kann das nicht lesen, aber ich weiß, daß das so heißt – also ich meine, und wenn ich das, wie das heute ist, ich kann das lesen – aber ich kann das nicht sagen.

H: Beschreibe es.

VP: Das ist mit dem M – das ist immer mit dem M.

H: Mit dem M, und dann?

VP: Ja – und dann ist ein (schreibt mit der Hand ständig Zeichen in die Luft!). Und das ist so.

H: Ein V.

VP: Ja. MXM.

H: MXM.

VP: Ja, MXM, ich weiß nicht, und da ist so – das ist nichts, und dann ist 1, 2, 3, 4 und ein V, ich weiß es nicht, das ist . . .

H: Gut – wir lösen uns von dieser Zahl, wir lösen uns von dieser Zeit, wir lösen uns von diesen Erlebnissen – wir gehen in der Zeit wieder nach vorne, Ihr Gesicht wird rein, völlig rein und fleckenlos, Ihre Haut ist rein, glatt, Sie spüren, wie die Flecken sich auflösen, stimmt's?

VP: Ja – die zersetzen sich!

H: Denn sie haben keine Berechtigung mehr.

VP: Nein, das haben sie nicht.

H: Sie brauchen sie nicht mehr, Sie wollen sie nicht mehr. Wir lassen sie einfach verschwinden – ganz einfach – diese Flecken haben sich in der Zeit verirrt – sie sind zweitausend Jahre zu spät. All die Ängste, all die Schuldgefühle sind Verirrungen in der Zeit, wir brauchen sie nicht mehr, Sie leben jetzt im Jahre 1975 – Schuldgefühle von damals gelten nicht mehr – wie fühlen Sie sich?

VP: Gut.

H: Dann werden wir die Sitzung nun bald beenden.

Hiermit sind wir am entscheidendsten Punkt meiner therapeutischen Methode angekommen. Ich behaupte – und diese Behauptung ist durch jeden Fachmann leicht nachprüfbar –, daß man fast automatisch auf frühere Inkarnationen stößt, wenn man nur konsequent genug nach der wirklichen Ursache eines Symptoms forscht. Denn meine Erfahrungen zeigen, daß der überwiegende Teil aller Symptome seinen Ursprung in früheren Inkarnationen hat und nicht aus diesem Leben stammt. All das, was man landläufig als die Ursache eines Symptoms ausgibt, ist nicht die wirkliche Ursache, sondern nur ein mehr oder weniger großes Glied in der vorhin beschriebenen Kette, die uns zur Ursache führen würde.

In der bisher üblichen Psychotherapie wickelte man diesen Faden bis zu einem früheren Kindheitserlebnis auf, bezeichnete dieses als Ursache und heilte so das Symptom. Dieses Vorgehen funktioniert deshalb in so vielen Fällen, weil dadurch bereits eine Menge psychische Energie (Ladung) abgebaut wird. Dies wiederum führt zu einer spürbaren Erleichterung des Patienten, die schließlich suggestiv durch die Feststellung, man hätte die wahre Ursache gefunden, bis zur Heilung ausgebaut werden kann. Das alles sagt jedoch nichts darüber aus, ob man immer die eigentliche Ursache gefunden hat oder nicht.

Ich behaupte, daß man bisher in den allerwenigsten Fällen mit den wirklichen Traumata in Berührung kam. Schuld daran ist lediglich das axiomatische Vorurteil unserer westlichen Welt, die unbedingt dieses Leben als eine lediglich einmal aufblitzende Existenz verstanden wissen will. Man kann aber von der Wirklichkeit nur so viel wahrnehmen, wie man theoretisch grundsätzlich für möglich hält. Solange der Mensch den Flug zum Mond für grundsätzlich ausgeschlossen hielt, konnte er niemals auf diesem Trabanten landen. Ähnlich verhält es sich mit der Reinkarnation. Solange ich felsenfest von der Nichtexistenz überzeugt bin, werde ich niemals auf sie stoßen. So verwundert es nicht, daß man bisher jede Analyse in der Nähe der Geburt einfach abbrach, statt sie so weit zu führen, bis nichts mehr kommt.

Wohlgemerkt, man braucht dem Patienten keineswegs ein Vorleben zu suggerieren, um es zu erhalten. Der Patient füllt nicht die Erwartungshaltung eines reinkarnationssüchtigen Therapeuten mit netten Geschichten aus, vielmehr steigen im Patienten von selbst frühere Erlebnisse auf, wenn man lediglich die Forderung stellt, bis zur wahren Ursache seines Symptoms oder Gefühls zurückzukehren. Bedingung dafür ist allerdings, daß der Patient das, was er erzählt und berichtet, nicht ständig durch sein rationales Filter tropfen läßt, sondern sich ganz passiv dem hingibt, was von selbst sich ihm ereignet. Bewußte Kontrolle und der Versuch, alles sofort einzuordnen und selbst zu analysieren, behindern das aufsteigende unbewußte Material. In den tiefen Hypnosegraden ist die Kontrolle der Ratio meistens ganz ausgeschaltet, weswegen die Hypnose unser Vorgehen auch so erheblich erleichtert. Notwendig ist sie keinesfalls. Schwer hypnotisierbare Patienten kann man durch Übung mit dem Symboldrama ebenfalls daran gewöhnen, ohne eigene Kritik all das zu berichten, was in ihnen von selbst an Bildern und Erlebnissen aufsteigt. Auf die Technik werde ich später noch im Detail eingehen. Hier geht es darum, festzustellen, daß Erlebnisse außerhalb des jetzigen Lebens keinesfalls suggestiv vorbereitet werden müssen, sondern einen ganz natürlichen Vorgang darstellen, wenn man nur dem Patienten die Möglichkeit dazu gibt.

 Doch eigenartigerweise hat man es bisher größtenteils

nicht einmal für nötig bzw. möglich befunden, den Embryonalzustand zu durchsuchen. Welch interessante und wichtige Erlebnisse hier zu finden sind, möge neben dem vorhin erwähnten Abtreibungstrauma noch folgendes Beispiel einer anderen Patientin zeigen. Fräulein A, zweiunddreißig Jahre alt, erlebt in der sechzehnten Therapiestunde ihren Embryonalzustand. Wir durchlaufen den siebten Monat im Mutterleib. Die Mutter erfährt von ihrem Arzt, daß sie Zwillinge bekommt. Meine Patientin kommt in große Erregung: »Mutter will nicht, daß ich da bin – aber ich bin da! – sie will überhaupt kein Kind, aber wir sind zwei – sie will keine zwei.« Fräulein A weint. »Meine Mutter ist verzweifelt, weil es zwei sind – ich könnte schreien!« Sie weint. »Mami, ich bin doch da, ich bin doch trotzdem da!« Sie schlägt mit den Fäusten um sich. »Ich bin bös, ich bin ganz bös! Mami, ich könnte dich umbringen, du hast mich nicht lieb, ich brauche dich doch – ich hasse dich!« Sie weint. »Ich will nichts mehr essen, ich will von dir nichts mehr!« Ich frage sie: »Warum?« Fräulein A: »Weil sie mich auch nicht will. Meine Schwester kann ja alles haben – ich will nicht mehr!« Bei diesen Worten krümmt sie sich ganz klein zusammen und dreht sich zur Seite, ihr Gesicht fest auf die Liege gepreßt. »Ich möchte weg, ich will nicht mehr – meine Schwester nimmt mir immer den ganzen Platz weg, Donnerwetter!« Nach einer Weile des Schweigens beginnt sie: »Ich muß auf die Welt kommen, ich muß leben, ich muß – ich will – ich muß durchkommen, ich will nicht sterben. Ich will, ich muß leben!« Die Biographie von Fräulein A bestätigt: Sie kam nach ihrer Schwester zur Welt, und während ihre Zwillingsschwester gesund und kräftig war, wird sie sofort in die Klinik gebracht. Sie war winzig klein und kaum lebensfähig. Sechs Wochen lang blieb sie im Brutkasten, und keiner rechnete damit, daß sie durchkäme.

Wir sehen, wie frühzeitig das psychische Geschehen beginnt und welche Auswirkungen es auf den Menschen hat. Daß man in der Schulpsychologie einem Embryo noch keine psychische Reaktion im geschilderten Maß zutraut, liegt wieder an dem Axiom, daß Bewußtsein und Denken Produkte von materiellen Abläufen seien. Auf dieses Modell ist man heutzutage so fixiert, daß man es meist nicht fertigbringt, wenigstens hypothetisch die Beziehung umzupolen und zu prüfen, ob die Annahme nicht wesentlich sinnvoller und ergiebiger ist, den psychischen Prozeß als primär anzusehen und das materielle Geschehen als ein Produkt des Bewußtseins. Würde die Materie das Bewußtsein erzeugen, so dürfte es keine größeren Schwierigkeiten bereiten, lebendige Wesen künstlich herzustellen. Doch an diesem Punkt scheitern bisher auch noch die scharfsinnigsten Experimente. Sie werden auch weiterhin scheitern, solange man nicht erkennt, daß man zuerst die psychische Information, Bewußtsein benötigt, um Materie lebendig gestalten zu können.

Dem gleichen Irrtum unterliegt die Psychopharmaka-Therapie. Auch sie versucht, in materielles Geschehen einzugreifen und Änderungen herbeizuführen. Doch die Ursache allen Verhaltens und Fehlverhaltens liegt in der Psyche, die nicht materiell ist. Von dort kommen die Informationen, die vom Körper lediglich umgesetzt werden. Bei diesem engen Zusammenhang zwischen Psyche und Körper bringt jeder Eingriff eine Veränderung hervor. Deshalb ist die Wirkung von Psychopharmaka kein Argument für die Richtigkeit dieses Vorgehens. Will man Heilung erreichen, sollte man Veränderungen immer im primären System vornehmen, also in der Psyche.

Für das Verständnis meines therapeutischen Vorgehens ist es wichtig, dem Bewußtsein eine selbständige Daseinsform zuzumessen, die nicht erst vom Körper erschaffen wird. Denn wenn ich die Embryonalzeit bis zur Empfängnis mit meinen Patienten durchlaufen habe, gehen wir weiter in der Zeit zurück. In der der Empfängnis vorausgehenden Phase haben wir jedoch keinen Körper mehr. Dennoch empfindet sich jeder als »Ich« noch existent, ohne Zeit, Raum und Ort angeben zu können. Gehen meine Patienten noch weiter zurück, so stoßen sie wieder auf eine körperliche Existenz, empfinden sich jedoch weiterhin als das gleiche »Ich« wie eh und je. Es tritt kein Bruch auf. Die Gewohnheit vieler Menschen, ihr »Ich« mit ihrem Körper zu identifizieren, fällt in der Sitzung plötzlich weg. Der Körper wird lediglich so empfunden, als ob er an- und abgelegt werden könnte. Genauso, wie wir uns immer als der gleiche Mensch empfinden, egal, ob wir ein Kleidungsstück anhaben oder nicht, und unabhängig davon, welches Kleid wir tragen.

Diese bruchlose Kontinuität der menschlichen Psyche über die einzelnen Inkarnationen hinweg macht es auch verständlich, warum Symptome im jetzigen Leben ihre Ursache bereits vor ein paar hundert Jahren haben können. Genauso, wie ein Erlebnis auch morgen noch seine Wirklichkeit haben wird, obwohl eine ganze Nacht dazwischenliegt, ebenso wirken auch all die Erlebnisse der letzten paar tausend Jahre in uns weiter. Die Summe aller Inkarnationen bilden unsere Lerngeschichte. Diese unsere Lerngeschichte macht uns zu dem, was wir gerade sind, prägt unser Verhalten und Empfinden. Die Lerngeschichte seit unserer letzten Geburt aber erklärt nicht allein unser heutiges »So-sein«.

Interessant, jedoch nach dem Gesagten wohl nicht überraschend, ist die Tatsache, daß auch das psychische Material der früheren Inkarnationen denselben psychologischen Gesetzen unterliegt, wie wir sie aus der Psychoanalyse kennen. Das führt uns zu einem wichtigen praktischen Problem. Setzen wir nämlich eine Versuchsperson oder einen Patienten in sein Vorleben zurück, so werden wir in den seltensten Fällen auf Anhieb eine Schilderung seines Vorlebens erhalten, das in allen Punkten tatsächlich seinem historischen Vorleben entspricht. Die Erzählung wird durch die gleichen psychischen Mechanismen verfälscht werden wie jeder andere Bericht, den er uns über seine jetzige Kindheit oder ähnliches geben würde. Denn alle Tatbestände, die eine zu hohe emotionale Ladung haben, können auf Anhieb nicht konfrontiert werden. Um dieses verdrängte Material vertuschen zu können, werden auch Daten verändert und entstellt. Findet man in weiteren Sitzungen ein Trauma und macht es bewußt, so bewirkt dies meist eine Neuordnung bestimmter bisher geäußerter Fakten. Ein Beispiel mag dies erläutern.

Eine Versuchsperson erzählte mehrere Sitzungen lang davon, daß sie Lehrerin sei und in einem bestimmten Jahr den Ort ihrer Tätigkeit verlassen mußte, weil die Schule geschlossen wurde. Die Frage nach dem Grund der Schulschließung beantwortete sie nicht klar. Erst bei einer späteren Sitzung fand ich heraus, daß sie in diesem Jahr ein Kind von ihrem Freund erwartete und schließlich abtreiben ließ. Dieses Abtreibungserlebnis war stark energiebesetzt und deshalb anfangs verdrängt worden. Als dieses Ereignis jedoch bewußt wurde, gestand sie gleichzeitig, daß die Schwangerschaft der Grund war, warum sie die Schule verlassen hatte, und das Schließen der Schule entpuppte sich als erfundener Vorwand.

Viele Sitzungen später stieß ich auf ein weiteres schweres Trauma. Die Versuchsperson stürzte in ihrem Vorleben mit vier Jahren die Treppe hinunter und brach sich ein Bein. Durch irgendwelche Komplikationen oder Fehler bei der Behandlung blieb das Bein verunstaltet, und sie konnte ihr Leben lang nicht mehr einwandfrei laufen. Um dieses verkrüppelte Bein bewußtzumachen, benötigte ich fast eine ganze Stunde, um schrittweise die Ladung soweit abzubauen, bis die Patientin in der Lage war, die Wirklichkeit voll zu akzeptieren.

Doch gleichzeitig änderten sich dadurch ein paar andere Faktoren. Sie war nämlich niemals Lehrerin gewesen, wollte dies jedoch ein Leben lang werden. Ihre Gehschwierigkeiten und die zeitweilige Benützung eines Rollstuhls verhinderten die Verwirklichung ihres Berufszieles. Statt dessen half sie in einer Schule vorübergehend aus und verdiente sich ihren Lebensunterhalt zeitweise mit Nachhilfeunterricht. All diese Details mußten jedoch so lange umgeformt werden, wie das entscheidende Trauma, die Beinverletzung, noch nicht bewußt war.

Ich hoffe, daß dieses Beispiel deutlich macht, wie wir im Vorleben oft in noch größerem Maß Opfer von Verdrängung, Abwehr und Deckerinnerung werden als bei der Analyse des jetzigen Lebens. Die Versuchspersonen erzählen jedoch nicht jedesmal etwas anderes oder Neues. Es werden immer wieder die gleichen Aussagen gemacht, auch dann, wenn man die ersten Berichte posthypnotisch vergessen läßt und dadurch eine Reproduktion von Erinnerungen ausschließt. Die Änderung der Faktoren tritt erst dann ein, wenn ein bisher unbekanntes Trauma bewußtgemacht wird. All die Dinge, die zur Verschleierung dieses Traumas notwendig waren, fallen dann plötzlich fort und die Details ordnen sich neu.

Therapeutisch ist dieser Vorgang sehr interessant und stützt auch die These der Reinkarnation erheblich. Denn die Tatsache, daß das Erinnerungsmaterial der früheren Inkarnationen denselben Gesetzmäßigkeiten unterliegt wie die Erinnerung an das jetzige Leben, spricht deutlich dafür, daß es sich tatsächlich um Erinnerungen von früher handelt. Es ist extrem unwahrscheinlich, daß Angelesenes, Angehörtes und Erfundenes den Gesetzen der Verdrängung unterliegt.

Es gibt neben dem Verschweigen stark besetzter Traumata noch eine Möglichkeit, wie sich der Patient schrittweise den unangenehmen Situationen nähern kann, ohne sie auf einmal voll zu konfrontieren. Hierbei erlebt der Patient Situationen, die das Thema des Traumas in übersteigerter oder stark veränderter Form darstellen, ohne daß diese Situationen jemals erlebt wurden. Es sind dies also Phantasien, thematisch bezogen auf ein noch nicht bewußtes Trauma. Man findet hier eine gewisse Ähnlichkeit zum Traum, in dem oft ähnliches geschieht.

In bezug auf die historische Nachprüfbarkeit der Vorleben stellen diese Phantasien und Verdrängungen eine große Fehlerquelle und einen beträchtlichen Störfaktor dar, nicht jedoch im therapeutischen Geschehen. Denn durch das Durchleben dieser Phantasien baut der Patient die Ladung seiner verdrängten Komplexe ab, wodurch wir der wirklichen Situation immer näher kommen, bis sie plötzlich klar erkannt wird. Glücklicherweise unterscheiden sich die Phantasie-Erlebnisse von den wirklichen Erinnerungen meist so deutlich, daß man sie mit einiger Sicherheit unterscheiden kann.

Für den therapeutischen Prozeß ist dies nicht besonders wichtig, da es hier in erster Linie um den energetischen Abbau geht und man mit der Zeit ganz von selbst auf die wirklichen Begebenheiten stößt. Kennzeichen der Phantasien ist vor allem eine gewisse Unwirklichkeit in der Darstellung, die wie der Traum kaum Rücksicht auf Logik und Wirklichkeit nimmt. Dazu kommt als das beste Indiz, daß sich ein Phantasie-Erlebnis nicht nach beiden Seiten der Zeitkoordinate fortsetzen läßt. Damit meine ich, daß ich bei der Schilderung von Erlebnissen aus einer Inkarnation ohne Schwierigkeit in der Zeit hin und her springen kann, etwa durch die Suggestion: »Wo waren Sie ein Jahr vor diesem Erlebnis?« oder: »Wie geht es in Ihrem Leben weiter?« Diese kontinuierliche Fortsetzung der Berichterstattung funktioniert nicht bei Phantasie-Erlebnissen. Hier wird lediglich ein Erlebnis geschildert, das isoliert im Raum steht und keinerlei Bezug zu einem Vorher oder Nachher hat. Das letzte und sicherste Mittel der Unterscheidung ist die Wiederholung der Ereignisse in verschiedenen Sitzungen. Die Phantasie-Erlebnisse ändern fast jedesmal ihre Gestalt, da das energetische Niveau ja jedesmal ein anderes ist.

Aussagen über Inkarnationen ändern sich niemals, wenn sie stimmen. Sehr viele Personen haben auch nach der Sitzung im Wachzustand ein Empfinden, welche ihrer Erzählungen echt waren und welche noch nicht so ganz stimmten. Es ist dies die oben bereits erwähnte Unterscheidungsfähigkeit zwischen Traum und Wirklichkeit. Ein Traum oder eine Phantasie erwecken nur, solange man träumt, ein Identitätsgefühl. Im Wachzustand wird der traumhafte Charakter sofort erkannt. Ebenfalls unterschiedlich ist meist die Art des Berichtens. Phantasien werden zwar sehr dramatisch aufgezogen, entbehren aber der klaren und detaillierten Aussage. Fragen nach Details werden ausweichend und nebulos beantwortet. Ganz anders ist dies bei wirklichen Erinnerungen. Hier kann fast jede Einzelheit sehr genau beantwortet werden.

Es ist eine Frage des methodischen Vorgehens, ob man mehr Erinnerungen oder mehr Phantasien erhält. Grundsätzlich gibt es zwei Wege, in die Vergangenheit zurückzugehen:

1. Man suggeriert einer Versuchsperson, immer weiter in der Zeit zurückzukehren. Zitat: »Wir gehen in der Zeit zurück, Vergangenheit wird zur Gegenwart. Sie werden immer jünger, Sie sind zwanzig Jahre alt, zehn Jahre alt, fünf Jahre alt. Wir blenden zurück bis zu Ihrer Geburt. Sie werden gerade geboren. Wir stehen fünf Monate vor Ihrer Geburt. Wir gehen weiter zurück durch die Empfängnis. Sie gehen weiter, so weit und so lange zurück, bis wieder eine neue Situation auftaucht. Dort machen Sie halt und berichten mir!«
2. Man greift eine bestimmte Emotion oder Empfindung aus diesem Leben heraus und verfolgt dieses Gefühl immer weiter zurück in die Vergangenheit. Nehmen wir als Beispiel Angst vor Menschen. Man beginnt damit, den Patienten irgendein Erlebnis wiedererleben und schildern zu lassen, in dem die

Angst vor Menschen vorhanden war. Dann geht man zeitlich weiter zurück und läßt wieder ein Erlebnis mit Angst vor Menschen berichten. So gelangt man von selbst in immer frühere Lebensjahre, macht nicht bei der Geburt halt, sondern geht immer weiter in der Zeit zurück. Ganz von selbst tauchen weiterhin Erlebnisse auf, die nun bereits in einer ganz anderen Zeitepoche liegen.

Bei Methode 1 gelangt man fast immer sofort auf ein altes Leben, das zwar keineswegs auf Anhieb in allen geschilderten Einzelheiten mit der historischen Realität übereinstimmen muß, jedoch als Ganzes eine Inkarnation umreißt. Umgekehrt verhält es sich meistens bei Methode 2. Da man an einem Gefühl entlanggeht, nähert man sich meist automatisch einem Trauma und erhält deshalb mit viel größerer Wahrscheinlichkeit erst einmal eine Reihe von Phantasien, die dazu beitragen, energetisch den Weg zum tatsächlichen Ereignis freizulegen. Geht es um die Erforschung von Inkarnationen, so führt Methode 1 viel schneller und exakter zum Ziel. Für therapeutische Zwecke ist Methode 2 häufig indiziert, weil sie ohne große Umschweife zu dem Trauma selbst führt, das wir suchen. In der Therapie interessieren meist nur die traumatischen Ereignisse, ohne daß man unbedingt jedes Leben von der Wiege bis zur Bahre komplett aufrollt.

Um die beschriebenen Möglichkeiten begrifflich zu ordnen, spreche ich von drei verschiedenen Ebenen, aus denen die Informationen in einer Therapiesitzung stammen können.

Die erste Ebene ist das Symboldrama in Anlehnung an die Terminologie von Prof. Leuner (auch katathymes Bilderleben genannt).

Die zweite Ebene bezeichne ich als Psychodrama. Hier werden auf eine bisher noch nicht bekannte Weise Probleme und Konflikte auf eine neue Zeitebene projiziert und als Erlebnisse berichtet.

Die dritte Ebene ist die Realitätsebene. Hier handelt es sich um wirkliche Erinnerungen aus früheren Inkarnationen.

Bereits auf der Ebene des Psychodramas geschieht etwas ganz Neues, das in der bisherigen Psychotherapie noch nicht bekannt war. Dadurch, daß ich suggestiv die Zeitebene verschiebe, hat der Patient die Möglichkeit, unbewußte Probleme und Konfliktmaterial in einer bisher nicht gekannten Realitätsnähe zu projizieren. Es geschieht auf experimenteller Basis etwas Ähnliches, was bisher den Dichtern und Schriftstellern möglich war, wenn sie autobiographisches Material in eine vergangene Zeit transponierten. Der Patient kann sich beim Psychodrama mit ungeheurer Exaktheit sehr wirklichkeitsnah darstellen und zugleich sich selbst erleben, ohne ein Symbol gebrauchen zu müssen.

Viele werden geneigt sein, auch das, was ich als Reinkarnationserinnerung bezeichne, als Psychodrama erklären zu wollen. Selbst wenn dem so wäre, so wäre das therapeutische Vorgehen der Regression in die Vergangenheit zweifellos ein neues, höchst wirksames Instrumentarium der Psychotherapie. Denn die Wirksamkeit der Reinkarnationstherapie bliebe unberührt davon, ob es sich um ein historisches Leben oder um eine Projektion handelt. Dennoch halte ich die Deutung der Reinkarnationsschilderung als Psychodrama für unhaltbar. Psychodrama kann nur durch die Projektion von Problemen, seien sie bewußt oder unbewußt, entstehen. Dadurch lassen sich folgende Phänomene keinesfalls erklären:

Die Versuchspersonen erzählen historische Einzelheiten mit erstaunlicher Exaktheit und Richtigkeit. So nannte eine Versuchsperson, im jetzigen Leben Rundfunkjournalist, in ihrem Vorleben als Tuchhändler im Jahr 1755 genau die Stoffmenge für einen Anzug in Ellen, rechnete mit Talern, berichtete von einer Hungerkatastrophe im Jahre 1732, die schließlich später in einer Chronik verifiziert werden konnte.

So berichtete eine andere Versuchsperson aus ihrem Vorleben fast nur von Größenangaben, Zahlen und Entfernungen. Dieser Mann war damals Baumeister. Er berichtete die kleinsten Details von Gebäuden, die unter seiner Aufsicht gebaut wurden, und begann erst recht spät auch von seinen persönlichen Dingen zu sprechen. Der Beruf stand ganz im Vordergrund. In diesem Falle scheint es mir fraglich, wieweit man diese Schilderungen als Projektion jetziger Probleme umdeuten kann. Läuft man mit einer Versuchsperson mehrere Leben durch, so sind die einzelnen Inkarnationen inhaltlich oft so unterschiedlich, daß sie keineswegs ein Produkt einer Projektion aus dem einen jetzigen Leben darstellen können.

So berichtete zum Beispiel eine zwanzigjährige Studentin in allen Einzelheiten über ihre Abtreibung aus dem Vorleben. Nachweislich hatte dieses Mädchen im jetzigen Leben niemals mit dem Problem einer Abtreibung oder einer Schwangerschaft zu tun. Die gleiche Versuchsperson erlebte in ihren Sitzungen ihre Wechseljahre. Sie bezeichnete es später als eine ganz eigenartige Erfahrung, als Zwanzigjährige die Situation der Wechseljahre zu empfinden. Dies half ihr nach eigener Aussage, ihre Mutter wesentlich besser zu verstehen als bisher.

Die Schilderungen des Vorlebens sind eben keine Konglomerate von Problemen, Konflikten und Klischeevorstellungen, sondern enthalten so viele unpersönliche zeitspezifische Aussagen und Fähigkeiten, daß das Modell des Psychodramas zur Erklärung keinesfalls ausreicht. Die Versuchspersonen erzählen uns genau, in welcher Zeit sie welche Strecke mit der Kutsche zurücklegten, wie man Brot im achtzehnten Jahrhundert buk und wie man 1687 blutende Wunden mit Kräutern zum Stillstand brachte. Ich habe viele Experimente mit jungen, unverheirateten Mädchen durchgeführt, die im Vorleben von ihren Eheproblemen berichteten. Weiter erinnere ich an die bereits eingangs erwähnten Phänomene wie Narben, Tempeltänze, Fremdsprachen, Schriftveränderungen usw.

Dies alles ist der Grund, warum ich von der Ebene des Psychodramas noch die Realitätsebene unterscheide. Hier finden wir die Erinnerung an ein früheres Leben, das keineswegs der Phantasie entspringt. Schlimmstenfalls können einige Punkte in diesem Leben falsch sein, um bestimmte verdrängte Ereignisse zu kaschieren. Das gleiche finden wir auch bei Erinnerungen aus diesem Leben. Um ein Vorleben in immer reinerer Form zu erhalten, ohne Verfälschungen und Beimischungen, muß man immer wieder in Sitzungen das gleiche Leben durchlaufen. Noch vorhandene Fehler entlarven sich von selbst.

Dieses Vorgehen kann zeitlich sehr aufwendig werden und lohnt sich wohl nur, wenn man historische Recherchen beabsichtigt. Diese Recherchen gestalten sich wesentlich schwieriger, als man erwartet. Ein Hauptgrund dafür ist, daß man zur Überprüfung einzig und allein genaue Namen und Daten verwenden kann. Dies sind aber genau die Dinge, zu denen die Versuchspersonen die geringsten Beziehungen haben. Jahreszahlen, Ortsnamen, Straßennamen besitzen wohl bei keinem Menschen eine emotionale Ladung, deshalb sind sie sehr schwer erinnerungsfähig.

Noch verständlicher wird dies, wenn wir die Verhältnisse in früheren Zeiten berücksichtigen. Wenn schon in unseren Tagen die meisten Menschen überfordert sind, wenn sie von einem Ereignis, das ein paar Jahre zurückliegt, das genaue Datum angeben sollen, so ist es noch verständlicher, wenn jemand im 17. Jahrhundert, der sein Dorf niemals verlassen hat, weder genaue Orts- noch Zeitangaben machen kann. Um etwas erinnern zu können, braucht man ein wenig emotionale Ladung. Das kennt jeder aus eigener Erfahrung. Wie will man sich erinnern, was man heute vor einem Monat genau zu Mittag gegessen hat? Dagegen ist es gut möglich, sich daran zu erinnern, was man zu seinem Hochzeitstag vor zwanzig Jahren zu Mittag gegessen hat. Hier hat auf einmal das Geschehen einen persönlichen Bezug und emotionale Ladung. So konnte oben erwähnter Journalist und ehemaliger Tuchhändler uns ganz genaue Angaben aus seinem Geschäftsbereich machen, Maße und Preise ganz korrekt nennen, doch war es ihm unmöglich, den genauen Ortsnamen seiner Heimatstadt anzugeben.

Es hat sich noch eine dritte mögliche Fehlerquelle herauskristallisiert. Es gibt die Möglichkeit, daß sich anfangs mehrere Vorleben überlagern. Das geschieht besonders dann, wenn zwei oder mehr Vorleben gemeinsame Berührungspunkte haben, wie gleiche Orte, ähnliche Vorfälle usw. Ähnliches passiert jedem, der einen bestimmten Geburtstag oder ein bestimmtes Weihnachtsfest rekonstruieren will. Anfänglich überlagern sich hier die Ereignisse verschiedener Geburtstage, und man muß eine Zeitlang sortieren, bis man sicher ist, wo was hingehört. Das gleiche haben wir manchmal in unseren Sitzungen erlebt. Erleichtert wird dieses Sortieren dadurch, daß man mehr Leben bewußtmacht. Das richtige Einordnen macht dann kaum noch Schwierigkeiten.

All dies sind mögliche Fehlerquellen, die man kennen und berücksichtigen sollte. Manchmal treten mehrere gleichzeitig auf, manchmal bekommen wir auf Anhieb das Leben so geschildert, daß es sich nie mehr ändert. Aus therapeutischer Sicht spielt dies alles nur eine untergeordnete Rolle. Es genügt, daß man um die Fehlerquellen weiß, um bestimmte Entwicklungen verstehen zu können.

Bevor ich nun die technische Seite der Reinkarnationstherapie nochmals systematisch darstelle, sei hier noch ein typisches Protokoll einer Therapie vorgestellt, das das Trauma einer Angstpatientin (zweiundzwanzig Jahre alt, verheiratet) schildert. Auch dieses Protokoll kam dadurch zustande, daß ich am Gefühl der Angst immer weiter zurückging (Regressionsmethode 2). Am Stil der Aussagen erkennt man die hohe Ladung und spürt den Kampf zwischen dem Wunsch, das verdrängte Ereignis nicht anzuschauen, und meinem Druck, es jetzt zu konfrontieren.

H: Wie geht es weiter?
VP: Was soll ich nur machen, man kann sich ja gar nicht wehren vor den vielen Leuten.
H: Was geschieht?
VP: Sie schneiden meine Haare ab – sie lachen nur darüber, komisch, ich glaube, sie finden es wohl gut – ich werde bestraft.
H: Was geschieht noch?
VP: Ich weiß nicht – ich weiß nicht – tut man so etwas?
H: Was tut man?
VP: Ein dickes Seil legt man um – man spottet nur, man lacht nur, man lacht nur – ich mag's nicht, wie mich die Leute nun auslachen.
H: Wer legt das Seil um?
VP: Einer der Leute.
H: Wer ist denn das?
VP: Weiß nicht – kenn ich nicht –
H: Sie kennen ihn?
VP: Nur vom Sehen.
H: Wie alt sind Sie denn?
VP: Vierzig, fünfzig . . .
H: Genau!
VP: Die Leute sind verschieden alt.
H: Wie alt sind Sie?
VP: Zwanzig.
H: Genau zwanzig?
VP: Ja.
H: Wie geht es weiter – Sie haben ein Seil um den Hals bekommen, spüren Sie es?

VP: Zusammen nichts – ich fühle nicht wie – drücken alle so – vielleicht nur fast symbolisch, da . . .
H: Wie geht es weiter?
VP: Da steht jemand hinter mir, der macht so, als wollte er mich aufhängen – so lange aufhängen.
H: Aber tut nur so?
VP: Der tut nur so, finde ich schrecklich!
H: Wie macht er denn das?
VP: Er hebt das Ende des Seiles hoch und macht, als ob er mich erwürgt!
H: Als ob er . . .?
VP: Als ob er mich erwürgt.
H: Wie geht es weiter? Schauen Sie's sich genau an.
VP: Weiß ich nicht – bitte, bitte nicht – als ich da so lange gestanden bin – verspottet von den Menschen, beschimpft von den Leuten, und dann schicken sie mich wieder weg – wissen Sie – wenn man mich gehängt hätte, das wär ja nicht so schlimm – so etwas ist viel schlimmer, das trägt man ja immer mit sich rum – vergißt man nie, nie, nie . . .
H: Also noch einmal zurück – man legt Ihnen ein Seil um den Kopf und tut so, als ob man Sie aufhängt.
VP: Ja.
H: Wie geht es weiter?
VP: Es schimpfen die Leute doch – er sollte mich doch aufhängen, aber das macht man ja nicht – das macht man ja nicht – nein – ich soll mit meiner Strafe mein ganzes Leben rumlaufen . . .
H: Mit welcher Strafe?
VP: Die die Leute mir da gegeben haben!
H: Gut, wie geht es weiter – wird Ihnen das Seil wieder um den Kopf gelegt? Erzählen Sie mal ganz genau!
VP: Wissen Sie, das sagt er, ich soll gehen, er schlägt mich dann irgendwie.
H: Wie denn?
 VP: Er schlägt mich doch – der Mann.

H: Wie denn?
VP: Ja – kann's nicht aussprechen –
H: Wohin schlägt er Sie?
VP: Er sorgt dafür, daß ich beinahe herunterfalle – beinahe falle – es ist im Rücken – ich soll da vorausgehen – dann soll ich da gehen, und die Leute machen so einen Weg für mich, stehen an beiden Seiten, schimpfen nur, und da soll ich dann durchgehen.
H: Sie gehen jetzt durch! Schildern Sie alles ganz genau!
VP: Ja.
H: Und der Mann geht hinter Ihnen?
VP: Nein, der bleibt jetzt stehen.
H: Ich denk, der schlägt Sie?
VP: Ja.
H: Wie macht er denn das?
VP: Weiß nicht, wie ich es ausdrücken muß.
H: Hat der was in der Hand?
VP: Nein, mit seinen Händen gibt er mir Schläge in die Richtung, in die ich in die Leute hineingehen soll – daß ich fast herunterfalle – dann soll ich weiterlaufen – weiterlaufen . . .
H: Gut, was tun Sie jetzt? Wo schauen Sie denn hin?
VP: Die Leute an.
H: Was sehen Sie denn?
VP: Die Gesichter der Leute – schrecklich – begreife nicht – verstehe nicht, warum die Leute mein ganzes Leben kaputtmachen.
H: Na, erzählen Sie erst einmal weiter!
VP: Und die Reihen sind sehr lang – da soll ich dann durchgehen.
H: Vor der Kirche ist dieser Platz?
VP: Ja.
H: Ist denn heute Sonntag?
VP: Nicht Sonntag, doch ein katholischer Tag, nicht Sonntag.

H: Was ist denn heute für ein Tag?

VP: Ein katholischer Tag – man feiert etwas – ich weiß nicht – irgend etwas mit der Mutter, irgendein Feiertag – ich weiß nicht, was – Feiertag – die Mutter des Gottes wird geehrt, weiß nicht, wie er heißt –

H: Was für eine Jahreszeit haben wir denn?

VP: Glaube Frühling.

H: Welche Jahreszahl gehört zu diesem Ereignis?

VP: 1496.

H: Welchen Monat haben wir?

VP: Mai.

H: Der wievielte Mai?

VP: Der 19. Mai – man ehrt doch Maria.

H: Gut, gehen wir zum Anfang dieses Ereignisses zurück. Wie kommen Sie denn auf diesen Platz, kehren Sie zurück zum Anfang – wir erleben noch einmal alles ganz genau durch, mit allen Einzelheiten und Details – Sie erleben alles noch einmal durch – wie kommen Sie denn hier auf diesen Platz?

VP: Wissen Sie – ist doch ein Feiertag – man soll zur Kirche gehen.

H: Sie gehen zur Kirche?

VP: Ja – denn heute im Monat Mai, da ehrt man doch Maria, ja – da wollte ich auch hineingehen.

H: Was haben Sie denn an?

VP: Ein Kleid.

H: Wie schaut das aus?

VP: Nicht sehr schön – nur einfach.

H: Welche Farben?

VP: Es ist kariert, in verschiedenen Farben – ja, kariert – aber nur dunkle Farben – wie braun und dunkelblau.

H: Wie sieht das Kleid aus?

VP: Ich glaube, es ist mir etwas zu groß – alte Farben – mit vorne ein paar Knöpfen – Kotze – Sack – sehr einfach.

H: Wie lang ist Ihr Kleid?

VP: Bis über die Knie –

H: Gut, Sie gehen zur Kirche – in welchem Ort sind Sie denn?

VP: Weiß ich nicht – sehr kleines Dorf.

H: Wie heißt denn dieses Dorf – in welchem Land leben Sie?

VP: In Südfrankreich oder – sieht Südbelgien ähnlich – weiß ich nicht – sieht ähnlich aus.

H: Ist es Frankreich oder Belgien? Wie heißt der Ort?

VP: Beaufort oder so etwas.

H: Heute ist also Feiertag, und Sie wollen zur Kirche gehen!

VP: Ja – der 19. Mai.

H: Gehen Sie allein? Ohne Familie?

VP: Ja.

H: Wie geht es weiter?

VP: Gehe zur Kirche, und wie immer versammeln sich die Menschen vor der Kirche, stehen dort und reden miteinander – und als ich dann kam – da hörte das Gerede auf – auf einmal – es stimmt doch etwas nicht – stimmt etwas nicht.

H: Was spüren Sie, was hören Sie?

VP: Die Leute hören auf mit ihrem Gerede – dann – dann gehen sie auf die Kirche zu – dann kommen die Leute auf mich zu, sie schließen mich irgendwie ein, ich weiß nicht, was das soll.

H: Was machen Sie jetzt?

VP: Ich stehe da.

H: Wo?

VP: Auf dem Platz und Leute um mich herum – die gukken mich nur an – so spöttisch –

H: Und was machen Sie?

VP: Ich weiß nicht – ich steh nur da – staune – weiß nicht, was los ist – was geschieht.

H: Was vermuten Sie?

VP: Weiß nicht, vielleicht habe ich etwas getan. Kann mich doch nicht an etwas Schlechtes erinnern – da hab ich ein Verbot getan.

H: Was für ein Verbot?

VP: Daß man mich immer verfolgt hat – wenn wir glaubten, daß niemand da war –

H: Wer wir?

VP: Der Mann und ich.

H: Was ist mit dem Mann?

VP: Den ich liebte.

H: Lieben Sie ihn nicht mehr?

VP: Ich liebte ihn doch!

H: Sie sagten liebten!

VP: Ja, im Wald, da liebten wir uns doch, wissen Sie, aber er war verheiratet – er war verheiratet – aber doch liebten wir uns – wir dachten immer, wir wären alleine – wissen Sie, er fühlte, ich war unglücklich, immer alleine – da wollte er mich glücklich machen – das ist doch nicht schlecht.

H: Ist Ihre Vermutung, daß die Menschen deswegen um Sie herumstehen?

VP: Ja.

H: Wie geht es weiter? Die Menschen stehen um Sie herum, Sie haben diese Vermutung – was geschieht?

VP: Man fängt an zu schimpfen!

H: Was ist das erste, das Sie hören?

VP: Hure – und da weiß ich, daß ich recht hatte – daß ich doch nie allein war, da – da wußte ich – ja, da wußte ich es –

H: Wie geht es weiter?

VP: Wissen Sie, da sagte man, daß ich schlecht sei!

H: Erleben Sie es jetzt mal.

VP: Ich weiß nicht, ich fühle irgend etwas Unheimliches – daß etwas geschieht.

 H: Was geschieht?

VP: Man schimpft – man ruft, ich sei eine Hure – steh nur da – dumm bin ich doch auch.

H: Wo schauen Sie denn hin?

VP: Auf den Boden, weil dadurch, daß ich auf den Boden gucke und nicht die Menschen anschaue – dadurch gebe ich doch etwas Schuld zu – als wäre ich wirklich schuld daran.

H: Sie haben ja auch ein schlechtes Gewissen?

VP: Irgendwie doch, ja – obwohl ich sehr glücklich gewesen bin, doch irgendwie habe ich Schuldgefühle gehabt.

H: Wie geht es weiter? Die Leute schimpfen!

VP: Ja – ich habe Angst – weiß doch nicht, was die machen – kann mich doch nicht wehren – sie setzen mich doch der Schande aus.

H: Wie machen sie das?

VP: Sie fassen meine Haare und meine Kleider an.

H: Was haben Sie denn für Haare?

VP: Lange Haare.

H: Welche Farbe?

VP: Dunkel.

H: Die fassen die Leute an?

VP: Ja, und spotten so . . .

H: Was geschieht jetzt?

VP: Die schimpfen mich du Tor mein Kleid fällt herunter – ich schäme mich doch so – mag das nicht.

H: Die haben Ihre Kleider runtergerissen?

VP: Ja.

H: Wie stehen Sie denn jetzt da?

VP: Halb nackt.

H: Was haben Sie denn an?

VP: So ein – irgend etwas wie ein Hemd – so'n Kleid wie ein Hemd – und Schuhe.

H: Schauen Sie sich jetzt einmal genau an, wie Sie jetzt dastehen.

VP: So ein Hemd . . .
H: Welches Gefühl ist das jetzt?
VP: Schrecklich – wenn man da so steht – man fühlt sich nicht mehr als Mensch – die Leute schreien immer so – rufen immer so laut, und daß ich im Wald so dastand und mir das doch auch nichts ausmachte – das ist doch ganz was anderes – war ganz was anderes – ich schäme mich doch so – und dann kommt der Mann mit dem Seil, weil jemand doch gerufen hat, man soll mich doch aufhängen. Er legt jetzt das Seil um meinen Hals – die Leute, die lachen und die klatschen nur.
H: Was empfinden Sie jetzt dabei?
VP: Daß ich mich so schäme – daß ich weg möchte – alle Leute, die da stehen, schauen zu – sie machen immer die Vergleiche.
H: Was für Vergleiche?
VP: Ich habe doch nicht so gelebt, wie es sein soll, wissen Sie. Heut ist ein Feiertag – als Muttergottes Maria – Maria – Maria, das war doch eine Frau – so soll man leben – so soll man sein – und dann, wissen Sie, was ich da gemacht hab, das gehört sich doch nicht – das ist eine große Schande . . .
H: Was macht denn jetzt der Mann mit dem Seil?
VP: Wissen Sie, der macht so, als ob er mich hängen würde – so, nur um zu spotten, macht er das – die Leute finden das natürlich ganz schön.
H: Was empfinden Sie dabei?
VP: Wissen Sie, tot sein ist nicht so schlimm – als zur Schande dazustehen – so dastehen für die Leute, das ist so schlimm – da fühlt man sich als Nichts – da fühlt man sich als Nichts –
H: Wie geht es weiter?
VP: Ja, ich habe lange genug gestanden, dann soll ich gehen und immer in Schande leben – immer so leben – und dann soll ich durch die Leute gehen – dann

machen sie einen Weg für mich frei – da soll ich dann dadurchgehen.

H: Wie fühlt sich das an?

VP: Schrecklich – man schämt sich doch so – man ist doch kein Mensch mehr ...

H: Tut Ihnen jemand etwas, wenn Sie durchgehen?

VP: Nein – nein – man zieht nur so am Hemd – man schimpft, bis ich nichts mehr höre – bis ich weg bin ...

H: Wo gehen Sie denn hin? Was machen Sie danach?

VP: Jemand hat mir mein Kleid zugeworfen – hat mir es hinterher geworfen – dann bin ich nur gerannt, weggerannt, weg von den Leuten.

H: Wohin?

VP: Irgendwo ans Wasser – da war ein Wasser – da hab ich mich dann hingesetzt – bin beim Wasser – so ein kleiner See.

H: Was tun Sie jetzt?

VP: Ich weine noch!

H: Sie weinen?

VP: Ja – ich denke, jetzt muß ich mein ganzes Leben leben, in der Schande leben – immer mich schämen – immer mich schämen – den Leuten kann man nun nicht mehr in die Augen schauen – denen kann man nicht mehr in die Augen sehen –

H: Sie fassen also den Entschluß, sich das ganze Leben zu schämen?

VP: Ja.

H: Sich immer zu schämen und niemandem mehr in die Augen zu sehen?

VP: Ja.

H: Was denken Sie jetzt noch?

VP: Für mich wird es doch niemals Liebe geben – niemals – niemals! Ich werde mich immer schämen – an meinem Körper wird immer etwas Schmutziges bleiben, immer etwas hängenbleiben.

H: Wie geht es weiter? Wie lange bleiben Sie dann am Wasser sitzen?

VP: Sehr lange – bis es dunkel wird – dann gehe ich nach Hause.

H: Was geschieht jetzt?

VP: Ich gehe nach Hause, und dann gehe ich auf mein Zimmer. Mein Vater wußte das doch alles – der hatte dann noch jemanden im Kopf, der sollte mich heiraten – niemand wollte mich jetzt noch heiraten, aber er wußte einen – den sollte ich dann heiraten.

H: Haben wir jetzt noch ein wichtiges Detail dieser Geschichte übersehen – haben wir noch irgend etwas übersehen, das wichtig ist an diesem Ereignis?

VP: Daß die Leute mir die Kleider vom Leib rissen – wissen Sie – das fand ich so schrecklich.

H: Sie standen noch im Hemd da?

VP: Ja.

H: Geschah da noch mehr, als was Sie jetzt erzählt haben?

VP: Nein, aber das fand ich als eine so große Schande.

H: Haben die noch mehr vom Leib gerissen?

VP: Nein, ich glaub, ich bin doch nackt zwischen den Menschen gestanden.

VP: Haben sie Ihnen alles vom Leib gerissen?

VP: Ja.

H: Waren Sie ganz nackt?

VP: Ja.

H: Schauen Sie sich die Situation mal genau an!

VP: Ja, hatte nur eine kleine Kette, da hängt ja so etwas dran – da hängt ja so ein kleines Herzchen, ein Herz – das hab ich ja geschenkt bekommen – sonst nichts.

H: Hat man Sie ganz ausgezogen?

VP: Ja.

H: Blenden wir nochmals zurück zu diesem Punkt.

 VP: Ich mag doch nicht – man kann sich doch nicht wehren – so wie ich im Wald war, so sollte ich auch dastehen – sie sagen, es macht mir ja doch nichts aus – und die Leute sehen mich – aber doch, es macht mir ja was aus – ich schäme mich doch.

H: Erleben Sie mal, wie man Sie auszieht. Wer macht das?

VP: Der Kerl, der hinter mir steht.

H: Was macht er denn?

VP: Zieht mir das Kleid hinunter – wissen Sie, die Kleider, die man trägt, die waren ja immer so groß. Ich will das Kleid zusammenhalten, möchte es – da riß er es mir aus der Hand, macht alles kaputt – mein Hemd – bin ja doch ganz nackt – bin ja doch ganz nackt.

H: Was ist da noch?

VP: Nichts – man beschimpft mich doch nur – es steht ja noch jemand da, den ich kenne.

H: Wer ist denn das?

VP: Der Mann, den ich liebte.

H: Was macht er denn?

VP: Schaut nur hin – schaut nur hin – schaut nur her.

H: Was empfinden Sie dabei?

VP: Schrecklich – jetzt ist es bei ihm wie bei den anderen Leuten – schrecklich – schrecklich – wissen Sie, wenn ich allein mit ihm war, hat es mir doch nichts ausgemacht – da sieht er mich nackt – aber jetzt – doch jetzt –

H: Was empfinden Sie noch, wenn Sie ihn sehen? Wie schaut er Sie an?

VP: Nicht böse, nein, das nicht – nur so ein leerer Blick – keine Liebe – kein Haß – ich hab ihn noch lieb – ich weiß ja, wir werden uns niemals wiedersehen, niemals, niemals.

H: Gut, dann lösen wir uns von diesem Ereignis und gehen in der Zeit nach vorne weiter und immer weiter bis zum Jahre 1975. Wir halten am 4. Juni 1975.

Die Methode der Reinkarnationstherapie

Die nun folgende kurze Darstellung der technischen Seite der Reinkarnationstherapie ist in erster Linie für den fachlich interessierten Leser gedacht. Ganz bestimmt jedoch soll das folgende keine Gebrauchsanweisung darstellen und Laien dazu verführen, diese Experimente auszuprobieren. Ich warne ausdrücklich davor, aus Neugierde oder zum Zeitvertreib sich gegenseitig die Vorleben zu entlocken. Es handelt sich bei dieser Methode um einen sehr tiefen Eingriff in die menschliche Psyche, die ausschließlich einer Therapie oder speziellen esoterischen Schulung vorbehalten bleiben sollte. Spielereien könnten unangenehme Überraschungen zur Folge haben. Das bedeutet nicht, daß diese Methode besonders gefährlich ist, doch auch ein Brotmesser kann in der Hand spielender Kinder großen Schaden stiften. Es kommt immer darauf an, wie gut der Benutzer damit umgehen kann.

Der tiefenpsychologisch geschulte Leser wird keine Schwierigkeiten haben, sich nach der folgenden Skizze ein gutes Bild von der Methode zu machen. Ihm sei es auch freigestellt, ob und wieweit er diese Methode selbst anwenden will. Ernsthaften Interessenten (damit meine ich Ärzte, Psychotherapeuten und Heilpraktiker) sei dennoch empfohlen, die Methode in Kursen persönlich zu erlernen, da sich in der Zwischenzeit eine große Anzahl von Kunstgriffen herauskristallisiert hat, die die Durchführung in der täglichen Praxis wesentlich erleichtern, sich jedoch nur schwer schriftlich darstellen lassen.

Die Reinkarnationstherapie gliedert sich in mehrere Phasen, die ich nun schrittweise darstellen will.

1. Die Diagnose:

Dieser Punkt ist bei dieser Therapie anfangs nicht sehr aufwendig. Wenn durch eine ärztliche Untersuchung sichergestellt ist, daß kein organisches Leiden (wie Gehirntumor oder ähnliches) primärer Verursacher des Symptoms ist, so begnügen wir uns mit einer genauen Schilderung der Symptomatik, deren Beginn und der Auslösungsfaktoren. Je nach Patient geschieht dies in drei Sätzen oder in Form einer Lebensbiographie. Es ist nicht notwendig, sich bereits jetzt größeren Spekulationen über die psychischen Zusammenhänge hinzugeben. Überhaupt sollte man sich hüten, jeden Patienten bzw. sein Symptom möglichst schnell klassifizieren zu wollen. Es ist in Wirklichkeit völlig unwichtig, was er hat, wichtig ist nur, daß er da ist und Hilfe braucht. Je länger man einen Patienten nicht versteht, um so größer ist die Chance, ihn später richtig zu verstehen. Einen Fall gleich in der ersten Stunde in irgendeine Klassifizierungsschublade zu zwängen, ist in den meisten Fällen Vergewaltigung.

Zu Beginn einer psychotherapeutischen Behandlung verbünden sich Patient und Therapeut, um gemeinsam die Reise in die Seele anzutreten. Beide wissen von Anfang an nicht, wie diese Reise sein wird, welche Erlebnisse auf sie warten und wohin sie führt. Durch die Verbindung mit dem Therapeuten wird der Patient für diese Reise gestärkt. Doch wenn auch der Therapeut die Reise als Helfer und Berater mitmacht, so bleibt es letztlich eine Reise durch das Seelenland des Patienten. Deshalb pflege ich meist schon in der ersten Stunde dem Patienten bei Gelegenheit zu sagen, daß alles, was in der Therapie geschieht, er selbst machen muß und daß ich für ihn überhaupt nichts machen kann. Ich werde versuchen, ein guter Reisebegleiter und ein guter Wegweiser zu sein.

Unser Ziel heißt Heilung. Und dies meine ich wörtlich. Heilung heißt heiler werden, dem Heil näherkommen, heißt Entwicklung. Entwickeln kann sich nur der Patient selbst. Diese Aufgabe kann er auch für ein noch so hohes Honorar nicht an den Therapeuten abgeben. Ein solches Gespräch ist am Anfang einer Therapie oft wichtig, um den Patienten aus der Passivität zu ziehen, die er meist aus der üblichen Arztsituation mitbringt: »... der Doktor soll mir eine Spritze geben, damit ich wieder gesund werde!« Warten auf das, was der Therapeut macht, kann eine ganze Therapie lahmlegen. Begreift der Patient aber seine Aufgabe, dann wird es ihm bald viel Spaß machen, aktiv an seiner Entwicklung mitzuarbeiten. Diese Einstellung zur Therapiesituation zeigt wohl deutlich, daß sich größere diagnostische Aufwände erübrigen.

Bei mir gehört als wichtigstes Informationsmittel ein Horoskop zur Diagnostik. Ein solches Horoskop zeigt die Grundstruktur und Problematik des Patienten und gibt überdies Auskunft darüber, welche Grundprobleme den Patienten in die momentane Situation geführt haben. Ein Horoskop ist zweifellos die individuellste und exakteste Art zu diagnostizieren, denn es ist das persönliche Abbild dieses einen Menschen ohne statistische Vereinheitlichung, ohne Näherungswerte. Das Horoskop zeigt gleichzeitig den Rahmen, innerhalb dessen sich der Mensch entwickeln kann und soll.

Um den Therapieverlauf zu kontrollieren, kann man natürlich noch einige tiefenpsychologische Tests durchführen. Ich selbst begnüge mich meistens mit dem großen Lüscher-Farbtest. Weiter bieten sich an: der Rorschach-Test, der Szondi-Test, der Tu-Anima-Test und andere mehr. Doch sollte man hierbei niemals den Ausspruch von Dr. Heyer vergessen: »Wer nicht tasten kann, muß testen.« Unsere hauptsächliche Diagnose beginnt erst später.

2. Die Hypnose:

Bereits in der zweiten Sitzung gehen wir den nächsten Schritt. Wir beginnen mit der Hypnose bzw. dem Entspannungstraining. Nach einem kurzen klärenden Gespräch über die Vorstellung des Patienten über Hypnose führe ich den Pendeltest durch. Hierbei hält der Patient ein Pendel ruhig in seiner Hand. Als Unterlage sieht er eine Scheibe mit einem Kreis und einem eingeschriebenen Kreuz. Ich fordere ihn nun auf, sich auf eine bestimmte Richtung (Kreis, Senkrechte oder Waagerechte) zu konzentrieren und sich lediglich vorzustellen, daß das Pendel in dieser Richtung schwingen würde. Nach kurzer Zeit beginnt nun das gehaltene Pendel sich tatsächlich in die vorgeschriebene Richtung zu bewegen.

Dieses Phänomen ist für die meisten Patienten überraschend, und ich kann, während wir das Experiment mit Variationen weiterführen, einiges über die Macht der Vorstellung erklären. Gelingt das Experiment (und dies ist meist der Fall), so steht der Hypnose nichts mehr im Wege. Gelingt es einmal nicht, so ist dies ein Zeichen irgendeines Widerstandes des Patienten entweder gegen mich oder gegen die Behandlung. In solchen Fällen verbinde ich den Patienten mit der Elektrode eines kleinen, hochempfindlichen Hautwiderstandmeßgerätes. Während ich einige gezielte Fragen stelle, zeigt mir das Gerät über den psychogalvanischen Hautreflex (PGR) sehr schnell, wo die meist unbewußten Sperren liegen, die eine Behandlung behindern könnten. Diese werden bewußtgemacht und entladen. Danach funktioniert auch mit Sicherheit der vorher mißlungene Pendeltest. Dann legt sich der Patient in einen bequemen Entspannungssessel, und ich beginne, die Hypnose einzuleiten.

In der ersten Sitzung vermeide ich, außer den Körperempfindungen wie Schwere, Ruhe, Wärme, jegliche Experimente. Der Patient soll lernen, sich zu entspannen, und nicht sofort in einen Leistungsdruck geschoben werden. Die meisten Personen bringen viel zuviel Erwartung in diese erste Hypnosesitzung mit. Erst wenn der Patient erfährt, daß eigentlich gar nichts geschieht, kann er sich wirklich fallenlassen. Elektronische Meditationsmusik erleichtert es vielen, immer weiter in den hypnotischen Schlaf hinabzugleiten.

Schon nach der ersten Sitzung erfährt man, wie gut der Patient auf die Hypnose anspricht. Während der eine bereits in einen tiefen hypnotischen Schlaf gefallen ist, beteuert der andere, »noch ganz dagewesen zu sein und alles gehört zu haben«.

Es ist wichtig, klarzustellen, daß Hypnose nichts mit Bewußtlosigkeit zu tun hat, sondern im Gegenteil ein gesteigertes Bewußtsein hervorruft. Ich erkläre die Hypnose meist am Bild einer Taschenlampe. Fällt das Licht durch eine Streulinse, so sehe ich relativ viel, jedoch auch relativ undeutlich. Lasse ich das Licht durch eine Sammellinse fallen, sehe ich zwar nur noch einen kleinen Punkt, doch den sehr hell und scharf. Das gleiche geschieht in der Hypnose. Entspricht unser Tagesbewußtsein dem Streulicht, so engt die Hypnose das Bewußtsein stark ein, um einen bestimmten Punkt überdeutlich werden zu lassen.

Für die weitere Therapie ist es fast unwichtig, wie tief die Hypnose des Patienten ist. Bei tiefer Hypnose ist die Regression schnell und leichter durchführbar. Notwendig ist aber lediglich eine Entspannung, in der der Patient Schwere und Wärme deutlich wahrnehmen kann. Dies ist nach wenigen Sitzungen in jedem Falle zu erreichen.

In den nächsten Sitzungen beginne ich nun damit, Farberlebnisse zu suggerieren. Die Suggestion lautet etwa: »Ganz von selbst und ohne Ihr Dazutun entwickelt sich vor Ihrem inneren Auge eine Farbe – es ist Ihre Farbe!« Ich vermeide anfangs, eine bestimmte Farbe zu suggerieren, um jegliche Aktivität und Anstrengung seitens des

Patienten auszuschalten. Spreche ich nur von »Ihrer Farbe«, ist er gezwungen, abzuwarten, was von selbst kommt. Erst wenn er die erste Farbe deutlich wahrnehmen kann, gehe ich weiter und durchlaufe den Farbkreis – blau – grün – gelb – orange – rot – violett – blau. Hat der Patient Schwierigkeiten mit dem Farbensehen, so lasse ich ihn sich eine Wiese vorstellen. Hiermit beginnt

3. Das Symboldrama:

Ich durchlaufe, je nach Schnelligkeit des Patienten, nacheinander Wiese, Bach, Quelle, Mündung. Diese Technik und Bildfolge wurde von Prof. Leuner unter dem Begriff des katathymen Bilderlebens ausführlich dargestellt. Neben der Bildfolge von Prof. Leuner benutze ich besonders gern und ausgiebig den Meeresabstieg mit Zauberstab und Zauberring, wie er von Thomas beschrieben wird. Insgesamt gestalte ich das Symboldrama recht freizügig, ohne mich an bestimmte Bilder zu halten. Mit dem Symboldrama erreiche ich gleichzeitig drei Dinge:

a) Der Patient lernt die Technik des Tagträumens, das heißt, bei geschlossenen Augen Bilder zu sehen und zu erleben und diese gleichzeitig zu erzählen. Da diese inneren Bilder ohne eigene bewußte Steuerung »wie von selbst« ablaufen, gewöhnt sich der Patient daran, aufsteigendes Material so zu nehmen, wie es kommt, und es ohne Kritik und Kommentar zu berichten. Bei diesen Sitzungen vertieft sich der hypnotische Zustand ganz von selbst.
b) Die Art der Bilder läßt eine sehr gute Diagnose des wirklichen psychischen Zustandes des Patienten zu. Das Prinzip arbeitet ähnlich wie ein projektiver Test. Archetypische Symbole werden dem Patienten in Form von Bildern eingegeben, die nun gemäß seiner psychischen Struktur gestaltet werden. Da die Sym-

bolik dem Patienten meist nicht bekannt ist, ist eine sehr genaue Diagnose über diese Bilderwelt möglich.

c) Die Methode des Symboldramas, die in sich bereits eine therapeutische Technik darstellt, baut bereits auf der Symbolebene Ladungen ab. Es beginnt bereits hier die Therapie, was der Patient an dieser Stelle meist noch nicht merkt, da die Methode fast etwas Spielerisches an sich hat.

4. Die Geburt:

Hat der Patient keine Schwierigkeiten mehr mit dem Bilderleben, so durchlaufe ich mit ihm seine eigene Geburt. Hierzu führe ich ihn suggestiv zum Zeitpunkt seiner Geburt zurück und lasse dann die ganze Geburt durchleben und schildern. Hierbei treten fast immer bereits körperliche Empfindungen deutlich auf. Der Patient erlebt seine Atemnot, Druck auf den Kopf, Schmerzen am Körper und ähnliches mehr. Er riecht den Krankenhausgeruch, sieht den Raum seiner Entbindung, sieht die anwesenden Leute und hört jedes Wort, das gesprochen wird. Hierzu ist keinesfalls tiefe Hypnose notwendig. Der Patient gleitet fast schlagartig in diese Situation, auch dann, wenn er es selbst für unmöglich hält. Ich habe es wiederholt erlebt, daß der Patient bei der Suggestion »Erleben Sie Ihre Geburt!« gerade anfängt, mir zu begründen, warum das bei ihm nicht geht, und dann seine Entschuldigung jäh abbricht, weil er bereits die Geburtsschmerzen spürt. Der Geburtsvorgang wird mehrmals wiederholt, da er bei jeder Wiederholung deutlicher wird und immer mehr Einzelheiten erkannt werden können.

Ist die Geburt bewußtgemacht, so tritt die Therapie meistens in ein neues Stadium, da der Patient jetzt am eigenen Leibe erfahren hat, daß es nichts gibt, was wirklich vergessen ist und woran man sich nicht erinnern kann. Er lernt, daß es kein »Nicht-erinnern-können«, sondern nur ein »Nicht-erinnern-wollen« gibt. Er hat nun das Vertrauen, ganz passiv das aufsteigen zu lassen, was von selbst kommt, ohne alles selbst aktiv machen zu wollen. Es bedarf nämlich oft recht großer Anstrengungen, den Patienten davon zu überzeugen, daß alles ganz von selbst geschieht, wenn er nur bereit ist, es geschehen zu lassen. Viele meinen, sie müßten die Therapie durch gescheite Analysen über ihr Symptom, ihre Kindheit und Erziehung oder ähnliches bereichern.

Jede rationale Analyse muß jedoch bei unserer Methode strikt unterbunden werden. Das ist auch der Grund, warum ich am Anfang keine ausführliche Anamnese erhebe. Alles, was der Patient weiß und erzählen kann, ist mit Sicherheit niemals die Ursache des Symptoms. Der gesamte Informationswert aller Erzählungen eines Patienten beschränkt sich darauf, daß ich weiß, woran es bestimmt nicht liegt. Für diese geringe Ausbeutung ist aber die Zeit zu schade. Durch die schnelle Hinführung zum Geburtserlebnis spare ich eine Menge Zeit, da ich Ereignisse aus dem Leben bis dahin fast nicht beachte. Dies kann man nachholen, wenn man sicher ist, daß der Patient passiv die Erlebnisse aufsteigen läßt und wirklich die verdrängten Erlebnisse bewußt und nicht die Lieblingsprobleme zum hundertsten Male wiederaufgewärmt werden, die ganz bestimmt keinerlei Ladung besitzen.

Nach der Geburt schauen wir uns noch die einzelnen Monate des Embryonalzustandes an, um zu prüfen, ob hier ein Trauma gelegt wurde. Wenn wir uns dann noch abschließend die Empfängnis anschauen, so haben wir den größten unbewußten Abschnitt des jetzigen Lebens bewußtgemacht. Geburt, intrauterinen Zustand und Empfängnis mache ich also bei jedem Patienten bewußt, unabhängig von der jeweiligen Symptomatik. Hat mein Patient diesen Stand erreicht (im Schnitt benötigen wir dazu etwa zehn Sitzungen), so steht dem letzten technischen Schritt nichts mehr im Wege.

5. Inkarnations-Regression:

Wie vorhin schon beschrieben, kann man nun auf zwei Arten in die weitere Vergangenheit des Patienten zurückkehren. Ähnlich wie bei der Geburt tauchen von selbst Bilder und Ereignisse auf, anfänglich oft noch etwas ungeordnet und chaotisch, oft auch gleich als ein geordnetes Ganzes. Es ist nun eine Frage der Erfahrung, zu erkennen, ob sich der Patient auf der Ebene des Psychodramas befindet oder nicht. Die Unterscheidungsmerkmale habe ich bereits angegeben. Diese Sitzungen werden so lange wiederholt und weitergeführt, bis das gesuchte Trauma (es können auch mehrere sein) als Erlebnis auftaucht und durchlebt wird. Patient und Therapeut merken es meist ganz von selbst, ob man bei einem bestimmten Erlebnis bereits das ursprüngliche Trauma gefunden hat oder ob es sich nur um ein vorläufiges, hinführendes Glied in der Komplexkette handelt.

Man kann diese Sitzungen mit dem oben erwähnten Gerät zur Messung des psychogalvanischen Hautreflexes kontrollieren, was eine große Hilfeleistung sein kann. Mit etwas Erfahrung sieht man am Gerät, wo ein Trauma liegt, wieviel Ladung es hat, ob es bereits konfrontiert werden kann und wieviel Energie dabei abgeht. All diese Hilfsmittel sind nicht unbedingt notwendig, ersparen aber bei gezieltem Einsatz dem Therapeuten und dem Patienten oft sehr viel Zeit. Die Reinkarnationstherapie benötigt auf Grund dieser zeitsparenden Methoden für eine Therapie oft nur dreißig bis sechzig Stunden. Auftretende Widerstände sind entweder ein Zeichen für zu hohe Energieladung des Ereignisses, dem man sich genähert hat, oder ist ein Produkt eines anderen Problems, das den

Prozeß zeitweilig überlagert. Die Widerstände werden in der gleichen Weise wie die Symptome selbst behandelt. Zu hohe Energieladungen können durch eingeschobene Symboldramen weiter bis zur Ungefährlichkeit abgebaut werden.

Zwischendurch werden in jeder Therapie einzelne Stunden dafür verwandt, in Form von Gesprächen die von selbst auftretenden Fragen zu klären. Dabei erhält der Patient Einblick in die Grundgesetze des Lebens und des Universums. Werden diese Gespräche immer dann geführt, wenn sie sich aus der Therapiesituation von selbst ergeben, fällt es jedem Patienten meistens sehr leicht, diese Zusammenhänge zu begreifen, da er vor der Theorie die Praxis innerhalb der Sitzung schon erlebt hat.

Psychotherapie ist Seelsorge. Die Technik einer Psychotherapie sollte so gut und so ausgefeilt wie möglich sein, darf aber für den Patienten nie als Technik in Erscheinung treten. Mittelpunkt der Therapie ist die menschliche Begegnung, die es dem Patienten ermöglicht, sich selbst kennenzulernen. In dem Maße aber, wie sich der Mensch schrittweise selbst erkennt, erkennt er auch seine Projektionen auf die Umwelt, die er bisher immer für eine von außen kommende Realität hielt. Mit jeder Projektion, die er zurücknimmt, übernimmt er ein Stück Verantwortung mehr, erlebt aber gleichzeitig, daß die Welt draußen sich mit ihm verändert. Es ist eines der wichtigsten Ziele meiner Therapie, daß der Patient mit der Zeit selbst erkennt, daß die Umwelt, von der er sich beeinflußt glaubt, in Wirklichkeit nur eine Spiegelfläche seiner selbst ist. Dadurch bekommt er ein wirkungsvolles Instrument in die Hand, die Welt so zu verändern – wie er sie haben will – dadurch, daß er sich selbst ändert.

In diesem Punkt unterscheide ich mich scharf von allen soziologischen und gesellschaftspolitischen Denkmodellen, die dem Menschen einreden wollen, er sei ein Produkt der Umwelt. Welch eine Perversion der Begriffe!

Der Mensch kann niemals Produkt seiner Umwelt sein, vielmehr ist die Gesellschaft ein Produkt des Menschen. Meine Patienten glauben mir dies anfangs nicht, doch zum Glück brauchen sie es nicht zu glauben – denn sie erleben es selbst während der Therapie. Am Anfang ist es für viele hart, zu erfahren, daß es für ihr Schicksal keinen Schuldigen in der Welt gibt außer sie selbst. Zum Schluß aber führt gerade diese Einsicht zu einer erlösenden Freiheit.

All dies zeigt, daß weltanschauliche und philosophische Fragen keinesfalls aus meiner Therapie verbannt werden können. Psychotherapie umfaßt den ganzen Menschen, berührt die tiefsten Schichten seines Seins. Psychotherapie muß den Menschen helfen, sich selbst zu finden, zu verstehen und sinnvoll in den Kosmos einzuordnen. Seelenmechaniker sind keine Psychotherapeuten. Ursprünglich lagen einmal Seelsorge und ärztliche Kunst in einer Hand, nämlich in der Hand des Priesters. Mit Priester meine ich nicht das, was wir heute landläufig darunter verstehen, sondern jene weisen Männer, die um die Gesetze der Natur und des Kosmos wußten und aus diesem Wissen heraus die Fähigkeit hatten, zu helfen und zu heilen. Die Zerteilung dieses Berufes in kirchliche Pfarrer, Psychotherapeuten und Ärzte gereichte dem Menschen nicht sehr zum Wohle. Eine erneute Zusammenführung dieser drei Wissenszweige wäre für den leidenden Menschen eine Wohltat. Die Psychotherapie hat heute die Chance, diese Entwicklung zu fördern.

Diese abschließenden Gedanken mögen den Eindruck verhindern, die Reinkarnationstherapie sei bloß eine neue therapeutische Technik – vielmehr ist sie eher ein Konzept –, was ihr möglicherweise den Einzug in Fachkreise etwas erschweren wird.

Der Fall Claudia

H: Wir gehen in Ihrem Leben zurück, denn Zeit spielt für uns keine Rolle. Zeit ist für uns nur ein Mittel der Verständigung, ein Maß der Einteilung – doch Sie werden Vergangenheit so erleben, als ob sie jetzt sich gerade abspielt. Vergangenheit wird zur Gegenwart. – Wir gehen in Ihrem Leben zurück, Sie werden jünger, Sie werden fünfundzwanzig Jahre alt – wir gehen weiter zurück, Sie werden zwanzig Jahre. – Wir gehen weiter zurück, Sie werden fünfzehn, zehn Jahre alt. Heute ist Dein zehnter Geburtstag, wie geht es Dir?

VP: Nicht besonders.

H: Warum nicht?

VP: Ich habe Grippe.

H: Hast Du auch etwas geschenkt bekommen?

VP: Nicht viel.

H: Was hast Du denn bekommen?

VP: Meine Mutter hat mir ein Paket geschickt. 'ne rote Bluse, und einen grauen Faltenrock mit Trägern, da sind rote Punkte drauf und grüne – aber man hat's mir weggenommen.

H: Wer hat es Dir weggenommen?

VP: Die Schwester, sie hat gesagt, der Rock sei zu kurz, er paßt mir nicht, und dann hat sie ihn einem anderen Mädchen geschenkt; das war mein Geburtstagsgeschenk (weint) – sie, sie kann mich nicht leiden, sie schenkt alles, was ich bekomme – nimmt sie mir alles weg, alles, nichts darf ich behalten (weint) – ich mag sie auch nicht, ich hasse sie – ach – ich hasse sie (weint) – ich hasse sie, ich hasse sie (weint).

H: Wir lösen uns von diesem Geburtstag und gehen in der Zeit weiter zurück – wir gehen weiter in der Zeit zurück – Du wirst jünger, Du wirst sechs Jahre alt – gehst Du schon in die Schule?

VP: Ja.

H: Kannst Du schon rechnen?

VP: Ja.

H: Wieviel ist fünf und fünf?

VP: Ich habe zwei Hände – zehn.

H: Gut – wir gehen weiter zurück, Du wirst jünger, fünf, vier, drei, zwei, eins – wir blenden zurück zu dem Augenblick Deiner Geburt, wir haben heute den 13. 4. 1946. Du wirst gerade geboren. Um wieviel Uhr?

VP: Vier Uhr zweiundfünfzig.

H: Gut.

VP: Es ist ein Samstag, es ist ein Samstag.

H: Du wirst gerade geboren, was verspürst Du, was erlebst Du?

VP: Puh – irgend etwas preßt mich heraus.

H: Woraus?

VP: Da, wo ich bisher drin war.

H: Wie schaut es denn da aus?

VP: Weiß ich nicht – dunkel und warm, aber wie's aussieht? Man sieht nichts, man fühlt nur . . .

H: Was fühlt man da?

VP: Ziemlich eng, aber warm und weich!

H: Gut, wie geht es weiter, Du wirst gerade geboren – schildere alle Eindrücke ganz genau.

VP: Nein, es geht nicht, ich komme nicht raus – ich komme nicht raus, ich krieg fast keine Luft mehr –

ich – nee, es ist nicht, daß ich keine Luft krieg, aber – so, ich weiß es nicht – ich komm da nicht raus, ich muß raus – aber es geht nicht, und jetzt wird's auf einmal hell, und irgend etwas hebt mich hoch – eine Frau liegt auf dem Tisch – es ist meine Mutter, und ein anderer Arzt holt noch irgendwas raus – und der Bauch ist offen – und da bin ich, ja da bin ich rausgekommen.

H: Wo bist Du rausgekommen?

VP: Aus dem Bauch, aus dem offenen, es blutet, und jetzt kriege ich eine – hmm (lacht), und die Hebamme, oder was das ist – Hebamme, ja – die sagt immer: »Mein Gott, so ein hübsches Kind – mit so schönen blauen Augen« – ich weiß überhaupt nicht – ob ich blaue Augen hab – hm.

H: Ist irgend etwas während der Geburt falsch gemacht worden?

VP: Nee, nee, ich glaube nicht, ich kann mir nicht vorstellen, was.

H: Bist Du durch Kaiserschnitt auf die Welt gekommen?

VP: Ich weiß nicht, wie man das nennt, auf jeden Fall haben sie der Frau den Bauch aufgeschnitten, und da bin ich rausgekommen.

H: Wir gehen wieder in der Zeit zurück, gehen wir zurück in diese Höhle, aus der Du herkommst – finde in der Zeit zwischen Empfängnis – warum lachst Du? – erzähl mal –

VP: Hm (lacht), nichts – es hoppelt nur immer so –

H: Ja, erzähl mal genau, was hoppelt denn da?

VP: Ich weiß es nicht, hm, hm.

H: Was geschieht denn?

VP: Ja, ich lieg da drin, und es hoppelt halt immer so, ich glaub, ich hab – nein – das kann nicht sein – nein, das kann nicht sein, ich hab's schon erlebt, dieses Hoppeln, aber ich bin ja noch gar nicht geboren.

H: Beschreibe einmal, was geschieht, beschreibe all Deine Empfindungen!

VP: Es ist angenehm, es ist wahnsinnig angenehm, warm und weich, und wenn's hoppelt, dann ist es immer noch weich, es tut nicht weh, und ich denk immer – aber ich bilde es mir sicher nur ein – ich hab dieses Hoppeln schon einmal erlebt, oder ich weiß, was das ist.

H: Was ist es denn?

VP: Wie auf einem Wagen oder ein Wagen, der über Steine fährt.

H: Gut, blende zurück zu diesem Bild.

VP: Ja, ich (hustet) ...

H: Was ist denn, warum hustest Du?

VP: Ich bin krank, ich war in einem Wagen mit dem Herrn – in einem Pferdewagen – ich muß immer husten.

H: Wie heißt Du denn?

VP: Ich heiße Claudia, das kommt von Claudin – weil Mama sagt, damit's nicht auffällt –

H: Was soll denn nicht auffallen?

VP: Es waren damals, als ich geboren wurde – da waren viele Franzosen da in der Gegend – es waren die Truppen Napoleons – und Mama, Mama hat – sie hat mich Claudin genannt – damit alle denken, ich sei von einem Franzosen –

H: Warum sollte man das glauben?

VP: Keiner durfte wissen, daß der Herr mein Vater ist.

H: Welcher Herr?

VP: Na, der Herr, der Baron.

H: Was ist das für ein Baron?

VP: Hm, Baron von Redwitz, aber er ist schon verheiratet.

H: Warum sagst Du »Herr« zu ihm?

VP: Weil meine Mutter für ihn arbeitet.

 H: Was arbeitet sie für ihn?

VP: Sie näht für Charlotte und für seine Frau.
H: Wer ist Charlotte?
VP: Charlotte ist die Tochter.
H: Von wem?
VP: Von dem Herrn und seiner Frau.
H: Und dieser Herr ist Dein Vater?
VP: Ja, aber ich darf das nicht sagen. Sie dürfen es auch niemandem sagen.
H: Woher weißt Du das denn?
VP: Mama hat es mir gesagt, aber ich wußte es nicht immer, ich weiß es erst, seit ich dreizehn bin.
H: Und wie alt bist Du jetzt?
VP: Ich bin dreizehn, und wir fahren in der Kutsche, in der Pferdekutsche.
H: Wohin denn?
VP: Nach Berlin.
H: Wann wurdest Du denn geboren?
VP: Am 12. September 1810, nein, 1812, die Charlotte ist 1810 geboren (stöhnt).
H: Magst Du Charlotte?
VP: Ja, sie ist lieb – sie hilft mir immer, wenn ich etwas nicht allein machen kann.
H: Gehst Du zur Schule?
VP: Ja, aber nicht zur Schule – wir haben eine Lehrerin.
H: Wer, wir?
VP: Charlotte und ich.
H: Was lernst Du denn da?
VP: Alles mögliche, Rechnen, Schreiben, Französisch – aber ich mag kein Französisch lernen – ich sag immer »Madmosell« – und dann schiebt sie mich ins Bett und sagt: »Ja, ruh dich nur aus« – weil sie weiß, daß ich krank bin.
H: Was hast Du denn?
VP: Der Arzt sagt Schwindsucht.
H: Was ist denn das? Wie fühlt sich das an?
VP: Hm, man bekommt schlecht Luft, man muß immer

husten, und ich bin furchtbar mager, es tut weh beim Husten.

H: Ihr fahrt jetzt in der Kutsche, wo fahrt Ihr denn hin?

VP: Nach Berlin.

H: Was willst Du denn in Berlin?

VP: Ich will den König sehen!

H: Woher kommt Ihr?

VP: Aus Ratibor.

H: Wie heißt das?

VP: Ratibor.

H: Wo ist denn das?

VP: Na, in Schlesien.

H: Ist das ein großer Ort?

VP: Nö, nicht so sehr, es geht –

H: Und Du fährst nach Berlin?

VP: Ja.

H: Und was willst Du da in Berlin?

VP: Ich will den König sehen!

H: Welchen König?

VP: Na, den Friedrich Wilhelm!

H: Warum willst Du den denn sehen?

VP: Na ja, ich hab mir das gewünscht, weil ich, ich will sehen wie der aussieht – und Papa – der Herr hat gesagt, wenn er wieder nach Berlin fährt, nimmt er mich mit – und ja – und jetzt fahren wir nach Berlin.

H: Sagst Du jetzt Papa zu ihm oder Herr?

VP: Nur wenn wir alleine sind, sag ich Papa.

H: Und sonst?

VP: Sonst sag ich immer nur Herr Redwitz.

H: Und Ihr fahrt jetzt nach Berlin.

VP: Ja.

H: In was fahrt Ihr denn da, ist es ein großes Auto?

VP: Wie? Wie bitte?

H: Ob das ein großes Auto ist, oder ist es ein Omnibus?

VP: Ph, ein was? Ein – wir fahren doch mit der Pferdekutsche, hab ich Dir doch gesagt.

H: Mit der Pferdekutsche?

VP: Ja.

H: Wieviel Pferde sind denn da dran?

VP: Vier.

H: Gut, dann kommen wir also in Berlin an.

VP: Ja.

H: Erzähl mir mal, wie's weitergeht.

VP: Ich – es ist irgendwie so'n Umzug oder so was – und es ist kalt – es ist Winter – ich friere, und der Herr nimmt mich auf den Arm und wickelt mich in seinen Mantel – hm – und dann kommt die Kutsche mit dem König – ich – hm, na, den hätte ich nicht zu sehen brauchen – der ist so richtig oll und häßlich, ich hab immer gedacht, ein König ist schön und jung, aber der da, der ist oll – und ich bin enttäuscht.

H: Ist da auch eine Königin dabei?

VP: Nee, die ist gestorben – die ist schon sehr lange tot. Papa sagt – der Herr sagt, bevor ich auf die Welt gekommen bin, ist die schon gestorben – als Charlotte geboren wurde.

H: Der König gefällt Dir nicht?

VP: Nö.

H: Wie sieht er denn aus?

VP: Ach, der ist – puh – der ist alt, der ist oll – der ist so – ich weiß nicht, so, so'n komisches Kinn, nein, der hat überhaupt kein Kinn – der hat so'n – das geht vom Mund einfach zum Hals zurück und dann hat er, dann hat er eine ganz große Nase – (lacht) – aber Papa sagt, man soll den König nicht auslachen – ja – er hat gesagt, Prinzen und Könige sind nicht immer schön und jung – aber ich muß trotzdem lachen, wie der aussieht – der ist wirklich nicht schön – nur an seinem Geburtstag gefällt's mir –

H: Was gefällt Dir da?

VP: Na, weil wir da immer was kriegen!
H: Was kriegt Ihr denn da?
VP: Ach, so Geschenke.
H: Von wem?
VP: Das läßt er immer austeilen – das ist so'n Fest – immer im Sommer.
H: Wann hat er denn Geburtstag?
VP: Im August.
H: Und was kriegt man da geschenkt?
VP: Ach, so'n Klumperkram halt.
H: Zum Beispiel?
VP: Da sind immer auf'm Platz so Stände aufgebaut – an alle werden so Zettel – weißt Du, so Zettel werden da verteilt, und da steht irgend etwas drauf, eine Nummer oder Name oder irgend so was, und da geht man an die Stände hin, und dann schauen die nach, was man für den Zettel bekommt, und dann bekommt man irgend etwas – ich habe mal eine Kette bekommen.
H: Weißt Du genau, wann der König Geburtstag hat?
VP: Ja, ich glaube am 8. August.
H: Gut, jetzt hast Du den König gesehen.
VP: Hm – ja.
H: Was macht Ihr denn jetzt noch in Berlin?
VP: Nicht mehr viel – der Herr – der Herr kauft was ein – irgendwas für die Tiere – aber ich weiß nicht, was das ist –
H: Was könnte das sein?
VP: Na – damit die gesund werden oder bleiben oder kräftig oder irgend so was.
H: Was für Tiere?
VP: Ja, die Pferde und Kühe – von dem Gut, weißt Du, wir haben nämlich ziemlich viele Tiere.
H: Welche magst denn Du am liebsten?
VP: Oh, Pferde.
 H: Kannst Du reiten?

VP: Ah, ja, aber nicht besonders, weil ich mich doch nicht so festhalten kann.

H: Warum kannst Du das nicht?

VP: Ja, hab ich Dir das nicht erzählt?

H: Nein.

VP: Nee, weil mein linker Arm, der ist doch lahm.

H: Kannst Du den nicht bewegen?

VP: Nee – ich muß immer mit der – ich weiß es nicht – Mama hat immer mal gesagt – aber früher, jetzt nicht mehr – das ist die Strafe dafür.

H: Für was?

VP: Na ja, was sie da gemacht hat.

H: Was hat sie denn gemacht?

VP: Na ja, weil – weil sie mit dem Herrn – na, darüber redet man nicht.

H: Kannst Du mir den Zusammenhang mit dem Arm erklären?

VP: Welchen Zusammenhang?

H: Zwischen dem, was Deine Mutter gemacht hat und Deinem steifen oder lahmen Arm?

VP: Ja, Mama hat gesagt, das ist die Strafe dafür, daß sie gesündigt hat. Weil, sie war doch gar nicht mit dem Herrn verheiratet, der hatte doch schon eine Frau damals, und ein Kind hatte er auch schon – die Charlotte.

H: Und Du kannst den Arm gar nicht bewegen?

VP: Ne, ich muß ihn immer mit der andern Hand so hochheben und die Finger zumachen, und dann kann ich schon was halten damit, aber ich spür nichts, weißt Du, der Doktor, der pikst da immer mit 'ner Nadel rein, aber ich spür das nicht – er sagt immer, das wird auch nicht mehr.

H: Kannst Du schreiben?

VP: Ja, schreiben kann ich schon, ich schreib ja mit der anderen Hand.

H: Mit welcher Hand schreibst Du denn?

VP: Na, mit der Rechten, wenn die Linke nicht geht.
H: Schreibst Du mir mal was?
VP: Ja, was denn?
H: Deinen Namen.
VP: Ja.
H: Hier hast Du was zum Schreiben.

H: Sehr schön, was heißt das?

VP: Na, Röder, hab ich Dir doch gesagt.
H: Röder?
VP: Ja.
H: Claudia Röder heißt Du?
VP: Ja.
H: Wir gehen mal in der Zeit weiter zurück, Du wirst jünger, Du wirst zehn, acht, sechs, vier, zwei Jahre, Du wirst gerade geboren. Welches Datum haben wir?
VP: 12. September 1812.
H: Du wirst gerade geboren, um wieviel Uhr?
VP: Oh, das weiß ich nicht, wir haben doch keine Uhr.
H: Du weißt dennoch die Uhrzeit.
VP: Nee, wir haben doch keine Uhr, ich seh das nicht, wir haben doch keine Uhr.
H: Die richtige Uhrzeit – auf die Minute genau fällt sie Dir nun ein. Was fällt Dir denn für eine Uhrzeit ein? Es ist die Uhrzeit Deiner Geburt!
VP: Ach, ich – es ist so weit weg, aber – ja, eine Minute vor vier.
H: In der Frühe oder nachmittags?
VP: Es ist dunkel, es ist dunkel, ja, ich werde doch jetzt geboren.
H: Was ist denn, komm, erzähl!
VP: Na, die, die hält mich so komisch –
H: Wer hält Dich so komisch?
VP: Na, diesc Olle, die Frau, und jetzt sagt sie immer: »Armes Würmchen, so'n armes Würmchen«, sagt sie immer, na ja, ich seh auch ziemlich mickrig aus, glaube ich –
H: Was hörst Du noch an Stimmen?
VP: Nichts, immer nur diese Olle, die redet ein bißchen komisch – »so'n armes Würmchen«.
H: Was meint sie denn damit?
VP: Na, mich!
H: Warum bist Du arm?

VP: Nö, ich bin nicht arm, ich bin nur mickrig, weißt Du, so'n – na ja, so'n bißchen winzig halt – hm.
H: Aber sonst geht es Dir gut?
VP: Ja, ich denk schon, ich brüll halt ziemlich.
H: Gefällt es Dir hier auf der Welt?
VP: Nö, überhaupt nicht.
H: Warum nicht?
VP: Es ist kalt, und die Frau, die so komisch redet immer, die soll mal was anderes sagen, die ist häßlich und, nee – ich weiß nicht, mir gefällt's einfach nicht.
H: Gefällt Dir Deine Mutter?
VP: O ja, Mama ist schön, sehr schön – aber im Augenblick nicht so sehr.
H: Warum nicht?
VP: Na, ich denk, es hat sie sehr angestrengt, sie sieht müde aus und blaß.
H: Wir gehen zurück, zurück vor die Geburt, wie gefällt es Dir hier?
VP: Na, prima.
H: Wie ist es denn hier?
VP: Na, hier kann ich machen, was ich will.
H: Was machst Du denn hier?
VP: Na, ich bumber immer rum.
H: Warum tust Du denn das?
VP: Ich weiß nicht, es macht Spaß, weißt Du, überall, wo man hinboxt, da ist es weich, und es gibt nach, und man kann sich nicht weh tun dabei, und es ist warm, es ist einfach – weißt Du, was Geborgenheit ist?
H: Ist das das hier?
VP: Ich denke, ja.
H: Gut, gehen wir mal etwas weiter zurück, gehen wir so weit zurück, bis sich an Deinem jetzigen Zustand wieder etwas ändert, wir gehen immer weiter zurück, bis Du Dich in einer neuen Situation befindest – was siehst Du?

 VP: (stöhnt – stöhnt) – mein Gott, nein, o nein, o nein.

H: Was ist denn?
VP: Mich ekelt das.
H: Was denn?
VP: Ha, die Ratten, o nein – Hilfe!
H: Erzähl erst einmal, wo Du bist!
VP: Hich, mein Gott (weint) – ich bin in einem Turm (weint), ich, nein – die –
H: Erzähle, was siehst Du hier?
VP: Ratten, Ratten, pfui – o nein –
H: Warum bist Du hier in diesem Turm? Was ist das überhaupt für ein Turm, wie kommst Du hier rein?
VP: Sie haben mich reingeworfen (stöhnt).
H: Wir blenden ein bißchen weiter in der Zeit zurück – gehen wir zurück, bevor Du in den Turm gekommen bist. Erzähl mir ein bißchen was aus Deinem Leben, wo bist Du, was machst Du?
VP: Ich bin, wir sind von einem, so'n Haus weg – nicht Haus, unserer Hütte, wir mußten weg.
H: Warum?
VP: Weil sie meinen Mann suchen.
H: Warum suchen sie ihn?
VP: Na ja, der will den Herzog bekämpfen – der will ihn töten.
H: Dein Mann will den Herzog töten?
VP: Ja.
H: Warum denn?
VP: Na, weil der den Leuten immer alles wegnimmt – gerade daß man noch leben kann, und alles andere nimmt er weg.
H: Wie heißt denn der Herzog?
VP: Ich weiß das nicht.
H: Wo lebst Du denn mit Deinem Mann?
VP: Ach, im Köhlertal.
H: Wo ist denn das?
VP: Da, im, na, im schwarzen Wald, die Leute sagen nur, der »schwarze Wald«.

H: Kennst Du irgendeine Stadt in der Nähe?

VP: Ja, es gibt einen Ort, da gibt es – na – da ist heilendes Wasser, weißt Du, dieses, na, man sagt, wenn man es trinkt, daß man dann gesund bleibt.

H: Wie heißt Du denn?

VP: Ich?

H: Ja.

VP: Ich heiße Lene.

H: Wie noch?

VP: Nicht noch, die Leute sagen »schwarze Lene« zu mir.

H: Warum sagen sie die schwarze?

VP: Weil ich ganz lange schwarze Haare hab.

H: Wie alt bist Du denn?

VP: Ich bin sechsundzwanzig.

H: Welches Jahr schreiben wir?

VP: 1703 und –

H: Welches Jahr schreiben wir?

VP: Ich glaube 1723.

H: Wann bist Du denn geboren?

VP: Bevor das Jahrhundert gewechselt hat.

H: Wie viele Jahre davor?

VP: Ich weiß nicht genau, ich glaube drei Jahre.

H: Bist du 1697 geboren?

VP: Das kann sein.

H: Jetzt bist Du sechsundzwanzig Jahre alt?

VP: Ja, und jetzt ist, ich muß nachdenken, ich bin nicht sehr klug.

H: Kannst Du schreiben?

VP: Nein, ich kann nicht schreiben.

H: Ein klein bißchen?

VP: Nein, ich kann nur Zahlen, die ich irgendwo gesehen habe, aber ich weiß nicht, ich denke, es sind Zahlen, aber ich weiß nicht, was das bedeutet.

H: Schreibst Du sie mir mal auf, so, wie Du sie gesehen hast?

 VP: Ja.

H: Hier hast Du etwas zum Schreiben.

VP: Ich muß das da abschreiben ja?

H: Ja, schreib es ab!

VP: Denn ich kann das nicht so, ich muß da erst immer hinschauen und sehen, wie das geht.

H: Ja, schau hin und schreib es ab.

VP: Ja – das ist schwer, jetzt kommt was, ich glaube, ich kann das nicht, ich werd's mal versuchen, ja aber das ist – so ○ und so 8.

H: Zwei Kreise übereinander?

VP: Ja, oben ein kleiner und unten ein großer, oben ein kleiner Kreis – siehst Du da, siehst Du das?

H: Ja.

VP: Ja, aber ich weiß nicht, was das ist, das ist, ich glaube, das ist eine Zahl, und dann ist – weißt Du, ich wollte das immer lernen, aber hier gibt's ja niemand, der einem das lehrt. Wie geht denn das? – so und so und so. Das steht auf der Mauer, weißt du, auf dieser Mauer da, wo ich das ablese.

H: Was ist denn das für eine Mauer?

VP: Die gehört zu der Burg.

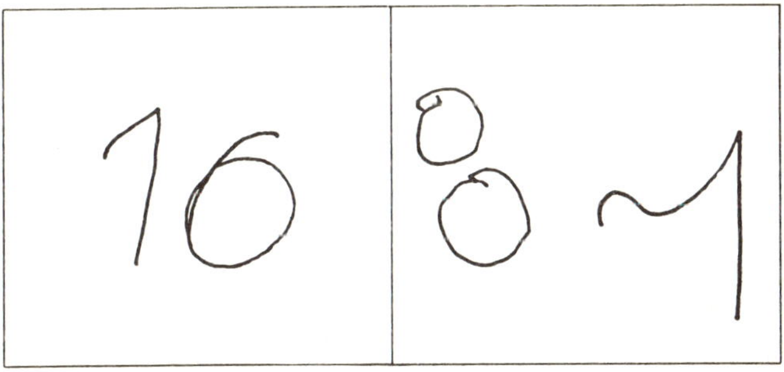

H: Das heißt 1687.

VP: Ich weiß nicht, was das heißt, ich hab das jetzt nur so abgeschrieben – aber meinen Namen schreiben kann ich nicht.

H: Das hast Du sehr schön gemacht, danke schön, sprichst Du immer so, wie Du jetzt mit mir sprichst?

VP: Ja.

H: Sprichst Du mit den anderen Leuten auch so?

VP: Ja, wir haben halt unsere eigene Sprache.

H: Dann sprich mal in dieser Sprache.

VP: Ja.

H: Erzähl mir ein bißchen was – wo wohnst Du?

VP: (spricht ab jetzt ein sehr breites Schwäbisch) Hab i Dir doch scho gsagt.

H: Wo ist denn das?

VP: Beim Köhlertal.

H: Ja, hast Du da ein Haus? Wo wohnst Du denn da?

VP: Mir habet früher a Hütte kriegt – und seitdem se hinter meim Mann her sind, da habe mer uns versteckt. Weischt Du, das isch kei Haus, das isch aus Stein, sieht scho aus wie a Haus, aber es isch keins, aber wenn's regnet – isch mer halt a bissle – mer sitzt halt em Trockene.

H: Wie sieht es innen aus?

VP: Ja, inne send au bloß Steiner – da habe mer so a paar alte Lumpe mitgnomme von daheim.

H: Wo ist denn daheim?

VP: Na ja, en der Hütte, in der mir vorher gwohnt habet.

H: Vorher wohntet Ihr in einer Hütte?

VP: Ja.

H: Was eßt Ihr denn?

VP: Meischtens so a Gmüs, Knolle, Beere, Fleisch.

H: Wann eßt Ihr Fleisch?

VP: Ja, wenn der Mann jage geht!

H: Wer?

VP: Der Mann.

H: Was jagt er denn da?

VP: En Hase meischtens.

 H: Erschießt er die?

VP: Hanei, der hat da so en – so en Apparat, des weiß i net, wie des heißt.

H: Wie sieht das aus?

VP: A ja, erscht war's Pfeil und Boge, und nachher habet se's eifacher gmacht. Na ja, es sieht aus wie Pfeil und Boge, aber es isch kei Pfeil und Boge, es isch was anders, aber i weiß net, wie des heißt.

H: Gut, erzähl mir mal was über Deinen Mann.

VP: Ja, des isch a Depp – der (lacht) – aber sagt's ihm fei net – weißt, i mag ihn trotzdem – der isch – der meint halt, wenn er den Herzog umbringt, daß es dann besser wird, aber i glaub des net – da kommt er dran – dabei hab i's ihm zeigt. Und der macht's dann auch ganz genau so.

H: Hat Dein Mann noch andere oder macht er das ganz allein?

VP: Ha ja, a Haufe sind noch dabei, aber –

H: Wie nennen denn die Leute Deinen Mann?

VP: Na, der heißt Hans.

H: Und wie nennen Sie ihn?

VP: Nix, der heißt halt Hans, und so nennet mer ihn auch.

H: Was hat er denn früher gelernt? Bevor er nur noch Rebell war?

VP: Ja, Köhler. Was war der? Was hasch Du gsagt, was der war?

H: Ist er kein Rebell?

VP: Was isch denn das? Hanei, weischt Du, der – was isch jetzt? – a Rebell? Nei, i glaub, des nennt mer anders.

H: Was ist er denn? Wie nennt man das?

VP: Na ja, so a Aufständischer halt.

H: Und was hat er früher gemacht?

VP: Hat den Meiler ghabt.

H: Was hat er gehabt?

VP: An Meiler.

H: Hast Du ihn da auch schon gekannt?
VP: Ha ja, mir habet ja zwei Kinder.
H: Wie heißen denn die Kinder?
VP: Der Gregor und der Tami –
H: Gregor und Tami?
VP: Ja, der Gregor isch der Ältere.
H: Sind beides Buben?
VP: Ja.
H: Wie alt ist denn der Gregor?
VP: Der Gregor isch zehn, und der Tami isch acht ungefähr, naja, der isch ungefähr zwei Jahr nach dem Gregor auf d' Welt komme.
H: Nach was?
VP: Nach 'm Gregor.
H: Erzähl mir doch, Ihr seid auf der Flucht eigentlich, oder versteckt Ihr Euch?
VP: Versteckt sind mir halt – ja.
H: Die Kinder habt Ihr auch dabei?
VP: Ja, i hab die Kinder dabei – der Hansi isch net da.
H: Wo ist denn der?
VP: Der isch woanders – den hab i weitergschickt.
H: Warum?
VP: Damit sie den net findet.
H: Und wie geht's Dir hier?
VP: O meine Füß, meine Füß tunt weh.
H: Warum?
VP: Ja, weil i schon so weit glaufe bin, aber weischt, mir hängt des ganz – ah, wie sagt mer da – mir habet des so gmacht – weischt, i bin mit dem Gregor und dem Tami so nah bei der Burg, wo der Herzog uns nie vermute tät – der sucht uns viel weiter weg – der denkt, mir, mir rennet weg, und dabei sind mir gleich nebe der Burg – und der weiß des net – äh, den habet mer reiglegt – haha, die laufet jeden Tag, laufet sie vorbei – da muß i halt immer rasch de Kinder d' Gosch zuhalte.

H: Wer läuft vorbei?
VP: Ja, die wo den Mann suchet.
H: Wer ist denn das?
VP: Ja, vom Herzog so a Wächter oder so was – na, wie schauet die aus? Was hasch Du gsagt? Wie schauet die aus – Wie sehn die aus, meinscht, gell?
H: Ja.
VP: A ja, wie sehet die aus, die – hm, also enge Hösle habet se halt an und so en Kittel, enge Hösle, Stiefel, so bis zum Knie.
H: Welche Farbe hat denn der Kittel?
VP: Rot, ja, die Kittel sind rot.
H: Gut, dann erzähl mir mal, wie's weitergeht mit Euch. Ihr werdet gesucht, und wie geht es dann weiter, wenn wir in der Zeit nach vorne gehen.
VP: Ja, und i bin – ja der Mann kommt net mehr, der isch, der hat sich verschteckt – i hab ihm gsagt, er soll zu 'me Freund gehe – der, der wohnt da in der Näh von dem Ort, wo's des Wasser gibt.
H: Weißt Du, wie der Ort heißt?
VP: Ja, so ungefähr, aber die eine saget Bad Teilach oder Teinach oder und die andere, die saget halt bloß Teinach.
H: Und da ist jetzt Dein Mann hin?
VP: In der Nähe isch er, ja.
H: Und wie geht's mit Dir weiter?
VP: Ja, mir habet nix mehr zum Esse – und – i geh jetzt in de Wald und such, daß i vielleicht an Hase fange kann oder so.
H: Wie machst Du das?
VP: Ha, mit der Schnur.
H: Wie geht denn das?
VP: Da muß mer halt warte, weischt – da machscht a Schlinge und i weiß ja, wo die Hase immer rumlaufet, wo die – wie sagt mer da – wo deren – ja wo se halt immer ganget, und da legt mer se hin und wartet

und wartet und wartet und, äh, die Schlinge die hängt halt – muß mer halt versuche, ob de haschtig, oder irgendwas, und die häng i halt hin und wart, bis der Has da durchlauft, aber meischtens klappt's halt net – weil – ha, die Hase sind schon ganz schö schnell – weischt, die sind net so dumm – aber eimal hab i schon ein erwischt – mei, der het vielleicht zappelt – ja, jetzt geh i halt in Wald und will versuche, daß i irgendwas zum Esse find – die Kinder habet Hunger – die habet . . .

H: Hast Du irgendwann in Deinem Leben mal Geld gehabt?

VP: Geld? Nei – Die, die, das isch doch zum Zahle – i kenn das scho, das gibt's scho – aber mir habet des net. Weischt, bei uns gibt's des net.

H: Wie geht es mit Dir und Deinen Kindern weiter?

VP: Haja, i bin jetzt im Wald und versuch halt was zum Esse z' kriege.

H: Klappt's?

VP: Nei, nei – die kommet . . .

H: Wer kommt?

VP: Na, die Wächter da vom Herzog.

H: Und?

VP: Jetzt lauf i aber wie – mei i bin scho schnell, i kann scho schnell laufe – aber die habet – die habet halt mehr Luft – zuerscht geht es ganz gut, aber i kann's net – wie sagt mer da? – mehr laufe, die kommet halt trotzdem immer näher – ah, jetzt habet se mich – mei, da kann mer nix mache –

H: Was machen sie denn, als sie Dich haben?

VP: Hm, hm (stöhnt) . . .

H: Erzähl, was geschieht, komm – erzähl – nur erzählen – schau Dir das Ganze mal an.

VP: Die krieget mi net – die krieget mi net, aber die habet mi doch – na, wehr mi halt wie en Teufel – aber die sind zu viert, zu viert – i glaub – zähle kann i net, aber das isch, des sind so viele wie mei Hand, wenn Du de Daume wegnimmscht – so viele sind's, und die sind halt viel stärker wie i ...

H: Was machen sie mit Dir?

VP: Die haltet mi fescht und bringet mi zu dem – na – zu dem Depp da – zu dem Herzog.

H: Ja, und was geschieht da?

VP: Na, und der Engländer isch au wieder da.

H: Was für'n Engländer?

VP: Der Herzog, der hat Bsuch oder so –

H: Woher weißt Du das?

VP: So a ganz Welscher, der mir dauernd nachgschtiege isch, die Sau, hät mi verrate.

H: Erzähl mir ein bißchen was über den.

VP: Der war der einzige, der gwußt hat, wo i bin, ja, mir habet uns mal troffe im Wald – und der hat so komisch gschwätzt – das hab i net verschtande – Rait, rait – oder oke hat er au no gsagt – der hat bloß alleweil oke gsagt – all ...

H: Und was hast Du gesagt?

VP: Ha ja, i hab halt versucht, mit dem ganz normal z' schwätze wie mit Dir jetzt, weischt, so – aber der hat des net verschtande der – huhu – i war scho gschert – eigentlich – und der isch mir halt immer nach – er hat gwußt, daß mei Mann net da isch – und der wollt mi, hihi, hm – der wollt mi halt, na, Du weischt scho so ...

H: Was wollte der?

VP: Na – hm –

H: Na, was wollte er denn?

VP: Das kann i Dir net sage, Du weischt es doch.

H: Und der ist jetzt auch da, wo sie Dich gefangen genommen haben?

VP: Der isch in der Burg beim Herzog und schwätzt auf den ei in seiner komische Schprach –

H: Und wie geht's mit Dir weiter?

VP: Na, i werd jetzt gschlage – aber wie – und die wollet wisse, wo der Mann isch – aber – (stöhnt) – aber i sag's dene net – (stöhnt) – und dann schmeißet se mi in de Turm, wo die Ratte sind – I krieg nix zum Fresse, und je schwächer daß i werd, deschto näher kommet die – i kann's nimmer verscheuche – jetzt – eh – (stöhnt).

H: Komm, erzähl, was ist?

VP: Die sollet weg.

H: Bitte?

VP: Die sollet weg – die Ratte – eh, die fresse an mir rum, die fresse an meine Füß rum – äh – pfui Teufel –

H: Beschreib, was Du siehst.

VP: Ah, das – (stöhnt).

H: Genau hinschauen.

VP: Da soll i noch naschaue (stöhnt).

H: Hinschauen.

VP: I kann's net sehe.

H: Beschreib die Farbwahrnehmungen.

VP: Die sind schwarz – schwarz – oh –

H: Weiter.

VP: Äh (Ekel wird ausgedrückt).

H: Nicht riechen, hinschauen!

VP: Ah, mei.

H: Beschreib, was geschieht.

VP: Die fresset an mir rum –

H: Genau hinschauen.

VP: Buh –

H: Genau hinschauen.

VP: Aber das isch – Du verlangst fei viel von mir – da soll i zuschaue, wenn die mi auffresse tun, aber wie . . .

H: Nicht ekeln – hinschauen, hast Du's Dir angeschaut?

VP: Ja.

H: Gut, dann gehen wir weiter – was geschieht mit Dir weiter? Komm, erzähl, was geschieht mit Dir weiter? Was geschieht weiter –

VP: I werd ohnmächtig –
H: Was ist das für ein Gefühl?
VP: Schön – da spür i das nimmer.
H: Kannst Du's noch sehen?
VP: Ja, sehe scho – aber i bin des net – das isch – das bin scho i, aber – aber, i seh mi selber.
H: Was ist das – wie gibt's das?
VP: Ah, i bin tot – hah (Erleichterung).
H: Na, komm, erzähl, wie ist das jetzt?
VP: Sie habet mi verhungere lasse – jetzt kommet se d' Trepp runter – einer tritt mi mit 'em Fuß – nei, net mi, aber – aber mein Körper, der da liegt – er tritt mit 'em Fuß in die Seite und sagt, i soll aufstehe und mitkomme, aber des geht ja überhaupt net – i bin ja tot – dann sagt einer: »I glaub die isch verreckt«, oder so was, und die fette Ratte, die fresset an meim Körper rum.
H: Wenn Du Dir das jetzt anschaust, wie diese Ratten da fressen, was empfindest Du dabei?
VP: Nichts, das ist ja nur das Äußere – die fresset ja nur das Äußere – das macht mir ja nichts. Wenn die da immer unten sind – die müssen doch Hunger haben – die kriegen ja nichts zu fressen, und dann sollen die ruhig da rumfressen – ich spür das nicht mehr.
H: Was machst Du jetzt?
VP: Ja, ich werd mal mein Mann suche – der, der ist noch bei dem Freund in der Hütte und hat ein Mädchen oder eine Frau, ich weiß es nicht genau, die hat der im Arm, und sie lachen und scheinen sehr lustig zu sein – keine Rede mehr vom Herzog umbringen und Aufstand machen – die sind bloß lustig und trinken und lachen.
H: Was empfindest Du dabei?
VP: Nichts – überhaupt nichts – wenn ihm das Spaß macht – wenn er so zufrieden ist und glücklich, dann lassen wir ihm das.

H: Was machst Du noch?

VP: Ja, ich geh nach – ich muß zu meinen Kindern, ich muß sehen, was die tun – der Kleine weint – und ich, ich streiche ihm übers Haar und versuche, ihn in den Arm zu nehmen – aber ich glaub nicht, daß der das spürt – und der Große, der Gregor, redet immer auf ihn ein –

H: Was sagt er denn?

VP: Er sagt: »Paß nur auf, Mama kommt bald wieder«, und der Tami sagt: »Aber sie ist doch schon so lange weg, und ich habe so Hunger.«

H: Was empfindest Du dabei?

VP: Ich weiß nicht, ich weiß nicht, was das ist – empfinden – äh, empfinden – es sind meine Kinder, aber ich, ich hab keine Beziehung mehr dazu.

H: Gut – wie geht es weiter?

VP: Ja, ich kann alles sehen und wahrnehmen, aber ich bin überall und nirgends – weißt Du, das ist ein Zustand – wie soll ich das erklären – so, so – alles ausgeglichen und ruhig und Du kannst Dir wünschen, wo Du sein willst, und dann bist Du auf einmal, Du bist auf einmal dort – einfach nur durch die Gedanken – denn Du hast ja keinen Körper mehr.

H: Möchtest Du wieder einen haben? Einen Körper?

VP: Nee, wenn das noch mal so geht, nee, ich glaub nicht, wenn dann noch mal so was passieren würde wie das, was vorbei ist, nee, nein, ich will keinen Körper mehr haben.

H: Möchtest Du immer in diesem Zustand bleiben?

VP: Ich weiß es nicht.

H: Wie wird es weitergehen?

VP: Ich denke – ich denke, ich bekomme sicher wieder einen Körper –

H: Wann wird das sein?

VP: Ja, hm – für Menschen ist es lang – aber für uns ist es nicht lang.

H: Wer seid Ihr?

VP: Ja, wir sind, wir sind – was sind wir – wir, ja, ich weiß nicht, was wir sind – wir haben Gedanken – wir sind, wir sind Gedanken – ich glaube, wir sind nur Gedanken – ohne Körper, aber genau sagen kann ich Dir das nicht.

H: Ist es schön hier? Dieser Zustand?

VP: Jaaaaa, ja, aber schön, schön – weißt Du, das, was man Leben nennt und was während dieses Lebens passiert – das ist – wie soll ich das sagen – jetzt ist es zwar harmonisch und ausgeglichen und ruhig, aber es gibt keine Höhen und keine Tiefen – weißt Du, Du würdest sagen, es ist langweilig – glaube ich – Du bist ein Mensch, und Menschen in dem Zustand – das – ich weiß es nicht, ich glaube, ich glaube sicher, Du würdest es sehr langweilig finden.

H: Findest Du es langweilig?

VP: Ja, ich, hm, ich weiß nicht, wie ich Dir das erklären soll, es ist schön und – aber ich, ich muß noch mal, ich glaube ich muß noch mal hier raus – weißt Du, es gibt andere bei uns, die wollen nicht mehr raus und die müssen auch nicht mehr raus, die können hier bleiben – weil sie sind, sie haben sich mit dem Zustand abgefunden – weißt Du – sie wissen, daß es immer so sein wird und sie sind zufrieden damit und glücklich – ja, richtig glücklich, die wollen das nicht mehr anders – aber ich, ich weiß nicht – also, ich glaube, nach so'n paar hundert Jahren würde es mir schon langweilig werden – glaub ich – ich muß hier wieder raus – ich bin noch nicht fertig – ich bin noch nicht soweit wie die, die sagen: »Hier bleiben wir«, weißt Du, verstehst Du das? Verstehst Du das wirklich? Du bist ein Mensch.

H: Ich versuche, Dich zu verstehen.

VP: Ja, aber, weißt Du, ich kann das nicht so gut erklären, ich – wenn ich jetzt einen Körper hätte, dann könnte ich Dir das vielleicht besser erklären – weißt Du – aber, aber ich bin ja jetzt nichts – ich bin nur – was bin ich denn? Weißt Du, was ich bin?

H: Was bist Du?

VP: Weißt Du, was ich bin? Kannst Du mir das sagen, was ich jetzt bin?

H: Bist Du nicht einfach Dein Ich?

VP: Ja, aber – ich bin schon ich – aber aus was besteh ich? Aus – hm, ich weiß es nicht – aus Luft oder, hm ...

H: Wie könnte man das nennen, aus was Du bestehst?

VP: Energie vielleicht, ich weiß nicht, ob Du das begreifst – es kann Energie sein – aber ich weiß es nicht genau – ich ...

H: Gut, dann willst Du also noch einmal auf die Erde?

VP: Ja, schon, aber ich will keinen Körper mehr haben, der so viel, der so viel leiden muß –

H: Kannst Du Dir das aussuchen?

VP: Nein, das kann ich nicht.

H: Wie wird das neue Leben verlaufen?

VP: Kurz, sehr, sehr kurz.

H: Warum kurz?

VP: Ja, ich muß wieder leiden – gerade was ich nicht wollte, der Körper wird wieder leiden müssen, aber die Seele nicht – nur der Körper – aber die Seele, die wird – ich glaube, ziemlich ausgeglichen sein – oder ich, weißt Du das, was ich bin – das, was ich jetzt im Moment bin – das, wenn das im Körper drin ist – der Körper leidet – aber das, was ich bin, das leidet nicht – das bleibt ruhig und ...

H: Ist das ein Fortschritt?

VP: Ja, sehr.

H: Gut – dann gehen wir zu dieser Veränderung – gehen zu diesem Zeitpunkt, in dem Du Dich wieder mit Deinem Körper verbindest – was ist das für ein Gefühl?

 VP: Na, so'n, hm – Gefühl – das ist – es gibt kein Gefühl

– das ist nur – man kann das nicht Gefühl nennen – wenn Du mich, wenn ich einen Körper hab, und Du zwickst mich, dann fühl ich das – aber das, was jetzt los ist, ist, hm, ist kein Gefühl, ist – hm, na – ich weiß nicht, wie ich Dir das erklären soll.

H: Bist Du schon wieder zusammen mit Materie?

VP: Noch nicht, nee.

H: Wo bist Du?

VP: Ja, ich bin noch, ja, wo bin ich denn – überall und nirgends.

H: Gut, wir gehen zu diesem Zeitpunkt, wo Du Dich wieder mit Materie verbindest.

VP: Das ist – ich muß da, ich muß da rein –

H: Wo rein?

VP: Ich weiß – in diese Verbindung.

H: Ist das schwer?

VP: Nee, schwierig nicht, aber – es tut auch nicht weh, oder es ist auch nicht unangenehm – aber ich weiß nicht, wie ich Dir das erklären soll – stell Dir mal – stell Dir mal einen riesigen Staubsauger vor, ja, und der zieht Dich da rein oder so was Ähnliches – so ungefähr, ja, aber es tut nicht weh – es ist auch nicht unangenehm, wirklich nicht.

H: Wie geht es weiter mit Dir?

VP: Ja, jetzt bin ich da drin, in der Verbindung.

H: Wie geht es weiter?

VP: Ich hab noch keinen Körper, hm das Ding, wo ich drin bin, das wächst – aber es geht ziemlich langsam eigentlich – das ist, als wenn der – weißt Du, als wenn Dir jemand ganz, ganz langsam alle Glieder langziehen würde, so ganz langsam, und auf einmal – aber ich würde nicht sagen, daß das unangenehm ist – man bekommt eben – man bekommt wieder Gestalt –

H: Kannst Du Dein zukünftiges Leben überblicken?

VP: Ja.

H: Weißt Du um Deinen Arm?

VP: Ja.

H: Wo ist die Ursache für diesen Arm, den Du nicht bewegen kannst?

VP: Also die, ich weiß es nicht – die Frau, in der ich bin – die später meine Mutter sein wird – die muß mal irgendwie, ich weiß es nicht, entweder getreten worden sein oder hingefallen – weißt Du, ich glaube aber eher, es war ein Tritt von irgendwas.

H: Blende zu diesem Ereignis zurück.

VP: Ich kann das doch nicht sehen.

H: Du wirst es sehen können – beschreibe, was vor sich geht.

VP: Ja, Mama steht im Pferdestall mit – mit dem Herrn – der mein Vater ist, und sie spricht mit ihm – ach – und sie ist ganz ruhig eigentlich – weißt Du – hm – und der Herr, der wird ein bißchen aufgeregt und fuchtelt so mit den Armen und schreit, und die Pferde sind unruhig – und Mama geht zu dem Herrn so ganz dicht, und er gibt, oh, er gibt ihr einen Stoß.

H: Beschreibe diesen Stoß.

VP: Er – Mama – oder vielmehr die Frau, in der ich bin, die später meine Mutter sein wird – die, die will zu ihm hin und will ihn umarmen – aber verstehen kann ich nicht, was die sagen – was sie sprechen – er stößt sie einfach von sich weg und tut ihre Arme runter, und sie stößt rückwärts gegen das Pferd, und das Pferd erschrickt und schlägt aus und der Frau genau in den Bauch.

H: Was empfindest Du?

VP: Ich spüre das, ich spür das – ich weiß nicht, es ist – als wenn das, was ich jetzt bin, alles taub ist – weißt Du – also ich bin noch gar nicht, ich bin noch – ich hab noch keinen Körper – keinen richtigen – ich bin noch ganz unfertig – und dieses Unfertige, das ist so – weißt Du, so gefühllos.

 H: Der Tritt ist die Ursache für Deinen lahmen Arm?

VP: Ja – weil, es hat genau die Schulter getroffen von mir.

H: Gut, wir gehen weiter, wir gehen bis zum Augenblick Deiner Geburt – Du wirst geboren.

VP: Ja ich, ich muß da raus, wo ich jetzt bin – also in dem Körper von der Frau – und die wird dann meine Mutter sein.

H: Kommt Dir diese Frau bekannt vor – kann es sein, daß Du in irgendeinem früheren Leben schon einmal mit dieser Frau zusammen warst?

VP: Nein, die nicht.

H: Aber kommt Dir irgendeine andere der Personen, die Du kennenlernst, bekannt vor?

VP: Ja, ja, da ist ein kleines Kind, ein kleines Mädchen – die ist vielleicht zwei Jahre alt, hm, und die muß ich schon einmal gesehen haben.

H: Blende zurück, wer war es früher? Überschau mal Dein letztes Leben? Wo kam sie schon mal her?

VP: Sie war meine Schwester – aber das Kind ist nicht von der Mutter, die mich jetzt zur Welt bringt – das gibt's nicht, das Kind gehört einer anderen Frau – das Kind gehört der Frau von dem Herrn – aber, hm, nein, das . . .

H: Sie war im vorigen Leben Deine Schwester?

VP: Ja.

H: Erkennst Du diesen Herrn wieder, kannst Du den in der Vergangenheit irgendwo finden?

VP: Nein, den hab ich noch nicht gesehen, aber das kleine Mädchen, ja, das kleine Mädchen kenne ich, die ist ertrunken – die ist ertrunken in dem Bach, der bei uns vorbeifließt.

H: Damals?

VP: Im Köhlertal, ja.

H: Wie alt war sie damals?

VP: Da war sie vier – ungefähr. Aber ich . . .

H: Warst Du daran schuld, daß sie ertrunken war?

VP: Nein, nein, das geht ja gar nicht, ich konnte ja gar nicht schuld dran sein.

H: Ist sie älter als Du?

VP: Ja, ich war ja, ich konnte, ich kann noch nicht laufen.

H: Gut, wir kehren wieder zurück zu diesem Mädchen, zu Deinem Leben, das Du jetzt dann angefangen hast – sie ist also die Tochter von dem Herrn, der auch Dein Vater ist?

VP: Ja – aber eigentlich weiß ich das noch gar nicht, daß das mein Vater ist.

H: Du wirst es erst später wissen?

VP: Ja, ich werd es erst ungefähr mit dreizehn Jahren erfahren.

H: Jetzt weißt Du's ja noch nicht.

VP: Eigentlich nicht, nein.

H: Wir gehen weiter in Deinem Leben, wir gehen bis zum dreizehnten Lebensjahr, als Du's erfährst, Du wirst älter, größer, Du wirst dreizehn Jahre alt – ja?

VP: Ja.

H: Wie alt wirst Du werden?

VP: Ich werd nicht sehr alt, ich hab ungefähr noch ein halbes Jahr zu leben – nicht mal mehr.

H: Gut, wir gehen weiter in der Zeit, bis kurz vor Deinem Ende.

VP: Ja.

H: Schildere mir, was geschieht?

VP: Ja, ich lieg auf dem Bett, und ich bin furchtbar dünn und mager, ich, hm, und der Arzt ist da und sagt, er könne mir nicht mehr helfen – ich muß sterben.

H: Gut, das machen wir nun.

VP: Ja.

H: Was geschieht?

VP: Nicht viel – es ist, hm, wie ein Einschlafen, ungefähr wie ein – es ist kein Kampf – wie ich's schon einmal erlebt hab.

H: Du meinst damals in diesem Turm.

VP: Ja, jetzt ist es nur, nur ein Einschlafen – weißt Du, ich, ich schlaf ein und wach nicht mehr auf, und Mama liegt über mir und streichelt mich und weint, und Charlotte ist auch da – sie weint auch – ich glaub, sie mochte mich –

H: Sag mir das Datum, an dem Du gestorben bist.

VP: Es ist Winter – Januar.

H: Der wievielte Januar?

VP: Ich kann es nicht genau sagen, es ist 1826.

H: Der wievielte Januar?

VP: Der 13. oder 15.

H: Ist es der 13.?

VP: Es kann der 15. sein, es ist der 13.

H: Ist es der 13. Januar 18 ...?

VP: 1826.

H: Um wieviel Uhr bist Du gestorben?

VP: Es ist Mittag, Nachmittag.

H: Ist es schon 15 Uhr, 14 Uhr?

VP: Später.

H: Später als 15 Uhr?

VP: Ja, aber wir haben keine Uhr, ich muß, ich muß ...

H: Die Uhrzeit taucht als Zahl auf, ließ sie ab!

VP: 16.28 Uhr.

H: Danke – weiter, was geschieht nun?

VP: Ich, ich geh zu Mama und streiche über die Haare – weißt Du, sie hat vorher immer zu mir gesagt: »Es ist nicht so schlimm, wenn ich sterbe, ich komm wieder, du kommst ja wieder«, hat sie immer gesagt, und jetzt geh ich zu ihr hin und streiche über die Haare, und sie weint so furchtbar, und ich sag ihr, Mama ich komm doch wieder – aber sie kann mich nicht hören.

H: Was siehst Du noch? Die Mama und was noch?

VP: Ja, und mein – sie liegt auf meinem Körper, auf dem, was da im Bett drin liegt noch – und sie streicht mir die Haare aus dem Gesicht – und sagt immer: »Lieber Gott, warum?«, sie fragt immer wieder: »Lieber Gott, warum ausgerechnet ich, ich hab doch nichts Böses getan«, oder so ungefähr, denn für ihre Sünde ist sie ja schon bestraft worden.

H: Wodurch?

VP: Ja, dafür hab ich ja den lahmen Arm gekriegt – weißte.

H: Wie geht es Dir jetzt?

VP: Ja, och mir geht's ganz prima, Du – ich bin jetzt wieder da, wo ich hergekommen bin.

H: Hat sich Dein zurückliegendes Leben gelohnt, für Dich?

VP: Für mich, ja, ich bin – es war zwar nicht sehr viel los – ich konnte ja nicht so, wie ich wollte – ich konnte nicht richtig toben und wie die anderen Kinder – aber ich, ich konnte schwimmen, und ich konnte reiten, und ich konnte mit allen Tieren spielen, die da waren, und, ja, ich glaube, es hat sich schon gelohnt – ich war nie unzufrieden mit meinem Leben, ich hab's eben so genommen, wie's war, und es war trotzdem schön.

H: Wie wird es mit Dir weitergehen? Wirst Du jetzt in diesem Zustand bleiben?

VP: Nö, ich glaub immer noch nicht.

H: Warum nicht?

VP: Na ja, das war doch viel zu kurz, weißt Du, das, was ich jetzt mitgemacht habe, das – wie nennt man das – hm, das hat mich geläutert oder so – aber es war viel zu kurz, das war ...

H: Du wirst wieder auf die Erde kommen?

VP: Ich denk sicher, ja.

H: Was wirst Du noch lernen müssen?

VP: Ja, ich werd lernen müssen, das Schicksal so zu nehmen, wie es eben ist, weißt Du, einfach was kommt, das Beste draus machen – und nicht immer sagen –

weißt Du, darf ich Dir mal ein Beispiel sagen: Ich hab – wenn ich schlimm Durst hab, ja, und ich seh ein Glas, das ist noch halb voll mit Wasser, dann darf ich nicht sagen, ach, das ist ja nur noch halb voll, sondern ich muß sagen: »Na, Gott sei Dank, das ist noch halb voll«, weißt Du, so, das muß ich lernen – hast Du verstanden, was ich gemeint hab?

H: Wirst Du das in diesem kommenden Leben lernen?

VP: Ich glaub ja, ich werd auch sehr viel einstecken müssen oder hinnehmen müssen, oder wie man das nennt – aber ich denke, in diesem Leben werde ich das sicher lernen –

H: Du willst also noch einmal auf die Welt kommen?

VP: Ich will nicht, ich muß doch.

H: Gut, wir gehen zu dem Zeitpunkt, an dem die Verbindung mit der Materie wieder stattfindet –

VP: Ja.

H: Erlebe die Empfängnis.

VP: Da ist wieder der große Staubsauger – weißt Du, das habe ich Dir schon erzählt – weißt Du das nicht mehr?

H: Doch.

VP: Also – das ist – weißt Du – hm, aber ich will doch gar nicht da hin.

H: Wohin?

VP: Na, da, wo ich jetzt hinkomme.

H: Willst Du nicht?

VP: Nee.

H: Warum?

VP: Ich weiß nicht – es wird sicher nicht gutgehen, ich weiß nicht, wieso – hm, ich kann das nicht erklären – das –

H: Aber Du kommst dort hin?

VP: Ich komm dort hin, ich muß dort hin, ja, das ist einfach so vorgesehen – weißt Du, das ist einfach so bestimmt.

H: Gut, bist Du jetzt schon mit Materie zusammen?

VP: Ich bin schon da, ja.

H: Und beginnst zu wachsen?

VP: Ja.

H: Wir gehen nach vorne bis zum Augenblick Deiner Geburt, Du wirst gerade geboren.

VP: Hm – na ja, das ist eine ziemlich enge Angelegenheit – weißt Du, ich bin schon ziemlich groß jetzt, und ich muß da jetzt raus, und das geht nicht – bei der Frau geht es nicht.

H: Wie geht es weiter?

VP: Jetzt wird es hell, jetzt hebt mich jemand raus, ja, aus dem Bauch, der ist aufgeschnitten – ja.

H: Betrachte mal Deine Mutter und was Du noch an Bezugspersonen in diesem Leben kennenlernen wirst – kommt Dir da irgend jemand bekannt vor, ist Dir irgend jemand von diesen Personen in Deinem früheren Leben schon mal begegnet?

VP: Nein, meine Mutter bestimmt nicht, meine Mutter ganz bestimmt nicht.

H: Dein früherer Vater? Dieser Herr von Redwitz? Wirst Du diesem noch mal begegnen?

VP: Es kann möglich sein, aber ich denke, ich werd ihn dann nicht mehr erkennen –

H: Überblick jetzt mal Dein Leben und schau, ob Du ihm dennoch begegnen wirst. Wird er Dir begegnen?

VP: Nein, begegnen wird er mir nicht. Aber er ist da – in einer, einer anderen Stadt.

H: Sag den Namen der Stadt.

VP: Ah, das könnte Köln sein – da ist ein – ja, ich glaub, das ist Köln – da ist ein Dom – und da ist – in Köln ist dieser Mann – hm, na – ich weiß es nicht – aber er ist da, aber er heißt nicht Redwitz – er heißt anders –

 H: Wüßtest Du, wie er jetzt heißt?

VP: Nein, ich weiß es nicht – aber ich weiß, wie er aussieht.

H: Was macht er da in Köln?

VP: Ich weiß nicht, er könnte, er könnte eventuell Arzt oder so was sein – oder vielleicht ein Tierarzt oder so etwas.

H: Aber Eure Wege werden sich nicht kreuzen?

VP: Nein, auf gar keinen Fall, nein, wir werden uns nicht sehen.

H: Du bist jetzt auf der Welt und wirst größer.

VP: Ja.

H: Wir gehen in der Zeit weiter nach vorne bis zum Jahr 1975, ja?

VP: Ja.

H: Wir machen halt am 11. Mai 1975, ja?

VP: Ja, heute ist Muttertag.

H: Ja, heute ist der 11. Mai 1975, Sie schlafen tief und fest, Sie befinden sich in einem tiefen hypnoiden Schlaf, wir haben über eine Menge Dinge gesprochen und eine weite Reise zurückgelegt, doch alle Einzelheiten, über die wir gesprochen haben, werden voll Ihrem Bewußtsein angegliedert und stehen Ihnen auch nach der Sitzung voll zur Verfügung – all das, worüber wir gesprochen haben, was Sie erlebt haben – was Sie gesehen haben, all das steht Ihnen nach der Sitzung voll zur Verfügung, sind Sie damit einverstanden?

VP: Ja.

H: Überblicken Sie die bisherige Entwicklung, überblicken Sie die Vergangenheit, über die wir gesprochen haben, wie fühlt es sich an, diese Vergangenheit genau zu sehen, zu kennen und zu überblicken?

VP: Ja, es ist – ein Wissen, das eigentlich jeder haben sollte – jeder sollte wissen, was mit ihm war oder ist.

H: Sie werden es also als angenehm und schön empfinden?

VP: Ja, nur – da ist irgend was –
H: Was ist denn da noch?
VP: Die Ratten.
H: Hm, was ist mit denen?
VP: Die – es ekelt mich vor Ratten – wenn ich eine Ratte sehe, dann kriege ich Gänsehaut –
H: Warum?
VP: Sie – wissen doch, daß mich früher mal Ratten angefressen haben?
H: Ja, Sie wissen es jetzt auch.
VP: Ja, und jedesmal, wenn ich Ratten sehe, dann . . .
H: Dann erleben Sie das noch einmal, was Sie damals erlebt haben.
VP: Nein, ich weiß es nicht – ob ich's erlebe – auf jeden Fall – mich ekelt das so furchtbar.
H: Und der Ekel stammt von damals?
VP: Ja.
H: Und jedesmal, wenn Sie eine Ratte sehen, ordnen Sie die Zeit richtig zu, Sie wissen, daß der Ekel um zweihundert Jahre weiter zurückliegt, er hat in Ihrem jetzigen Leben nichts zu suchen, Sie lernen Ratten lieben – finden sie nett, finden sie hübsch.
VP: Ah –
H: Dieses Gefühl gehört zweihundert Jahre weiter zurück.
VP: Glauben Sie das wirklich?
H: Wo gehört dieses Gefühl hin?
VP: Glauben Sie das wirklich? Ratten lieben lernen?
H: Sie ekeln sich vor Ratten?
VP: Ja.
H: Gut, wo gehört dieser Ekel hin? Blenden Sie zurück!
VP: Ja, 1725 –
H: Gehen Sie in diese Situation zurück!
VP: Nein.
 H: Sie müssen sie anschauen lernen – nicht soviel ekeln,

nicht soviel Emotion – keine Gefühle zeigen – anschauen und schildern – hinschauen – was geschieht objektiv? Die Ratten knabbern an Ihnen, ja?

VP: Ja, an meinen Füßen.

H: Ja, und warum? Weil sie Hunger haben.

VP: Weil sie Hunger haben – ja.

H: Was ist daran schlimm?

VP: Warum fressen sie gerade mich?

H: Was wollen wir da fragen?

VP: Ja, aber ich spür das doch noch.

H: Ja, aber die Ratten haben Hunger.

VP: Ja.

H: Lernen Sie umzupolen – was geschieht objektiv?

VP: Na, ich, ich spür die Schmerzen, wie die mich annagen.

H: Sie werden von Ratten gefressen, Sie haben früher einen Hasen gefressen.

VP: Ja, Sie haben recht.

H: Was geschieht objektiv?

VP: Ich hatte, ich hatte ja auch Hunger – und hab den Hasen getötet – aber die Ratten töten mich ja eigentlich gar nicht – da bin ich im Unrecht – die – ich bin ja schon bald tot – die lassen mich verhungern – ich krieg kein Wasser und nichts zu essen –

H: Ist das die Schuld der Ratten?

VP: Nein.

H: Also schauen wir noch einmal objektiv an, was geschieht.

VP: Ja, sie, sie haben Hunger.

H: Schauen Sie die Ratten an!

VP: Ja –

H: Gefallen sie Ihnen – wie schauen sie aus?

VP: Schwarz.

H: Wie ist dieses Fell?

VP: Ja, ganz normales Fell – aber ziemlich ekelhafte Schwänze.

H: Was ist daran ekelhaft?
VP: Ja, so nackt – so . . .
H: Wie sind die Schwänze objektiv?
VP: Einfach ohne Fell halt – das ist nur –
H: Haben Sie am ganzen Körper Fell?
VP: Ich – nee, ich bin doch ein Mensch – ich hab ziemlich lange Haare, ja, aber am Körper hab ich kein Fell.
H: Gut, was ist das an den Schwänzen objektiv?
VP: Haut.
H: Ja, ist das ekelig?
VP: In Verbindung mit dem Fell sieht's halt ekelig aus, weißt Du – das Fell, das geht ja noch, aber der nackte Schwanz zu dem Fell – das sieht halt nicht schön aus – das ist, irgendwo fehlt da die Ästhetik – weißt Du – wenn da auch Haare dran wären, dann, ich glaub dann . . .
H: Schauen wir uns mal so'n Gesicht von der Ratte an – Kopf.
VP: Ach ja, da sind sie ja ganz niedlich eigentlich – aber, na ja . . .
H: Also söhne Dich mit den Ratten aus.
VP: Okay.
H: Aber Du mußt es echt meinen.
VP: Ich mein's ja echt.
H: Dann ist's ja gut – das sind doch liebe goldige Tierchen.
VP: Na, lieb und goldig würd ich die nicht nennen – aber . . .
H: Du mußt jetzt ihre Art lieben lernen.
VP: Nein, weißt Du, ich versteh das jetzt – Du hast mir das ja erklärt – die Ratten können ja nichts dafür.
H: Du bist also böse auf die Menschen, die Dich verhungern lassen?
VP: Ja.
H: Und schiebst diese Wut auf die Ratten?
VP: Hab ich getan – ja.

H: Du nimmst diese Wut zurück?
VP: Ja.
H: Und gibst den Ratten die Anerkennung, die ihnen gebührt?
VP: Hm – Anerkennung für Ratten?
H: Du hast sie ja schon gegeben, ist okay – wir gehen in der Zeit nach vorne zum Jahre 1975.
VP: Anerkennung – hm –
H: Wir gehen jetzt nach vorne zum Jahre 1975 – gut, stell Dir eine Ratte vor –
VP: Ja.
H: Was empfinden Sie dabei?
VP: Nichts.
H: Alles okay?
VP: Ja – das ist halt eine Ratte.
H: Und es wird Sie nie mehr eine Ratte stören?
VP: Und was ist mit meinem Arm?
H: Was ist denn mit dem Arm?
VP: Ich weiß nicht.
H: Na, bewegen Sie ihn – Sie können ihn schon bewegen. Was ist mit dem Arm?
VP: Ich spür ihn nicht.
H: Wir gehen zurück zu diesem Arm – wo stammt dieser Arm her? Aus welcher Zeit stammt dieser lahme Arm?
VP: 1812.
H: Und in welchem Jahr leben wir jetzt?
VP: Muttertag.
H: 1975.
VP: Ja.
H: Was hat der lahme Arm im Jahre 1975 zu suchen?
VP: Ja, aber ich – mein Gott –
H: Was ist denn?
VP: Aber ich bin doch – ach, natürlich ich bin ja schon gestorben.
H: Der Arm hat nichts mehr zu suchen – in diesem Le-

ben hat der lahme Arm nichts mehr zu suchen – er gehört nicht hierher – es ist eine Verirrung in der Zeit – wir leben im Jahre 1975, und der Arm fühlt sich sehr, sehr wohl an.

VP: Ja, ich hatte das vergessen.

H: Gut – Arm bewegen.

VP: Ja, es ist prima.

H: Sie haben nun die Möglichkeit, Ihre ganze Vergangenheit zu überblicken – Sie haben sie jederzeit voll parat, was nicht heißt, daß Sie in die Vergangenheit zurückkehren sollen – das haben wir jetzt einmal gemacht, um's bewußtzumachen – Sie haben sie immer voll im Bewußtsein – jedoch vergessen Sie nicht – Sie leben im Hier und Jetzt – die Dinge aus der Vergangenheit, die Ereignisse – die Gefühle haben nichts im Hier und Jetzt zu suchen – das ist Anachronismus – eine Verirrung in der Zeit, wenn Sie Gefühlen nachhängen, die von damals stammen – und Sie werden die Fähigkeit erlangen, bei jeder Gelegenheit, in denen Gefühle auftauchen, die nicht ins Jetzt gehören, sofort zu erkennen – daß sie eigentlich zur Vergangenheit gehören – dadurch werden sie von Tag zu Tag immer bewußter, Ihr Bewußtsein wird größer und tiefer, Sie erkennen immer klarer und deutlicher – Sie können Ihre Vergangenheit voll überschauen – aber Sie wissen auch, daß es Vergangenheit ist, Sie leben ab jetzt im Hier und Jetzt, ganz in der Gegenwart und nicht mehr mit irgendwelchen Gefühlen in vergangenen Ereignissen – einverstanden?

VP: Ja.

H: Alle Ereignisse der Vergangenheit haben dadurch die Macht über Sie verloren, denn Sie wissen sie, Sie kennen sie, sie haben keinen Einfluß mehr auf Sie – denn alles, was bewußt ist, hat keinen Einfluß – sie haben Einfluß auf das, was bewußt ist – aber nicht umgekehrt – beeinflussen kann nur das Unbewußte – da die Vergangenheit Ihnen nun voll bewußt ist, können sie nichts mehr – Sie leben ganz im Hier und Jetzt – Sie fühlen sich wohl – spüren Sie dieses neue Bewußtsein im ganzen Körper?

VP: Meine Füße tun noch weh.

H: Wo gehört dieses Wehtun der Füße hin?

VP: 1725.

H: Wo leben wir jetzt?

VP: 1975.

H: Wie sind die Füße jetzt?

VP: Na ja – das – weißt Du, ich vergess' immer – oder ich glaub, ich vergess' das einfach dortzulassen.

H: Wir lassen die Vergangenheit hinter uns – dort wo sie hingehört – wir leben jetzt im Hier und Jetzt, und im Jetzt fühlen Sie sich sehr, sehr wohl – Sie fühlen sich wohl, glücklich und zufrieden, Sie haben keinerlei Beschwerden – ganz im Gegenteil – Ihr ganzer Körper fühlt sich so wohl wie nach einem Urlaub – so ausgeruht und erholt, als ob Sie stundenlang, tagelang geschlafen hätten – so richtig frisch – spüren Sie das am ganzen Körper? Spüren Sie es?

VP: Ja.

H: Ja, richtig spüren – wie fühlt sich das an?

VP: So – hm – nicht matt – aber wohlig irgendwie.

H: Jawohl – und nun kehrt auch die Aktivität wieder zurück, Sie sind aktiv – fühlen sich glücklich und zufrieden – Energie strömt in Ihren Körper, Sie fühlen sich wohl – Sie haben richtig Lust, etwas zu unternehmen – stimmt's?

VP: Ja.

H: Wir werden nun diese Sitzung bald beenden – Sie werden dann ganz wach sein, und auch im Wachzustand werden Ihnen die ganzen Informationen dieser Sitzung voll zur Verfügung stehen. Sie werden sich jedenfalls sehr, sehr wohl fühlen.

Esoterik und Reinkarnation

»Auch bei sonst ganz intelligenten Leuten,
die über viel Bildung und Erfahrung verfügen,
kann man mitunter eine förmliche Blindheit,
eine geradezu systematische Anästhesie beobachten,
wenn man sie zum Beispiel
vom Determinismus überzeugen will.«
C. G. Jung

Pythagoras soll seine Lehren in zwei Teile gegliedert haben, nämlich in die esoterische Lehre, die nur für den inneren Kreis seiner Schule gedacht war, und die exoterische Lehre, die auch denen, die nicht unmittelbar zu seinem Schülerkreis gehörten, zugänglich war (esoterisch stammt von dem griechischen Begriff *esoteros* = der Innere ab und bezeichnet den Gegensatz von *exoteros* = der Äußere). In der Zwischenzeit ist die Esoterik zu einem Sammelbegriff für die Geheimlehren der Eingeweihten geworden, wobei sich unter diesem Begriff auch so viele fragwürdige Spekulationen und Behauptungen angesiedelt haben, daß es etwas gewagt erscheint, von »der Esoterik« zu sprechen. Wenn ich dennoch diesen Begriff benutze, dann deshalb, weil er im Vergleich zu anderen brauchbaren Begriffen vielleicht noch am wenigsten Vorurteile erweckt. Unter Esoterik verstehe ich in der allgemeinsten Bedeutung einen weltanschaulichen Gegenpol zu dem Denkgebäude, das sich Naturwissenschaft nennt.

Die Gegenpoligkeit bedeutet hierbei keinesfalls automatisch, daß beide immer zu völlig verschiedenen Resultaten, Ergebnissen und Anschauungen kommen müssen. Die Polarität bezieht sich vielmehr auf die Art des Vorgehens. Das Ziel ist letztlich für beide das gleiche, nämlich die Erkenntnis der Welt oder, bescheidener ausgedrückt, ein Modell, das so gut und nahe wie möglich die Wirklichkeit abbildet. Doch die Ansichten, wie man dieses Ziel, das so alt wie der Mensch ist, am besten erreicht, sind oft unterschiedlich und vor allem ganz bestimmten Mode-Erscheinungen unterworfen.

So denkt »man« seit einigen Generationen naturwissenschaftlich und verbindet mit diesem Begriff ein ganz bestimmtes Vorgehen. Dieses Vorgehen wird zu einer Art Meßinstrument, mit dem man auszieht, »Wirklichkeit« zu messen. Dieses »Messen«, diesmal wörtlich gemeint, ist zum höchsten Kriterium in der Naturwissenschaft geworden, denn was man messen kann, ist existent. Die Erfolge der letzten Jahrzehnte scheinen die Richtigkeit dieses Vorgehens und dieser Denkweise zu beweisen.

Diese Euphorie wird in den letzten Jahren etwas abgeschwächt durch die warnenden Hinweise einiger Leute, die deutlich zu erkennen glauben, daß mit den Erfolgen auch neue Probleme mitgewachsen sind. Es bliebe die Frage, ob wir dem Ziel, die Welt zu erkennen, wesentlich nähergekommen sind und ob der einzelne als »Verbraucher« von diesen Erkenntnissen für die Gestaltung seines eigenen Lebens profitieren kann.

Diese Frage hört man allgemein nicht gerne oder will sie nicht so verstehen, wie sie gemeint ist. Nicht gemeint sind nämlich die vielen und sehr nützlichen technischen Errungenschaften, die es zwar dem Menschen ermöglichen, früher unvorstellbare Entfernungen zu überwinden, täglich Informationen aus aller Welt zu empfangen und vieles mehr. Die Frage, die beantwortet werden muß, zielt eben nicht auf die Bequemlichkeit oder den reinen Informationszuwachs, sondern auf das, was das Menschsein ausmacht. Wir haben heute genauso viele Kranke wie eh und je, die psychischen Erkrankungen steigen mit den Selbstmordraten rapide an. Ist der moderne Mensch glücklicher geworden? Zweifellos gibt es nicht nur kranke und unglückliche Menschen, doch wurde deren Glück erst durch die technischen Errungenschaften oder der Informationsflut unserer Wissenschaft ermöglicht? Liegt nicht in dieser Einseitigkeit der Entwicklung unser heutiges Problem? Der Naturwissenschaft haben wir eine enorme Entwicklung zu verdanken, doch leider war diese Entwicklung völlig einseitig, sie betraf nur den rein funktionalen Teil der Wirklichkeit.

Alles was sich in der Erscheinungswelt manifestiert, besitzt jedoch zwei Pole. So gibt es auch einen Gegenpol zur Funktionalität. Es ist der Inhalt, das Essentielle, das eben nicht in Meter und Gramm gemessen werden kann, das jedoch zum Menschsein genauso gehört wie das Wägbare und Materielle. Oder um diesen Unterschied zwischen Funktionalität und Inhalt bildhaft zu umreißen: Man kann die neunte Symphonie von Beethoven zwar sehr genau in physikalisch meßbare Daten wie Frequenz und Phon zergliedern und analysieren, jedoch hat man hiermit wirklich das gemessen, was »die Neunte« zum Erlebnis werden läßt?

Viele neigen dazu, den Gegenpol des rationalen, funktionalen Denkens auf dem Gebiet des Glaubens oder auch des Aberglaubens zu vermuten, in dem jeder Spekulation Tür und Tor geöffnet seien. Glaube mag zwar der Gegenpol von Wissen sein, doch geht es in diesem Zusammenhang gar nicht um die Entscheidung: glaube ich oder weiß ich, sondern um die Polarität: funktionales Wissen und inhaltlich verstandenes Wissen.

Diese Möglichkeit, echtes, fundiertes Wissen zu erlangen, das nicht nur funktional, sondern auch inhaltlich einsichtig ist, gab es schon immer und wird heute nach wie vor als Mittel der Erkenntnis benützt.

Dies ist der esoterische Weg, nicht gerade überlaufen, jedoch sollte auch hier die Quantität nicht unbedingt etwas über die Qualität aussagen. Der esoterische Weg existiert wohl schon so lange, wie es Menschen gibt, die auf der Suche nach dem Sinn des Lebens nicht die Mühe scheuen, selbst die Antwort zu erarbeiten. Da dies mit besonderer Mühe verbunden ist, ist es auch nicht erstaunlich, daß der esoterische Weg niemals zu einem Tummelplatz der Massen geworden ist. Doch dafür hat er die Zeit besiegt. Damit meine ich, daß es kaum etwas Vergleichbares gibt, das wie die Esoterik fast völlig vom Zeitgeist unabhängig geblieben ist, von den Moden und Wandlungen der Anschauungen.

Die Esoterik veraltet nicht, denn ihre Thesen sind die Gesetze der Welt, des Menschen und des Lebens – alles Dinge, die trotz wechselnder Erscheinungsformen immer die gleichen bleiben.

Die Esoterik strebt nach Wissen, wobei sich dieses Wissen nicht in katalogisierten Daten und Formeln erschöpft, sondern das Verständnis der Welt und ihrer Gesetzmäßigkeiten ermöglicht. Da die Esoterik die Welt nicht als etwas Zufälliges und Heterogenes akzeptieren kann, sondern sie als einen Kosmos in seiner wahren Bedeutung betrachtet, ist es möglich, universale Gesetze zu erforschen, die nicht nur in einem Teilbereich gültig sind, sondern vielmehr als Gesetzmäßigkeit bzw. Prinzip auf allen Ebenen der Erscheinungen wiederzufinden sind. Der esoterische Grundsatz »wie oben, so auch unten« (Hermes Trismegistos, Tabula smaragdina) gestattet es, ein gefundenes Gesetz in Analogie auf alle Ebenen der Wirklichkeit zu übertragen. Hier zeigt sich deutlich die Verschiedenartigkeit im wissenschaftlichen und im esoterischen Vorgehen: während die Esoterik sich vom Zentrum an die Peripherie bewegt, beginnt die Naturwissenschaft an der Peripherie und bewegt sich zum Zentrum. Von diesem ist sie allerdings noch sehr weit entfernt, denn die interdisziplinäre Verständigung ist zu einem großen Problem geworden. Der Peripherie entspricht das fleißige Sammeln von Einzeldaten, während die gesuchte »Weltformel« wohl das erhoffte Zentrum umreißt.

Ein weiterer wichtiger Unterschied zwischen Esoterik und Wissenschaft besteht darin, daß man in der Wissenschaft funktionale Daten beliebig weiterverbreiten, übernehmen und verwenden kann. Dieses Prinzip besteht in der Esoterik leider nicht, da es ihr nicht so sehr auf die Sammlung von Daten als auf das persönliche Verständnis ankommt. Und für einen anderen etwas zu verstehen ist ebenso unmöglich, wie für einen anderen zu essen und zu trinken. In der Esoterik muß jeder alles selbst machen, um später vielleicht einmal ein Wissender oder ein Weiser zu werden.

Ob dieses Ziel erstrebenswert ist, wird uns später noch ausführlicher beschäftigen. Hier sollte erst einmal umrissen werden, von was ich spreche, wenn ich den Begriff Esoterik gebrauche. In diesem Zusammenhang dürfte es auch klargeworden sein, daß Esoterik und Parapsychologie niemals synonym sein können. Die Parapsychologie ist ein Ableger der Wissenschaft und denkt funktional, das heißt, sie sammelt, mißt und sortiert. Solche Beschäftigung führt zu vollen Karteikästen, nicht zu Entwicklung. Deshalb versuche ich ganz bewußt, unser Thema der Reinkarnation aus der Sicht der Esoterik zu beleuchten und somit »einleuchtend« zu machen, da ich glaube, daß wir angesichts der hohen wissenschaftlichen und technischen Entwicklung unserer Zeit noch sehr viel »seelische« Entwicklung nachzuholen haben, um in innerer und äußerer Harmonie leben zu können.

In der Esoterik war die Reinkarnation schon immer eine unumstrittene Selbstverständlichkeit. Die Geheimlehre kannte seit alters her bestimmte Übungen und Exerzitien, mit deren Hilfe nach langem und fleißigem Training eine bewußte Rückerinnerung möglich wurde. Im esoterischen Buddhismus gibt es eine Stufe der Entwicklung, die der Mensch nur dann erreichen kann, wenn er bewußt alle seine Inkarnationen überblickt. Ähnliches ist in den magischen Schulungen unter dem Begriff des »magischen Gedächtnisses« bekannt. So schreibt Aleister Crowley in seinem Werk »Magie als Philosophie für alle, Buch 4, Theorie«, über das magische Gedächtnis: »Es gibt keine wichtigere Aufgabe als die Erforschung unserer früheren Verkörperungen.« Und im Zusammenhang mit verschiedenen Techniken schreibt er: »Aber die gewöhnliche Übung von Dharana ist vielleicht von größerem allgemeinen Nutzen. Sowie man die leichter zugänglichen Gedanken am Aufsteigen hindert, stoßen wir auf tieferliegende Schichten. Erinnerungen an die Kindheit werden wieder wach. Noch tiefer liegt eine Klasse von Gedanken, deren Ursprung uns in Verlegenheit setzt. Einige davon gehören augenscheinlich früheren Verkörperungen an. Wenn wir diese Gebiete unseres Gemütes pflegen, können wir sie entwickeln, wir werden gewandt, wir schaffen aus diesem ursprünglichen unverbundenen Element einen geordneten Zusammenhang, die Fähigkeit wächst mit erstaunlicher Geschwindigkeit, wenn erst einmal der Kniff der Sache beherrscht wird.«

Wir sehen, daß die Erinnerung an frühere Inkarnationen durchaus nicht neu ist, neu ist bestenfalls der »Kniff« wie es Crowley nennt, nämlich die Methode, die es ermöglicht, ohne langjährige Übungen und Meditationen einem anderen zu diesen Erinnerungen zu verhelfen. Diese Methode funktioniert inzwischen so schnell und problemlos, daß ich mir ernsthaft Gedanken machte, ob es überhaupt zu verantworten ist, über eine ausgefeilte funktionale Technik einen Menschen in einen Bewußtseinszustand zu katapultieren, den er sich selbst gar nicht erarbeitet hat. Gegen diese Bedenken spricht jedoch der esoterische Grundsatz, daß es keinen Zufall gibt. So gesehen betrachte ich es als nicht zufällig, wenn unter den Milliarden von Zeitgenossen ein paar den Weg zu jenen finden, die ihnen diese Rückerinnerungen ermöglichen.

Die Wirkung des Bewußtwerdens hängt überdies

größtenteils von der bewußten Verarbeitung des ans Tageslicht geförderten Materials ab und muß deshalb jedesmal vom Betreffenden selbst geleistet werden. Das Polaritätsgesetz erlaubt es auch hier, die neuen Erinnerungen so wenig zu beachten, daß sie langsam und wirkungslos wieder in der Vergessenheit verschwinden. So zeigt sich auch hier wieder, daß man durch bloße Funktionalität nicht viel erreichen kann, wenn der Mensch fehlt, der um Verständnis ringt. Warum dieses magische Gedächtnis oder die Reinkarnationserinnerungen für eine esoterische Schulung so wichtig sind, wird verständlich werden, wenn wir die Theorie der Reinkarnation etwas näher betrachten.

Reinkarnation ist das Gesetz der Periodizität. Betrachten wir die Natur, so erleben wir überall einen Rhythmus von Werden und Vergehen, Blühen und Welken, Tag und Nacht, Sommer und Winter, Leben und Tod. Es gibt in der gesamten Natur keine Erscheinung mit einem Anfang und Ende, ohne daß dieses Ende nicht gleichzeitig Anfang von etwas Neuem, Gegenpolarem ist. Genauso wenig, wie es innerhalb der Erscheinungsformen nichts gibt, das keinen Gegenpol hat. Es ist gerade dieser Wechsel zweier Polaritäten, das »Lebendigkeit« im weitesten Sinne ausmacht. Ein Vorgang, der lediglich einen Anfang und ein Ende besitzt, wäre gar nicht einordbar in ein Ganzes, wie es unser Universum ist. Wo sollte denn die Verbindung zum Umfeld entstehen, wenn eine Sache nach beiden Seiten abgeschlossen ist, ohne den Rhythmus einer Entwicklung in sich zu tragen? Erst durch das zyklische Geschehen entsteht die Verbundenheit zum Ganzen, wird aus der Polarität eine Einheit, die beide Pole umfaßt.

Dieses zyklische Geschehen sehen wir überall in Natur und Technik, sei es nun der natürliche Jahresablauf, die Gezeiten des Meeres, das periodische System der Elemente oder die Sinuskurve der Elektrizität. Immer zeigt sich die Figur des Kreises oder, falls wir die Entwicklung mitberücksichtigen wollen, die Figur der Spirale als Prinzip des Lebendigen. In Anbetracht dieser unbestrittenen Tatsache erscheint es mir als sehr kühn, ausgerechnet den Menschen selbst zu der Ausnahme dieser Gesetzmäßigkeit zu machen, indem man postuliert, daß die menschliche Existenz lediglich daraus besteht, ein paar Jahrzehnte ohne ein Vorher oder ein Nachher in dieses rhythmische Geschehen hineingeworfen zu werden.

Dieser Gedanke ist weder logisch noch naheliegend, jedoch in einer Hinsicht sehr praktisch: Er entbindet den Menschen von der Verantwortlichkeit. Denn wenn es außer dieser kurzen Strecke zwischen Leben und Tod nichts gibt, so kann er getrost in dieser Zeit tun und lassen, was er will, Hauptsache, er kommt bis zum Lebensende gut über die Runden (». . . nach mir die Sintflut!«).

Verständlich, daß so viele ärgerlich und böse werden, wenn man von Reinkarnation spricht, denn auf einmal besteht eine Verantwortlichkeit auf zwei Seiten, entsteht ein Vorher und Nachher, die dem »Jetzt« eine völlig neue Färbung geben. Plötzlich werden mit diesem Gedanken alle Fluchtwege abgeschnitten, denn wohin soll man fliehen, man begegnet sich immer wieder selbst. Ein Schock für alle, denen der Selbstmord oder, edler ausgedrückt, der Freitod die letzte Sicherheit ihres Handelns zu sein scheint. Doch auch hier die Polarität: Eliminiert man die Verantwortung, verschwindet gleichzeitig auch die Sinnhaftigkeit aus dem Leben.

Kaum eine andere Frage berührt die meisten Menschen so peinlich wie: »Worin sehen Sie den Sinn Ihres Lebens?« Man erhält zunächst ein paar verlegene Phrasen wie Glück, Zufriedenheit, Familie, Kinder, eventuell noch Fleiß, Nächstenliebe und ähnliches. Gibt man sich hiermit nicht zufrieden und bohrt etwas tiefer, so stößt man in die Leere, jene Leere, die zwangsläufig das Fundament eines Lebens sein muß, das nichts von einer Bindung und Verantwortung dem Kosmos gegenüber hören will. Hier spürt man den engen Zusammenhang zwischen der Krise eines Menschen, die man meist Neurose zu nennen pflegt, und der Krise eines Denksystems, das versucht, den Menschen innerhalb der Funktionalität zu erlösen. Wir sehen also eine Alternative: Leben mit Sinn und Verantwortung oder Leben ohne beides.

Ich weiß, daß die Frage nach Sinn in der heutigen Zeit leicht antiquiert klingt, sie erinnert an eine »heile Welt« und stört alle diejenigen, die Unzufriedenheit, Konflikte und unlösbare Probleme zum Prinzip der Welt machen wollen. Bei diesen Leuten darf es nichts »Heiles« geben. Nur Dumme und Einfältige sehen noch etwas Heiles, will man jedoch intellektuell sein, muß man mit der Sinnlosigkeit leben. Angesichts dieser Vereinfachung scheint es manchmal erstrebenswerter zu sein, zu den Einfältigen gerechnet zu werden, als den professionellen Pessimismus zu übernehmen.

Fragt man sich, warum der Haß auf die heile Welt bzw. auf Denksysteme, die die Sinnhaftigkeit des Lebens betonen, bei manchen so stark ist, so läßt mich die Vermutung nicht los, daß man verzweifelt versucht, nur die eigene Verzweiflung und innere Leere zu verdecken. Wollen wir uns also nicht stören lassen von jenen, die uns mit mitleidig wissendem Blick betrachten und uns wohlwollend zu bedenken geben, »das alles rieche doch sehr nach einem selbstgebastelten, heilen Weltbild, etwas zu angstfrei, um ernstgenommen zu werden«.

Angenommen, man entscheidet sich dafür, daß zum Leben sowohl Verantwortung als auch Sinnhaftigkeit gehören, so stellt sich die Frage, wie beide realisierbar in einem Leben zwischen Geburt und Tod sind. Auch der ernsthafteste Entschluß, verantwortungsvoll zu leben, begegnet der Frage nach einem Bezugspunkt. Verantwortlich wem oder was gegenüber? Man benötigt ein Wertsystem, doch Wertmaßstäbe sind von veränderlicher Größe.

Noch schwieriger wird die Suche nach dem Sinn. Wo liegt der Sinn eines Menschenlebens, das vielleicht mit zwanzig Jahren ums Leben kommt? Wo der Sinn für einen blinden oder verkrüppelten Menschen, wo für einen armen oder reichen Mann? Schicksal heißt die Antwort, ohne daß jemand beantworten kann, wo der Sinn des Schicksals liegt.

Wir drehen uns bei all diesen Fragen im Kreise, auch dann, wenn wir die offizielle Version der christlichen Kirche berücksichtigen. Das einfache System von Strafe und Erlösung beantwortet nämlich noch lange nicht, warum bestimmte Menschen bestimmte Schicksale tragen und diese Schicksale so unterschiedlich sind, warum ständig »neue Seelen« ein paar Jahre lang einem körperlichen Leben ausgesetzt werden, um danach entweder in die Erlösung oder Verdammnis einzugehen. Dieses Modell ist nicht sinnvoller als das materialistische, lediglich der Aspekt der Verantwortung wird durch die Angst vor Strafe verstärkt.

Greifen wir nun zurück auf das Modell der Reinkarnation, so werden wir sehen, daß alle offenen Fragen eine Beantwortung finden und ein sinnvolles Ganzes ergeben. Es erscheint mir wichtig, daß man unabhängig von jeder funktionalen Beweisführung, ob es Reinkarnation gibt oder nicht, klar erkennt, daß die Wahrscheinlichkeit eindeutig für die Reinkarnation spricht. Es wäre höchst erstaunlich, wenn man beweisen könnte, es gäbe keine Wiedergeburt. Originellerweise stellen viele Leute diesen Sachverhalt umgekehrt dar und betrachten die Reinkarnation als höchst unwahrscheinlich, weshalb man, wie sie meinen, ganz besonders strenge Maßstäbe an eine etwaige Beweisführung anlegen müsse. Diese Leute verwechseln jedoch unwahrscheinlich mit ungewohnt. Wenn man lange genug daran geglaubt hat, daß das Atom unzerteilbar ist, dann ist das Gegenteil ungewohnt, jedoch keinesfalls unwahrscheinlich.

Die Erfahrung zeigt, daß alles, was wir beobachten können, sich entwickelt, in Evolution begriffen ist. Ich verwende den Begriff der Evolution nicht im Sinne Darwins als eine vom Zufall und den Überlebenschancen gesteuerte Entwicklung. Die Evolution in meiner Theorie ist gerade das Gegenteil von Zufall, ist Gesetzmäßigkeit, ist geplante Höherentwicklung. Es gibt keinen Zufall. Wir leben in einem Kosmos, was wörtlich übersetzt »das Geordnete« heißt. Dieser Kosmos ist davon abhängig, daß alles gesetzmäßig abläuft, jede Abweichung davon ist eine Störung der Gesamtheit und daher Gefahr für das Ganze. Ein Kosmos mit einem Spielraum für Zufälligkeiten ist in sich ein Widerspruch.

Die gesamte Naturwissenschaft verläßt sich auf diese Gesetzmäßigkeit. Niemand rechnet ernsthaft damit, daß plötzlich einmal ein Stein, den man fallen läßt, nach oben in den Himmel schwebt oder der Mond seine Bahn verläßt und in Richtung Saturn verschwindet, nur weil er dazu Lust verspürt. Allein dem Menschen gesteht man diese Freiheit zu, zu tun und zu lassen, was er will. Doch auch er ist eingebettet in diese Gesetzmäßigkeit. Ja, selbst die Wahrscheinlichkeitsrechnung beweist, daß über dem sogenannten Zufall ein Gesetz steht, da sich alle Zufälligkeiten über eine bestimmte Zeit hin ausgleichen. Wir müssen uns entscheiden, ob wir ein Kosmos mit Gesetzmäßigkeiten oder ein Chaos mit Zufall anerkennen. Keinesfalls gibt es eine Mischung zwischen den beiden, einen Kosmos mit Zufall. Da wir aufgrund unserer Beobachtung und Erfahrung allen Grund dazu haben, an einen Kosmos zu glauben, sollte man konsequenterweise den Zufall endlich aus unserem Denken streichen. Dann kann es auch keine zufällige Entwicklung geben, hervorgerufen durch ein paar Genmutationen, die dank ihrer zufälligen Häufung mit der Zeit aus einem Eiweißmolekül einen Menschen machten.

Evolution in unserem Sinne ist beabsichtigte Höherentwicklung, ein Gesetz, das im gesamten Universum wirksam ist und die gesamte Schöpfung umschließt. Der Mensch als Teil des Ganzen, als ein Rad in diesem unvorstellbaren Uhrwerk hat diesem Gesetz der Entwicklung zu gehorchen, denn das Ganze kann sich nur entwickeln, wenn sich alle Teile in ihm entwickeln. Die Aufgabe des Menschen ist demnach Entwicklung und sonst nichts! Entwicklung geschieht jedoch nicht von selbst, sondern ist immer nur Produkt einer energetischen Auseinandersetzung, ist Produkt eines Lernprozesses. Um lernen zu können, braucht man ein Problem, denn erst durch Versuch und Irrtum kommt man einer Lösung näher, erst durch die Lösung der Probleme lernt man, erst durch Lernen entwickelt man sich.

Schicksal ist der Sammelbegriff für all die vielen Probleme, die sich dem Menschen im Laufe seines Lebens entgegenstellen, um ihm den notwendigen Stoff für seine Entwicklung zu liefern. Probleme sind die Aufgaben, an denen er lernen soll. Probleme sind nichts Negatives, wie sie von vielen irrtümlich empfunden werden, sondern Hilfe für die eigene Entwicklung, für die Vervollkommnung, für die Evolution.

Aufgrund des Polaritätsgesetzes hat der Mensch aber zwei Möglichkeiten zu lernen, nämlich aktiv oder passiv. Aktiv lernen heißt, jedem Problem freudig entgegenzutreten und es als Aufforderung zu verstehen, zu lernen, um in der persönlichen Entwicklung eine weitere Stufe nach oben zu kommen. Leider wird dieser bewußtc Lernprozeß nur von einer Minderheit gesucht. Viel häufiger versucht man, dem Problem aus dem Wege zu gehen, ihm zu entkommen, es zu verdrängen. In diesem Falle wird der Betreffende über einen unbewußten Ereigniswunsch in eine Situation manipuliert, in der er passiv das lernt, was aktiv zu lernen er umgangen hat.

Dieses passive Lernen ist immer mit Leid verbunden. Man nennt diese Situation »Schicksalsschlag«, »Krankheit«, »Unfall«. Man schimpft und fühlt sich ungerecht behandelt. Der Zufall ist an allem schuld. Doch leider gibt es außen keine Schuldigen, weder Menschen, Umwelt, Schicksal oder Gott. Schuld ist immer nur der Erleidende selbst, denn er hatte eine Wahl – jedoch keinen freien Willen, wie so oft behauptet wird: die Wahl zwischen aktivem und passivem Lernen. Denn »nicht lernen« läßt das Gesetz nicht zu, dies wäre Stagnation und würde der gesamten Entwicklung schaden. Der viel gerühmte »freie Wille« beschränkt sich auf eine »freie Wahl«, die immer zu einem Lernprozeß, einem Stückchen Entwicklung führt. Der freie Wille würde verschiedene Ergebnisse zulassen; dies widerspricht der Gesetzmäßigkeit eines Kosmos. Die »Wahl« hingegen ist ein Produkt des Polaritätsgesetzes und gefährdet die gesetzmäßige Entwicklung nicht.

Schicksal ist alles andere als eine anonyme, unberechenbare Macht, die den Menschen durch seine Zufälligkeit und Willkür bedroht. Schicksal ist etwas Höchstpersönliches, ist Resultat des eigenen Handelns, ist gesetzmäßiges Hilfsmittel der Evolution. Diese Wahrheit ist unbequem für alle, die es sich zur Gewohnheit gemacht haben, die Schuld für ihr Schicksal nach außen zu projizieren und die Verantwortung abzuschieben. Diese Leute reagieren so heftig und emotional auf die Esoterik, weil sie ihre Lebenslüge bedroht fühlen. Doch gerade sie hätten die Wahrheit am dringendsten nötig, um sich selbständig aus ihrem Irrtum befreien zu können.

Man erhofft und fordert die Hilfe immer von außen, von anderen. Diese Hoffnung ist absurd. Andere, selbst Ärzte und Psychotherapeuten, können nur funktionale Hilfe leisten, doch diese Hilfe löst keine Probleme. Denn alle, die um Hilfe rufen, leiden letztlich daran, daß sie ihre Probleme nicht lösten, daß sie nicht lernen wollten. Welche Außenstehenden könnten ihnen helfen? Es ist dies genauso unmöglich, wie die Forderung, daß ein anderer für mich essen oder auf die Toilette gehen solle. Es gibt bestimmte Dinge, die man selbst machen muß, dazu gehört in erster Linie die Entwicklung.

Dieses Modell der individuellen Evolution läßt sich nicht auf einen Menschen anwenden, der nur ein einziges körperliches Leben besitzt, denn Ausgangsniveau, Voraussetzung und Bedingungen eines Lebens sind zu unterschiedlich. Trennen wir das Individuelle des Menschen, nämlich sein Bewußtsein, von der materiellen Erscheinungsform, so erkennen wir, daß dieses »Ich« sich zyklisch durch eine Kette von Wiederverkörperungen höherentwickelt, dem Ziel, der Vollkommenheit entgegen.

Nun erklären sich die Schicksalsunterschiede der Menschen, denn jeder ist in seinem jetzigen Leben auf einer ganz bestimmten Stufe seiner Entwicklung, benötigt zum Weiterkommen ganz bestimmte Probleme und Erfahrungen. Das Schicksal dieses Lebens ist daher eine Resultante der bisherigen »Lebenskette«, ist Ergebnis des bisher Gelernten oder auch Nichtgelernten. Jeder durchläuft zur Zeit gerade die Probleme, die er in der Vergangenheit noch nicht durch bewußtes Lernen bewältigt hat, und er wird auch in Zukunft noch so lange mit ein und demselben Problem konfrontiert werden, bis er es für sich gelöst hat.

Diese Gesetzmäßigkeit ist unter dem indischen Begriff »Karma« bekannt. »Karma« besagt, daß man ein Problem so lange durchleben muß, bis man es begriffen hat. Dieses Gesetz ist unabhängig von der Zeit. Dem Kosmos geht es um die Erfüllung der Gesetzmäßigkeit, wobei es völlig unwichtig ist, ob der einzelne für einen bestimmten Lernprozeß dreißig oder dreitausend Jahre benötigt, denn die Zeitkoordinate existiert nur in unserem Bewußtsein, nicht in der Wirklichkeit.

Dieser Gedanke ist für den Menschen meist sehr schwer vorstellbar. Unser Denken ist mit unserem Zeitmaß so eng verbunden, daß wir vergessen, wie »menschlich« dieses Zeitmaß ist, das keinerlei Absolutheitsanspruch erheben kann. Jedes System, jede Gattung von Lebewesen hat »seine Zeit«. Zeit ist etwas Relatives. Das kennen wir aus unseren Träumen. Wir können in einem Zeitraum von wenigen Sekunden einen Traum erleben, dessen Handlung sich über Jahre erstreckt. Unser Zeitmaß gilt nur für uns Menschen und nur so lange, wie wir das Tagesbewußtsein besitzen. Eine Eintagsfliege zum Beispiel lebt genauso lange wie ein Mensch, der achtzig Jahre alt wird, denn sie lebt in einer anderen Zeitrelation. Die Wirklichkeit kennt keine Zeit; wir Menschen und die anderen Lebewesen sind jedoch gezwungen, die Realität entlang eines Zeitkontinuum zu erleben.

Um diesen Vorgang zu veranschaulichen, ein Beispiel: In München steht ein großes Museum mit, angenommen, dreißig Räumen. Der Direktor dieses Museums kennt alle dreißig Säle in- und auswendig, ebenso die Wärter und eine ganze Anzahl besonders fleißiger Besucher. Sie alle wissen seit Jahren, wie jeder einzelne Raum aussieht, was in ihm steht und wie er eingerichtet ist. Nehmen wir an: Ich kenne dieses Museum bis zum heutigen Tage noch nicht, entschließe mich aber, es morgen um 10 Uhr zu besichtigen. Wenn ich bei dieser Besichtigung um 10 Uhr 30 in Raum Nummer 3 angekommen bin, kenne ich zwar diese drei Räume, weiß aber noch nicht, was in den folgenden siebenundzwanzig Räumen zu sehen ist. Ich werde es erst wissen, wenn ich auch dort gewesen bin. Dies kann ich aber nur entlang der Zeitkoordinate. Es wird Zeit verfließen, bis ich Raum 28 anschauen kann. Aus dieser Tatsache darf ich jedoch nicht schließen, daß in dem Moment, in dem ich mich in Saal 3 aufhalte, die Räume 4 bis 30 nicht existieren, sondern erst dann entstehen, wenn ich sie betrete. Lediglich mein ganz persönliches Kennenlernen dieser Räume ist von der Zeit abhängig, ich kann die Räume nicht ohne Zeitverlust kennenlernen. Zwar kann ich eventuell in Raum 3 im

Museumskatalog vorblättern und mir darin ein paar Bilder aus den weiteren Sälen anschauen, dennoch ersetzt diese Information nicht das »Dagewesensein«.

Übertragen wir dieses Gleichnis auf unser Leben und Erleben, so wird der Zeitbegriff klar. Wirklichkeit existiert unabhängig vom Zeitablauf, ähnlich wie unser Museum. Der Mensch kann sich diese Wirklichkeit jedoch nur entlang einer Zeitkoordinate anschauen und erleben. Daraus darf er jedoch nicht schließen, daß das, was er gerade wahrnimmt und erlebt, auch erst in diesem Augenblick entsteht. Die Wirklichkeit ist zeitlos und allgegenwärtig. Doch so können wir sie nicht wahrnehmen. Sie ist ein dickes Buch, das wir in Händen halten, dessen Inhalt wir aber noch nicht gelesen haben. Wir müssen, um es kennenzulernen, bei Seite 1 anfangen und es Seite für Seite lesen. Dabei verfließt Zeit. Dennoch existiert der Inhalt des Buches von Anfang an, unabhängig von der Zeit, die wir zum Lesen benötigen. Genauso zeitunabhängig existiert das nächste Jahr mit all seinen Ereignissen schon immer, wir müssen jedoch abwarten, bis wir es anschauen und wahrnehmen können.

Wer diesen Zusammenhang begriffen hat, begreift auch, wie Hellsehen und Präkognition zustande kommen. Das Vorauswissen eines sogenannten zukünftigen Ereignisses entspricht in unserem Museumsbeispiel das Vorausblättern im Katalog, um Informationen über noch nicht Erlebtes zu erhalten. Das Anschauen von Zukunftsbildern, was man Präkognition nennt, ist einzelnen Menschen spontan möglich, es ist jedoch ebensogut erlernbar und experimentell erzeugbar. Dieser Blick in die Zukunft ist aber immer nur ein Hinschauen und ersetzt nicht das Erleben. Auch wenn man heute schon ganz genau weiß, was morgen geschieht, kann man dieses Morgen erst morgen erleben. All diejenigen aber, die sich von einem solchen »Blick in die Zukunft« einen enormen persönlichen Vorteil erwarten (hier wird man meistens als erstes auf die Lottozahlen angesprochen!), haben das Prinzip der Zeit noch nicht begriffen.

Das Vorauswissen der Zukunft ist gerade deshalb möglich, weil das zukünftige Geschehen in Wirklichkeit bereits *ist* und nicht, wie wir es uns vorstellen, erst *wird*. Es schließt jegliche persönliche Steuerung und Beeinflussung dieser Zukunft aus. Dies wollen die meisten Menschen nicht wahrhaben, da sie so stolz auf ihr aktives Tun sind, mit dem sie die Zukunft zu gestalten glauben. Hier muß man das Wort glauben betonen. Spinoza sagte: »Wenn der geworfene Stein Bewußtsein hätte, er würde glauben, er fliege, weil er will!«

Der Mensch besitzt nur eine einzige Freiheit, nämlich zu glauben, er sei frei. Alles andere geschieht gesetzmäßig. *Es geschieht*, und der Mensch sagt dazu: »Ich habe getan.« Was dem Menschen jedoch bleibt, ist die Wahl. Denn da die Wirklichkeit sich dem Menschen polar offenbart, bietet die Polarität dem Menschen eine Wahlmöglichkeit. Er kann wählen, wie er die Gesetzmäßigkeit erfüllt, aber erfüllen muß er sie immer. Dieser Gedanke der Determination erscheint vielen unerträglich zu sein: Sie schimpfen ihn »Fatalismus«. Diese Reaktion zeigt jedoch, daß der Determinismus nicht verstanden wurde. Der Determinismus führt keineswegs zu Resignation, sondern im Gegenteil zur völligen Angstfreiheit und zur Sinnhaftigkeit des Lebens, ja, er führt in die Freiheit. Diese Freiheit ist die Quintessenz der folgenden vier Schritte:

1. völlige Selbsterkenntnis,
2. völlige Gesetzeserkenntnis,
3. Anerkennung der Gesetzmäßigkeit als notwendig und gut,
4. freiwillige Unterordnung unter die Gesetzmäßigkeit.

Geht jemand diese vier Schritte, dann geschieht das Paradoxe: Er wird frei! Diese Freiheit ist aber etwas ganz anderes als das, was sich der frei Wähnende unter Freiheit vorstellt. Letzterer setzt sich durch sein Verhalten, das auf dem Wahn seiner Handlungsfreiheit aufgebaut ist, ständig in einen Widerspruch zum vorhandenen, aber von ihm nicht erkannten Gesetz.

Er gleicht einem Menschen, der etwas Unmögliches zu tun versucht, weil er nicht weiß, daß es unmöglich ist. Es entsteht meistens zwangsläufig eine Diskrepanz zwischen Verhalten und Wirklichkeit. Da die Wirklichkeit das Fehlverhalten korrigieren muß, um sich selbst zu erhalten, entsteht Leiden. Denn Leid ist das Ergebnis von Unwissenheit.

Wer jedoch sich selbst erkennt, seine Anlagen, seine Aufgaben, seine Notwendigkeit und seine Entwicklungsstufe, wer überdies die kosmischen Gesetze erkennt, sie als solche anerkennt und sich ihnen freiwillig unterstellt, der lebt in Harmonie mit der Wirklichkeit. Er läßt keine Reibung, keinen Unterschied mehr zu zwischen dem, was sein soll, und dem, was er will. Das Christentum drückt diesen Vorgang im Wort aus: »Dein Wille geschehe.« Erst dieser Mensch ist im eigentlichen Sinne frei, frei von all den Unannehmlichkeiten, die allein durch den Unterschied zwischen Gesetz und eigenem Wollen entstehen. Das Christentum nennt diesen Unterschied die »Sünde«, die Absonderung von der Wirklichkeit. Davon spricht auch Aleister Crowley in seinem Werk »Magie, Buch 4«, wenn er sagt: »Der beste Eid . . . ist der Eid heiligen Gehorsams; denn er führt nicht nur zur vollkommenen Freiheit, sondern ist eine Schulung in der Hingabe, welche die letzte Aufgabe ist.«

Wir sehen, erst wenn wir die Illusion der Freiheit aufgeben, eröffnet sich ein Weg, der in die Freiheit führt. Das mag paradox klingen, doch jede Wahrheit muß paradox sein, denn sie umschließt die Polarität. Der freie Wille ist nichts anderes, »als die Bemühung um die Einmündung unseres zeitlichen Willens in den unwandelbaren Willen oder das höchste Gesetz – in das moralische Gesetz über mir – in mir« (Adler). Um diese Einmündung erreichen zu können, muß der Mensch mit seinem Schicksal ringen, muß er lernen und reifen, muß er sich seiner selbst bewußt werden. Um das alles zu lernen, gibt es eine Schule, die »Schule des Lebens«.

Doch »Leben« ist hier nicht gleichzusetzen mit einer bestimmten körperlichen Existenz, sondern meint das Kontinuum »Leben«, das sich rhythmisch mit und ohne Körper verwirklicht. Diese Analogie zwischen Leben und Schule wollen wir benützen, um das Modell der Reinkarnation weiter zu verdeutlichen.

Wir stellen uns eine Schule vor, mit vielen Klassen, einem festgesetzten Lehrplan und einem definierten Ausbildungsziel. Diese Schule entspricht dem Naturreich des Menschen, die einzelnen Klassen den Entwicklungsstadien seiner Seele, der Lernstoff dem Schicksal und das Ausbildungsziel der Vollkommenheit des Menschen. Dieser Begriff der Vollkommenheit mag manche irritieren und ihnen hybrid erscheinen. Doch Vollkommenheit ist hier ausschließlich bezogen auf das Menschenreich. Dieses Menschenreich ist eine Ebene, eine Schicht in einer enormen Hierarchie von Lebewesen, die alle keine Menschen sind. Vollkommenheit bezieht sich immer nur auf die jeweilige Schicht, der ein Lebewesen zur Zeit gerade angehört. Das Ziel des Menschen ist: ein vollkommener Mensch zu werden. Wer darin eine Anmaßung oder gar Gotteslästerung vermutet, schlage das Christus-Wort in der Bergpredigt nach (Matthäus 5,48): »Also sollt Ihr vollkommen sein, wie Euer himmlischer Vater vollkommen ist.«

Diese Vollkommenheit ist das Ausbildungsziel unserer »Lebensschule«. Wer in einer Schule zu lernen anfängt, ist sehr weit vom Endziel entfernt. Will er es erreichen, bleibt ihm nichts anderes übrig, als in der untersten Klasse anzufangen. Es gibt Aufgaben, die der Schüler zu lösen hat. Er tut dies, so gut er kann; macht er Fehler, so wird er zu diesem Thema oder Problem so lange weitere Aufgaben bekommen, bis er das zu lernende Prinzip begriffen hat. Erst dann kann er einen Schritt weitergehen.

Die Analogie zum Menschen ist deutlich. Er versucht seine Probleme zu meistern und bekommt dabei so lange die gleichen Probleme vorgesetzt, bis er ein bestimmtes Prinzip des Kosmos gelernt hat. Hat er gelernt, kommt jedoch sofort das nächste Problem, der nächste Schritt.

In der Schule gibt es irgendwann einmal eine größere Prüfung. Hierbei versucht der Schüler wiederum, sein Bestes zu leisten, er wird vieles richtig, aber auch vieles falsch machen. Er gibt seine Arbeit ab und verläßt das Klassenzimmer. Auf dem Gang wird ihm ein Lösungsbogen ausgehändigt. Nun sieht er schlagartig, was er richtig und was er falsch gemacht hat. Das nützt ihm jedoch jetzt nichts mehr. Er mag sich vielleicht ärgern, er mag den Wunsch haben, mit dem jetzigen Wissen die Prüfung noch einmal schreiben zu können. Doch momentan kann er mit dem Wissen, das ihm das Lösungsblatt vermittelt, nichts anfangen, die Klausur ist vorbei. Er muß auf eine neue Prüfung warten, bei der er dieses Wissen anwenden kann – vorausgesetzt, er weiß es dann noch.

Diese allen bekannte Prüfungssituation ist das Leben des Menschen, hier im Sinne einer materiellen Verkörperung. Er versucht, die Probleme zu lösen. Das Verlassen des Klassenzimmers wäre der Tod – und hier geschieht tatsächlich was Eigenartiges.

Nachdem das Bewußtsein aus dem Körper ausgetreten ist, steht dieser Mensch (jetzt ohne Körper) einem Absoluten gegenüber, in dessen Gegenwart er schlagartig die Fehler seines Lebens erkennt. Er befindet sich in einem neuen Wertsystem, das außerhalb unseres gewohnten Polaritätsprinzips ein »Wirklichkeitsmuster« darstellt, von dem er jede Abweichung sofort deutlich erkennt. Man könnte diesen Vorgang mit einer Schablone vergleichen, die man auf das Leben auflegt, um mit einem Blick alle richtigen und falschen Antworten zu erkennen.

Verwenden wir allerdings Begriffe wie »richtig« und »falsch«, »gut« und »böse« als Werturteile bezogen auf ein menschliches Leben, so taucht die Frage nach dem Bezugssystem auf. Wir Menschen arbeiten fast immer mit wertenden Begriffen, die ihren Bezug in irgendeinem Moralsystem haben. Die Natur kennt eine Wertung in diesem Sinne nicht. Es gibt kein »gut« oder »böse«, denn gut und böse, um diese Begriffe als Beispiel zu nehmen, sind lediglich die polaren Aspekte ein und derselben Wirklichkeit. Fragen wir also nach dem Bezugssystem, aufgrund dessen der Mensch nach seinem Tode die Fehler seines Lebens erkennt, so könnte man diese Polarität am besten mit »gesetzmäßig« und »nichtgesetzmäßig« umschreiben. Wenn in einem Computer ein Transistor schadhaft ist, wechseln wir ihn ja nicht deshalb aus, weil er böse ist und um ihn zu bestrafen, sondern weil er den gesetzmäßigen Ablauf des Ganzen stört. Ähnlich arbeitet die Natur. Sie wertet nicht, sie belohnt nicht und verteilt auch keine Strafen. Sie sorgt jedoch dafür, daß die Entwicklung störungsfrei stattfinden kann.

Es ist naheliegend, daß die Folgen des Verhaltens eines Menschen unterschiedlich sind, je nachdem ob er in Übereinstimmung mit der Gesetzmäßigkeit lebt oder dagegen. Diese unterschiedlichen Folgen empfindet er als Belohnung oder Strafe, doch diese Empfindung ist ein rein subjektiver Vorgang im Menschen selbst.

Richtig leben heißt gesetzmäßig leben. Es geht hier also nicht darum, eine Theorie zu entwerfen, um irgendeine Religion oder Philosophie zu unterstützen. Vielmehr schildere ich hier das Ergebnis einer Anzahl von Experimenten, in denen alle Versuchspersonen die gleichen Eindrücke und Zusammenhänge schilderten, obwohl sie recht unterschiedliche Weltanschauungen vertraten und von den Aussagen anderer Versuchspersonen nichts wußten. Es ist auffallend, daß sehr viele Aussagen, die während der Sitzungen, speziell über die Nachtoderfahrungen, gemacht wurden, eine starke religiöse Thematik haben, bzw. an die Gebote der Religion erinnern. Dies ist um so eigenartiger, da dies bei ausgesprochenen Atheisten genauso der Fall ist wie bei religiös orientierten Personen. Die Schilderungen der Versuchspersonen in Hypnose haben eine große Ähnlichkeit untereinander, obwohl die Population der Versuchspersonen hinsichtlich Bildung, Weltanschauung und Alter sehr stark gemischt ist. Daraus kann man schließen, daß die verschiedenen Religionen versucht haben, jeweils in ihrer Terminologie dieses Grundmuster der Wirklichkeit dem Menschen in Form von Geboten als Hilfestellung anzubieten.

Mag der einzelne Mensch während seines Erdenlebens noch zwischen Glauben und Unglauben an diese Gebote hin und her gerissen werden, spätestens nach seinem Tode steht er der Wirklichkeit Angesicht in Angesicht gegenüber und weiß, was er hätte machen oder nicht machen sollen, um dem Gesetz der Welt gerecht zu werden. In diesem Stadium gibt es weder Glauben noch Zweifeln, sondern nur noch ein selbstverständliches Anerkennen der Wirklichkeit. In diesem Nachtodzustand gibt es keine emotionalen Wertungen. Der einzelne hat seinen Abstand zum Erdgeschehen gefunden.

Dieser Abstand macht es jetzt möglich, die irdischen Dinge als Ganzheit zu betrachten, ohne sich an einem Pol zu fixieren. Doch solange wir werten, sind wir immer fixiert und können das Ganze nicht sehen. Durch die Loslösung vom Körper löst sich der Mensch gleichzeitig von der Gebundenheit der Zeit und überschaut sein Leben. Und mit dem Erkennen seiner Unzulänglichkeiten erkennt er gleichzeitig die Notwendigkeit, weiterzulernen. Dies kann er jedoch nur wieder in einem irdischen Leben mit einem Körper tun. Er begreift, daß er wieder auf die Erde, in eine körperliche Existenz muß.

Es wird tatsächlich als ein »Müssen« empfunden und keinesfalls, wie wir vielleicht glauben, als eine Gnade. Es mag überraschend klingen, daß alle Versuchspersonen, ohne Ausnahme, im Nachtodzustand so glücklich und zufrieden waren, daß keiner den Wunsch hatte, wieder in eine körperliche Existenz einzutreten, sondern nur widerstrebend zugaben, »leider« noch einmal ein Leben führen zu müssen, um sich weiterzuentwickeln. Es klingt wie Ironie, daß die meisten Menschen auf Erden mit aller Gewalt an ihrer Existenz festhalten wollen, und alle diejenigen, die auf der anderen Seite des Lebens stehen, mit genauso viel Angst ihrer neuen körperlichen Existenz entgegensehen.

Den lebenden Menschen interessiert nun brennend, wie wohl dieses »Drüben«, das »Reich« der »Toten« oder das »Jenseits« aussehen mag. Das Jenseits ist der Gegenpol zum Diesseits, es ist das Andere, das Gegensätzliche, das das Diesseits ergänzt. Beide zusammen bilden eine Einheit. Das eine wäre ohne das andere nicht existent. Diesseits und Jenseits sind die zwei Aspekte ein und derselben Wirklichkeit. Da sie letztlich eine Einheit sind, unterscheiden sie sich nicht auf einer Wertskala, noch sind sie unterschiedliche Orte in einer Hierarchie. Wer im Jenseits ist, ist weder höher noch niederer als einer hier auf Erden. Zu sterben ist genauso wenig ein Fortschritt als ein Rückschritt. Sterben ist nur das Hinüberwechseln in die andere Polarität.

Der Volksmund nennt den Schlaf den kleinen Bruder des Todes. Dieser Vergleich trifft den Zusammenhang sehr genau. Wachen und Schlafen ist der gleiche, lediglich kleinere Rhythmus wie Leben und Totsein (eigentlich müßte es heißen: mit und ohne Körper leben). Wir wissen, daß der Schlaf zusammen mit der Traumfunktion ein lebenswichtiger Vorgang ist. Man kann eine Zeitlang wachen, muß dann jedoch in den Gegenpol des Schlafens überwechseln. Entzieht man einem Menschen diesen rhythmischen Wechsel, tritt der physische Tod ein. Denn der Schlaf und der Traum haben wichtige Ausgleichsfunktionen zum Tageserleben zu erfüllen.

Den gleichen Vorgang finden wir im rhythmischen Wechsel von Leben und Tod. Der Nachtodzustand ist ähnlich dem Traum, eine Verarbeitungsphase des Lebens. Erst durch dieses Überschauen eines Lebens und durch die Konfrontation mit dem Wirklichkeitsraster wird die weitere Entwicklung des Menschen ermöglicht und ein hoffnungsloses Verrennen in einen Irrtum verhindert. Gerade an diesen parallelen Vorgängen wie Wachen und Schlafen, Leben und Tod zeigt sich überdeutlich, wie sinnvoll und logisch der Reinkarnationsgedanke ist, auch dann, wenn man von dem experimentellen Beweis absieht.

Es ist ein bedenkliches Zeichen, wenn eine Kultur den Blick für gesetzmäßige Zusammenhänge und synonyme Vorgänge so weit verloren hat, daß man für die einfachsten und natürlichsten Zusammenhänge den funktionalen »Beweis« fordert. Wir finden in der Welt überall die gleichen Gesetze vor – unterschiedlich nur in der Größendimension. Dieses Erkennen eines Prinzips auf verschiedenen Ebenen ist die Stärke der hermetischen Philosophie: »Das, was unten ist, ist auch das, was oben ist«, oder, in der Sicht des Paracelsus: Der Makrokosmos entspricht dem Mikrokosmos.

Dieser Blick fürs Ganze ist durch die wissenschaftliche Spezialisierung leider immer mehr verlorengegangen. Viele glauben lieber einer Statistik, bevor sie es wagen, die Augen aufzumachen, um zu sehen und zu verstehen. Wir kennen aus der Mathematik und der Technik die sogenannte Sinuskurve. Sie ist das graphische Modell aller in der Wirklichkeit zyklisch ablaufenden Erscheinungen. Sie spiegelt ein Naturgesetz. Diese Sinuskurve ist auch das Modell der Reinkarnation. Jeder Schnittpunkt zwischen Kurve und Nullinie ist ein Wendepunkt in eine Gegenpolarität. In unserem Falle entsprechen also die Schnittpunkte Empfängnis und Tod, Eintritt in die Materie und Austritt aus dem Korporalen.

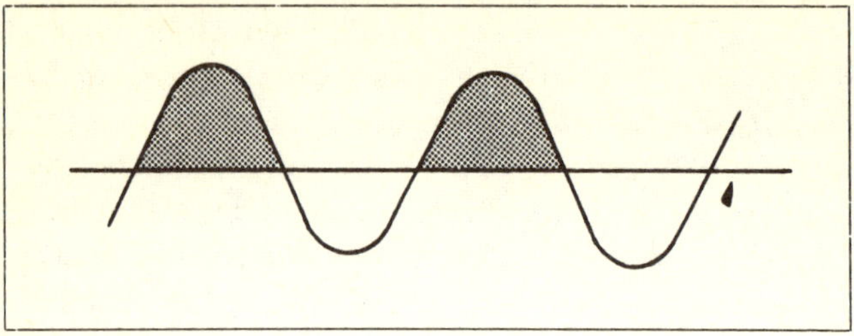

An dieser Stelle taucht die Frage nach dem Zeitpunkt dieser Schnittpunkte auf. Wir sprachen bereits über die Relativität und Subjektivität der Zeit. Jedes System im Universum hat seine Zeit. So lebt bereits das Tier in einem anderen Zeitgeschehen als der Mensch. Selbst im Leben des Menschen verändert sich mit dem Älterwerden die Zeitempfindung. Ist für ein kleines Kind ein Jahr noch ein unendlich langer Zeitraum, so schrumpft dieses Jahr im Erleben des Erwachsenen immer mehr, je älter er wird. (Erst im hohen Alter polt sich dieses Empfinden wieder um.)

Im Verhältnis zu anderen Lebewesen wird dieser Unterschied im Zeiterleben noch deutlicher. Eine Eintagsfliege lebt, wie schon gesagt, genauso lang, wie ein achtzigjähriger Mensch, denn die Fliege lebt nicht in unserer Zeit, sondern in ihrem Zeitsystem. Dieser Subjektivität unseres Zeitbegriffes müssen wir uns bewußt sein, wenn wir die Frage nach den Zeiträumen des Reinkarnationsgeschehens stellen. Wir können die einzelnen Abschnitte nur mit unserem Zeitmaßstab rechnen, obwohl er für den nichtkörperlichen Lebensabschnitt nicht mehr gilt. Nach dem Tod gibt es kein Zeitempfinden in unserem Sinne. Es ist am ehesten ein Vergleich mit dem Zeitgefühl während des Schlafens angebracht. Ohne äußere Orientierung können wir beim Erwachen nicht feststellen, wie lange wir geschlafen haben. Dieses Phänomen tritt auch bei der Hypnose auf.

Sprechen wir von Zeit, so meinen wir gewöhnlich damit »Dauer«. Viel zu wenig beachten wir einen anderen Aspekt der Zeit, nämlich ihre inhaltliche Qualität. Die Zeitqualität ist allein deshalb besonders interessant, da sie die verschiedenen Zeitsysteme untereinander zu verbinden scheint. Jeder Zeitpunkt besitzt eine bestimmte Qualität, zu einem bestimmten Zeitpunkt können nur solche Ereignisse stattfinden, die inhaltlich dieser Qualität entsprechen und ihr adäquat sind. Um diese Zeitqualität wissen alle alten mantischen Systeme wie Astrologie, I-Ging u. ä. So bildet ein Horoskop letztlich nichts anderes als die Zeitqualität eines bestimmten Zeitpunktes ab. (Näheres über die Astrologie und das Horoskop als Raumzeitgleichung in meinem Buch »Das Leben nach dem Leben« im C. Bertelsmann Verlag, München).

Diese Zeitqualität ist es, die für die Zeitpunkte: Empfängnis, Geburt und Tod bestimmend ist. Zum besseren Verständnis ein paar Worte über das Gesetz von Inhalt und Form. Jeder Mensch setzt durch seine Gedanken und Taten Inhalte in die Welt, die er formal durch Erleben einlösen muß. Dies ist eine andere Formulierung für das, was wir vorhin Verantwortlichkeit nannten. Inhalt und Form bilden zusammen einen abgeschlossenen Lernzyklus. Schicksal ist das formale Geschehen als Ausdruck der gesetzten Inhalte. So löst der Mensch während seines Lebens ständig seine eigenen Inhalte ein. Tritt der Tod ein, so bleiben eine Menge von Inhalten dennoch ungelöst, es ergibt sich eine Summe von Restposten: die noch nicht abgeschlossenen Lernzyklen, die noch nicht verstandenen Wirklichkeiten.

Dieses Lerndefizit, das der Mensch mit in den Nachtodzustand mit hinübernimmt ist es, das den Schicksalsablauf des nächsten Lebens bestimmt. Man stelle sich vor, daß bei Abschluß eines irdischen Lebens eine ähnliche Bilanz entsteht wie in einer Firma am Ende des Jahres. Denkt man sich das Endergebnis dieser Bilanz als eine Art Code-Nummer, so wird die Seele so lange im Nachtodzustand verweilen, bis ein Zeitpunkt kommt, der eine Qualität besitzt, die der Qualität dieser Code-Nummer entspricht. Passen Zeitqualität und Seeleninhalt zusammen, so bewirkt diese Affinität eine neue Verbindung mit Materie, und es geschieht das, was wir Empfängnis nennen.

Diese Zwischenräume zwischen den einzelnen Inkarnationen können, gemessen an unserem Zeitsystem, sehr unterschiedlich lang sein. Sie schwanken nach meiner experimentellen Erfahrung zwischen ein paar hundert Jahren bis zu einigen Jahrzehnten. Eine alte esoterische Behauptung besagt, daß die Reife einer Seele mit der Dauer des Zwischenstadiums korreliert. Je unreifer eine Seele ist, desto schneller findet die nächste Inkarnation statt. Ob diese Regel gilt, konnte ich experimentell noch nicht nachprüfen, sie wäre jedoch einleuchtend. Es ist durchaus vorstellbar, daß eine große Diskrepanz zwischen dem gelebten Leben und dem Wirklichkeitsmuster eine besonders starke Notwendigkeit zur neuen Verkörperung bewirkt.

Bestätigen kann ich allerdings eine andere Behauptung, die besagt, daß heute die Zwischenräume besonders kurz seien. Tatsächlich zeigt sich, daß die Zwischenräume meistens immer größer werden, je weiter ich mit den Versuchspersonen zurückgehe. Dies ist in Verbindung mit der ersten Hypothese unlogisch, da man mit der Zeit aufgrund der fortschreitenden Reife immer länger werdende Zwischenräume erwarten muß. Diese Frage muß vorerst noch offenbleiben.

Doch führt uns dieses Thema zu einem Argument, das am häufigsten gegen die Reinkarnation vorgebracht wird:
 Wiedergeburt sei angesichts der Bevölkerungsvermeh-

rung sinnlos. Nun scheint mir die Bevölkerungsexplosion keineswegs dafür ein stichhaltiges Gegenargument zu sein. Denn durch die Verkürzung oder Verlängerung der Zeitspanne zwischen den Verkörperungen läßt sich die jeweilige Bevölkerungszahl beliebig steuern. Dafür spricht auch die erwähnte Erfahrung, daß zur Zeit die Zwischenräume extrem klein sind. Offensichtlich überlagern sich hier zwei Gesetzmäßigkeiten, eine individuelle und eine unpersönliche. Meine Mitarbeiter überprüfen zur Zeit die Abfolge von Inkarnationsdaten nach astrologischen Gesichtspunkten; sie hoffen, dadurch diesen Gesetzen etwas näherzukommen.

Die Frage nach der zahlenmäßigen Veränderung der Menschen führt uns zu einem weiteren Problem: Wo kommen die Seelen her und wohin gehen sie? Hier müssen wir zuerst mit einem alten und tiefverwurzelten Vorurteil aufräumen, das stillschweigend davon ausgeht, es gebe außer den Menschen und vielleicht noch den Tieren keine beseelten lebendigen Wesen. Diese Annahme erscheint dem Menschen auch deshalb so leicht verifizierbar, weil er davon ausgeht, daß ein anderes Lebewesen zwangsläufig in etwa genauso aussehen müsse, wie der Mensch. Doch gerade hier liegt der Trugschluß. Würde eine Bakterie davon ausgehen, daß alles, was lebendig ist, so wie sie aussehen und beschaffen sein müßte, so würde sie niemals den Menschen als existent erkennen können.

Dieses gedankliche Fehlverhalten des Menschen wurde von Egon Friedell in seiner Kurzgeschichte »Ist die Erde bewohnt?« herrlich treffend karikiert. Friedell schildert, wie die Gelehrten des innersten Planeten des Sternenpaares Cygni die Frage untersuchen, ob die Trabanten des Fixsterns Sonne bewohnt oder wenigstens bewohnbar sind. Diese Frage wird eindeutig verneint, denn ihre wissenschaftlichen Kenntnisse des Trabanten Erde beweisen, daß dort Leben völlig unmöglich sei. Bei dieser Überlegung gehen die cygnotischen Wissenschaftler natürlich von sich aus. Sie sind jedoch schwebende Luftwesen, die sich von Licht ernähren und eine Mindesttemperatur von weit über 500°C benötigen. Nur ein Privatdozent der Philosophie widerspricht ihnen und erklärt: »Selbstverständlich sind alle Solplaneten bewohnt, wie überhaupt alle Weltkörper. Ein toter Stern, das wäre ein Widerspruch in sich selbst. Jeder Weltkörper stellt eine Stufe der Vollkommenheit dar, eine der möglichen Grade der Vergeistigung. Jeder ist ein Gedanke Gottes: also lebt er und ist belebt, wenn auch seine Bewohner nicht immer so aussehen wie ein Professor der cygnotischen Astronomie.« Worauf ihm wegen Verhöhnung der Fakultät die Befugnis zur öffentlichen Gedankenübertratung entzogen wurde.

Dieses gedankliche Umpolen der gewohnten Denkprogramme fällt leider nicht nur den Cygnoten in Friedells Geschichte schwer, sondern auch vielen Menschen auf unserem Trabanten. Dennoch sollten wir uns von dem Gedanken lösen, wir Menschen wären der Mittelpunkt des Universums. Wir Menschen gehören einem ganz bestimmten Naturreich an, eben dem Menschenreich. Dieses Menschenreich ist eine kleine Schicht innerhalb einer riesigen Hierarchie des Lebendigen. Über und unter uns Menschen gibt es noch eine große Anzahl solcher »Reiche«, die in ihrer Daseinsform ganz und gar anders sind als wir Menschen, aber dennoch existent, lebendig und beseelt. Auch sie sind eingegliedert in die Evolution des Universums, auch sie lernen, um sich höher zu entwikkeln.

Als ich eingangs von Vollkommenheit sprach, betonte ich: »bezogen auf den Menschen«. Denn jedes Lebewesen entwickelt sich auf »seine« Vollkommenheit hin, auf die Vollkommenheit innerhalb seines Reiches. Das gilt für die Pflanze genauso wie für das Tier und alle anderen Lebewesen, die nicht so gut bekannt sind. Hat ein Individuum innerhalb seines Reiches die Vollkommenheit erreicht, ist es fähig, in das nächsthöhere Reich in der Hierarchie überzuwechseln, um dort seine Entwicklung fortzusetzen. So ist eine jede Schicht ein Durchgangsreich, mit »Zufluß« und »Abfluß«. Auf der einen Seite kommt ein Zustrom aus einer tieferliegenden Stufe, und auf der anderen Seite wechseln die »Vollkommenen« in die nächste Stufe der Hierarchie. Da auch das »Menschenreich« ein solches Durchgangsreich ist, erübrigen sich Zahlenspielereien, mit wieviel Seelen man wohl begonnen habe und wie sie sich vermehren.

Gleichzeitig zeigt dieses Modell noch einen anderen interessanten Aspekt. Wäre das Menschenreich ein geschlossenes Ganzes, so müßte, falls wir die Höherentwicklung anerkennen, die »Welt« immer besser werden, bis sie schließlich aus lauter vollkommenen Menschen besteht. Doch an der Welt wird sich so schnell nichts wesentlich ändern, was die Verteilung von Erkenntnis betrifft, denn sie stellt nur einen Ausschnitt in der Entwicklung dar. Es ist ähnlich wie in der Schulklasse: Die dritte Volksschulklasse wird mit den Jahren nie gescheiter, denn die, die gelernt haben, verlassen sie, andere kommen nach.

Ich weiß, daß auch dieses Modell der Hierarchie von Lebewesen vielen ungewohnt erscheint, doch bevor man es lächelnd zur Seite schiebt, sollte man sich einmal überlegen, mit welcher Selbstverständlichkeit wir dieses Hierarchiemodell in anderen Bereichen verwenden, wie z. B. im periodischen System der Elemente. Im übrigen ist dieses Modell keine Spekulation, sondern für den Menschen erfahrbar – doch dazu muß er für diese Erfahrung bereit sein. So vermittelt beispielsweise die Magie Mittel und Wege, Wesen anderer Daseinsebenen wahrzunehmen. Doch wer sich selbst nicht die Mühe macht hinzusehen, wird auch nichts sehen können.

Im Zusammenhang mit dem Thema der Unsterblichkeit und Wiedergeburt hört man oft die Frage: Sehen wir unsere Toten wieder? Kann ich mit ihnen Kontakt aufnehmen? Treffe ich sie im Jenseits? u. ä. All diesen Fragen haftet eine hohe Sentimentalität an und wird allein aus der Sicht des Lebenden formuliert. Der sogenannte Tote teilt die Sentimentalität und Trauer der Hinterbliebenen keineswegs. Der Tod schafft fast blitzartig einen Abstand zu den irdischen Vorgängen und schließt dadurch jegliche Art von Emotionen aus. Gerade in dieser anderen Daseinsform lernt der Mensch, die ganze Wirklichkeit anzuschauen, ohne sich an einem Pol zu fixieren. Emotion entsteht jedoch nur durch Fixierung. Der Tote trauert nicht um seine Zurückgebliebenen, er befindet sich in einer anderen Phase mit anderen Aufgaben, außerhalb der Spannungen zwischen Liebe und Haß. Auch hier zeigt sich die Ähnlichkeit zum Schlaf, der ja auch manche Emotion des Tages verwischt und auflöst.

Die Frage des Wiedersehens im Jenseits entspringt der üblichen Projektion des Diesseits auf das Jenseits. Für viele ist eben dieses Jenseits eine bessere Ausführung des Diesseits. Dabei übersieht man, daß es sich um einen Gegenpol handelt, der zwangsläufig ganz anders ist und nicht eine etwas veredelte Ausführung des Bekannten. Es gibt im Jenseits kein Wiedersehen und keine Kontakte der Vestorbenen miteinander.

Die Spiritisten sind anderer Meinung, doch handelt es sich vielleicht nur um ein Mißverständnis. Die Spiritisten haben Kontakt mit irgendwelchen Geistwesen, von denen nicht feststeht, ob es sich um Menschen handelt, die sich noch im Wechsel der Wiederverkörperung befinden. Es könnte sich hierbei genauso gut bereits um andere Hierarchien handeln. Mir ist jedenfalls noch niemals von irgendeinem Kontakt mit anderen Wesen berichtet worden, entsprechende Fragen wurden verneint.

Dies bezieht sich auf den Kontakt mit Wesen derselben Daseinsform. Dagegen wird die Möglichkeit, mit den Lebenden in Kontakt zu kommen, bejaht. Doch dieser Kontakt muß von Lebenden herbeigeführt werden, da dem »Toten« die adäquaten Mittel fehlen, sich einem Menschen bemerkbar zu machen, der meistens zu wenig Sensitivität besitzt.

Ob ein solcher Kontakt zwischen Lebenden und Verstorbenen jedoch sinnvoll ist, möchte ich in Frage stellen. Wenn jemand ein vernünftiges Verhältnis zum Tod hat, wird er auch den noch so geliebten Angehörigen in seine neue Sphäre eingehen lassen, ohne irgendwelche Kontaktversuche zu unternehmen. Dies gilt besonders für den Sterbevorgang selbst. Man mache nicht den Fehler, einen Sterbenden zurückzurufen, da man hierdurch das Überwechseln erschweren könnte.

Aus dieser Bemerkung ergibt sich automatisch meine Einstellung zu den Methoden der modernen Medizin, die gewaltsam Tote wieder lebendig machen will und leider auch macht. Die Ebenen des Diesseits und Jenseits sind so verschiedenartig, daß eine Kommunikation eigentlich nichts bringen kann. Wer glaubt, einem Toten noch unbedingt etwas sagen zu müssen, sollte dies in den ersten Tagen nach dem Tod tun. In der ersten Zeit hält sich der Tote noch in der Nähe des Körpers auf und besitzt alle Sinneswahrnehmungen. Daraus sollte jedoch nicht der Versuch entwickelt werden, den Toten zu binden. Man läßt auch einen Schlafenden schlafen und stört ihn nicht in seinen Träumen.

Auf jeden Fall sollten Hinterbliebene jeden Hokuspokus unterlassen, solange sie sich nicht wirklich in der Gesetzmäßigkeit der Wirklichkeit gut auskennen. Tun sie dies aber, wird für sie der Tod eine Selbstverständlichkeit und die gleiche Bedeutung haben wie jeder andere Phasenwechsel.

Was ein Wiedersehen im Jenseits betrifft, so findet es nicht statt. Das Jenseits ist kein Ort, an dem die Seelen herumlaufen und sich zur Begrüßung erfreut gegenseitig die Hand schütteln. Die Zustandsform nach dem Tod besitzt reine Bewußtseinsqualität und ist für einen Menschen so gut wie unvorstellbar. Wer versucht, sich einmal vorzustellen, wie es ist, wenn er eine bestimmte Welle des Fernsehprogrammes wäre, kommt der Realität vielleicht noch am nächsten. Auch derjenige, der in Meditationen gut geübt ist, kann sich eventuell ein Bild davon machen, was es bedeutet, nur noch Bewußtsein ohne Körper zu sein. In diesem Zustand kann man zwar noch die Vorgänge auf Erden wahrnehmen, doch löst sich der Tote meist schon nach wenigen Tagen von diesen Eindrücken und interessiert sich bald nicht mehr dafür.

Dennoch kann es Wiedersehen mit verstorbenen Menschen geben, jedoch nicht im Jenseits, sondern irgendwann einmal wieder auf Erden. Denn der Mensch trifft so lange mit den gleichen Kontaktpersonen zusammen, wie noch gemeinsame Probleme zu lösen sind. Seitdem ich durch Zufall auf diese Gesetzmäßigkeit gestoßen bin, achte ich bei jeder Sitzung darauf, welche Personen sich durch die verschiedenen Leben hindurchziehen. Man erlebt hier die originellsten Überraschungen.

Diese Zusammenhänge werfen auch ein neues Licht auf den Ödipus- bzw. auf den Elektra-Komplex, denn ich habe in mehreren Fällen feststellen können, daß Ehe- und Liebespartner aus früheren Leben jetzt im Vater-Tochter- oder Mutter-Sohn-Verhältnis wieder zusammentreffen. Auch hierbei werden viele umgekehrt argumentieren wollen und das Vorleben als Projektion des Ödipuskomplexes interpretieren. Wie eingangs bereits ausgeführt, glaube ich, Projektion und Wiedererinnern der Vorleben recht gut unterscheiden zu können. Das gemeinsame Durchleben von verschiedenen Inkarnationen halte ich daher für genauso gut begründet und abgesichert wie andere Aussagen. Beachtlich ist in diesem Zusammenhang auch die Tatsache, daß das Geschlecht über sehr viele Inkarnationen das gleiche bleibt und ein Wechsel
 von männlich zu weiblich in sehr große Rhythmen statt-

findet. Dies ist ein reiner Erfahrungswert meiner Experimente, ich kenne dafür keine Begründung.

Bleibt zum Schluß noch die Frage offen, welche Bedeutung diesen Reinkarnationsexperimenten aus esoterischer Sicht zukommt. Hier ergeben sich zwei Gesichtspunkte. Erstens liefern diese Experimente dem Experimentator unglaubliche Einblicke und Informationen in Vorgänge, die bisher jeglichem experimentellem Zugriff so gut wie verschlossen waren. Man lernt Gesetzmäßigkeiten und Zusammenhänge kennen, die bisher entweder unbekannt oder bestenfalls bestimmten Medien oder Eingeweihten bekannt waren. Dies waren ursprünglich ja auch die Beweggründe, als ich mit diesen Experimenten vor etwa zehn Jahren begann.

In der Zwischenzeit hat sich jedoch eine ganz neue Auswirkung ergeben, die viel mehr die Versuchsperson betrifft als den Experimentator. Seitdem wir alle Sitzungen voll bewußtmachen, wirken sich die Erlebnisvorgänge auf die Versuchsperson selbst aus. Hatte ich anfänglich vor einer solchen Wirkung eher etwas Angst, so hat die Erfahrung mich inzwischen das Gegenteil gelehrt. Das Bewußtsein von früheren Inkarnationen bewirkt eine ungeheure Bewußtseinserweiterung. Der Mensch lernt auf einmal die Einzelheiten seines jetzigen Lebens neu zu begreifen und inhaltlich zu verstehen, er erkennt Zusammenhänge und erhält Einsichten, die seinen Lernprozeß ungewöhnlich beschleunigen. Wir haben bei unseren Versuchspersonen, mit denen wir teilweise etwa ein Jahr lang gearbeitet haben, ganz enorme Persönlichkeitsentwicklungen verfolgen können, die uns nicht nur von den Betreffenden selbst, sondern auch von deren Angehörigen ausnahmslos bestätigt wurden.

Diese Effekte lassen sich folgendermaßen erklären: Der Mensch kann keine Wirklichkeit erkennen, da er alles durch den »Linsensatz« seiner bisherigen Lerngeschichte ansieht. Alles, was er wahrnimmt, ist deshalb in irgendeiner Weise emotional geladen. Um es an einem Beispiel zu verdeutlichen: Wenn jemand 1493 in einem Haus verbrannt ist, so ist es ihm auch jetzt noch unmöglich, Feuer emotionslos und vorurteilsfrei zu betrachten. Denn jedes Feuer, jedes brennende Haus restimuliert in seinem Unbewußten seine fünfhundert Jahre alten Ängste. Das Ereignis selbst ist zwar verdrängt, aber er projiziert seine Gefühle auf die momentane Wahrnehmung. Der Mensch lebt deshalb eigentlich nie ganz im Jetzt, sondern immer auch ein Stück in der Vergangenheit.

Werden ihm diese früheren Erlebnisse bewußtgemacht, so löst sich schlagartig dieser Filter auf, und er wird fähig, die Wirklichkeit so zu betrachten, wie sie jetzt ist, ohne sie mit längst vergangenen Gefühlsinhalten zu vermengen. So ist das Kennenlernen der Vorleben keineswegs eine Flucht in die Vergangenheit, sondern vielmehr die Voraussetzung, um die Gegenwart von der Vergangenheit loslösen zu können. Dieser Prozeß ermöglicht, was von den Weisen immer gefordert wird, aber so schwer in der Verwirklichung ist: immer und überall voll bewußt in der Gegenwart zu leben. Das Bewußtmachen der Inkarnation führt letztlich zu diesem Ziel. Deshalb wurden unsere Reinkarnationsexperimente in der Zwischenzeit neben der therapeutischen Anwendung bereits zu einer Methode der esoterischen Schulung, zu einem Weg der Selbstverwirklichung.

Der Fall Natascha

1. Sitzung

VP: Mich friert!
H: Warum friert Sie?
VP: Ich weiß nicht, ich hätt nicht rausgehen dürfen.
H: Wo raus?
VP: Aus dem Palast und . . .
H: Warum denn nicht?
VP: Weil mein Vater mich jetzt schimpft und weil alle, die mich gesehen haben, geschlagen werden.
H: Was sagt er denn?
VP: Ich hätt mich nicht – oh, mich friert so.
H: Was sagt er denn?
VP: Ich hätt mich nicht entfernen dürfen.
H: Von wo?
VP: Aus meinem Zimmer.
H: Warum denn nicht?
VP: Weil er Angst hat, daß mir was geschieht.
H: Ist es so schlimm?
VP: Ja.
H: Können Sie mir das genauer erklären?
VP: Er hat gesagt, es seien Unruhen, deswegen (stöhnt).
H: Deswegen?
VP: Er hat Angst um uns.

H: Wie alt sind Sie denn etwa?
VP: Ich bin zwölf.
H: Haben Sie Geschwister?
VP: Ja.
H: Wieviele?
VP: Eine ist krank.
H: Schwester?
VP: Jetzt nimmt er mich an die Hand, und er droht mir.
H: Ja, womit?
VP: Daß alle wegen dem bestraft werden, weil ich draußen war.
H: Und Du hast Angst?
VP: Ja, o Gott, was ist?
H: Wie geht es weiter? Was geschieht?
VP: Wir gehen in einen ganz großen Saal.
H: Und was ist da? Was ist in dem Saal?
VP: Da sitzt eine wunderschöne Frau an einem ganz langen Tisch.
H: Wer ist diese Frau?
VP: Das muß meine Mutter sein.
H: Was ist denn da so schlimm dran?
VP: Weil ich die Kälte spüre.
H: Welche Kälte?
VP: Ich spür alles kalt.
H: Woher kommt diese Kälte?
VP: Meine Mutter ist nicht lieb zu mir, sie ist nicht warm, sie ist nur schön. Sie hat dunkles Haar, hat es aus dem Gesicht gekämmt, hat ein Spitzentuch über ihrem Kopf, und sie ist ganz bleich. Wieso bin ich da?
H: Warum überrascht Dich das?
VP: Sie ist unendlich schön, ich weiß, sie hat so – sie zieht mein Kleid zurecht, ich hab so ein knöchellanges Kleid an und mit soviel Brokat, und die Spitzchen an den Puffärmeln, die zieht sie immer zurecht. Ich mag ihre Berührung nicht.
 H: Was ist denn?

VP: (stöhnt leise).
H: Ist die Berührung so unangenehm?
VP: Ja.
H: Ist sonst noch etwas unangenehm?
VP: Die Unendlichkeit, da die ... diese Hallen, da bekomm ich Angst, immer wieder ...
H: Du fühlst Dich nicht wohl hier?
VP: Nein, nein!
H: Wie heißt Du denn?
VP: Natascha.
H: Wie?
VP: Natascha, nein, die rufen mich Natascha, ich heiß aber nicht so. Ich heiß anders, ich will nicht meinen Namen. Die, die mit mir immer zusammen ist, sagt immer Natascha.
H: Wie heißt Du?
VP: Und dann wird sie geschimpft von meiner Mutter.
H: Und wie sagt Deine Mutter zu Dir?
VP: »Kind« nur. Sie sagt nur »Kind«, weil sie weiß, daß ...
H: Was ist das für ein Name, den Du nicht magst?
VP: Sie sagt nur »Kind«.
H: Du magst Deinen Namen nicht?
VP: Nein.
H: Wie heißt denn der?
VP: Nein.
H: Was nein?
VP: Ich mag den nicht.
H: Wie heißt der denn, den Du nicht magst?
VP: Ah nein.
H: Ist es denn so schlimm?
VP: Ja.
H: Sag ihn mir trotzdem.
VP: (seufzt.)
H: Einmal kann man ihn doch sagen.
VP: Nein, nein, ich will nicht!

H: Sag ihn, ganz schnell, sag ihn mir!
VP: (weint.)
H: Magst Du ihn nicht sagen?
VP: Nein.
H: Warum ist er Dir so unangenehm? Gefällt er Dir nicht? Oder verbindest Du damit eine Erinnerung? Oder was ist der Grund, daß Du nicht willst?
VP: Ich bin böse.
H: Bitte.
VP: Nein.
H: Warum bist Du böse?
VP: Ich will nicht, daß jemand meinen Namen erfährt.
H: Warum nicht?
VP: Weil ich böse bin.
H: Warum bist Du böse?
VP: Ich bin grausam und . . .
H: Was ist denn? Was ist denn mit der Grausamkeit? Was machst Du denn so Grausames?
VP: Hm.
H: Was machst Du denn so Grausames? Du kannst es mir schon sagen!
VP: Meine Mutter geht mit mir ans Fenster, es sind ganz große, hohe, schmale Fenster, mit Rundbogen, oben sind Rundbogen.
H: Was ist denn?
VP: Der Zar, was ist mit dem Zar?
H: Bitte?
VP: Hier spricht die ganze Zeit wer von dem Zaren!
H: Kennst Du den Zaren?
VP: Ja, ja, ich weiß wie er aussieht, er ähnelt meinem Vater.
H: Bitte?
VP: Er ähnelt meinem Vater, aber er ist nicht mein Vater!
H: Wer ist Dein Vater?
VP: Er ist Großfürst.

H: Großfürst, ja?
VP: Ja.
H: Und was ist mit dem Zaren?
VP: Er will den Großfürst verjagen, aber deswegen darf der Vater nicht, nein . . .
H: Was darf er nicht?
VP: Ich muß still sein.
H: Du darfst nicht darüber reden?
VP: Nein.
H: Aber Du weißt es?
VP: Hm.
H: Kannst Du mir noch mal sagen, warum Du glaubst, böse oder grausam zu sein? Was machst Du da?
VP: Ich räche meinen Vater.
H: Bitte?
VP: Ja, ich räche meinen Vater, danach – ja, als er tot ist.
H: Durch was stirbt er denn? Wie alt bist Du denn, als er stirbt?
VP: Neunzehn.
H: Und wodurch stirbt Dein Vater?
VP: Durch Gift. Ich weiß noch genau, wie er getrunken hat.
H: Weißt Du auch, von wem das Gift war?
VP: Ein Marschall, ein ganz Vertrauter, und ich konnte ihn nie leiden, und er war im Komplott.
H: Und?
VP: Der Kelch – er hat aus dem nur am Abend getrunken, und der war, der hatte Rosetten. Der Kelch war glatt, es war der glatte, und am Fuß waren Rosetten droben, und da hab ich immer meinen Finger reingesteckt, in die Rosetten und . . . nein, das ist nicht wahr, ich kann das nicht sagen . . .
H: Was ist nicht wahr?
VP: Das darf ich nicht alles sagen!
H: Warum nicht? Sag es ruhig, es macht nichts. Sag es

ruhig, was war da mit dem Kelch?

VP: Ich hatte gesehen, wie der da den Kelch befingert hat, und ich dachte, er schaut nach, ob er sauber war. Und da muß er das Gift hineingetan haben, oder er hat ihn . . . den Rand, den Rand des Kelches, den hat er abgefahren mit dem Finger, abgefahren, und da war das Gift dran. Den Rand des Kelches, und ich hatte das Gefühl . . . und dachte er macht Musik. Wir haben das oft gemacht, mit den Fingern an den Gläsern, und dann gab es Musik, und dann hab ich mich gewundert, weil es doch der goldene war, der konnte doch gar nicht Musik machen, und da ist er entlanggefahren. Und ich hätt nicht da reinkommen dürfen, und deswegen hab ich das niemand gesagt, weil ich immer weggehe. Ich bin immer da, wo ich nicht sein darf.

H: Warum hättest Du da nicht reinkommen dürfen?

VP: Nein, ich darf nur im linken Flügel bleiben.

H: Warum?

VP: Ich darf nur im linken Flügel bleiben.

H: Wie alt bist Du?

VP: Ich bin groß, neunzehn.

H: Neunzehn?

VP: Mein Vater hat mir gesagt, es ist unsittlich, rauszugehen. Es ist immer unsittlich, und da hab ich das gesehen.

H: Gut, wir gehen jetzt weiter, wie geht es weiter?

VP: Meine Mutter ist krank.

H: Was hat sie?

VP: Sie liegt in ihrem Gemach und hat Schmerzen.

H: Schon lange?

VP: Die Leute sagen: Nandı.

H: Was ist denn?

VP: Die sagt, die Mutter ist, aus Gram wird sie sterben.

H: Worüber?

 VP: Aus Gram, ich kenn das Wort nicht.

H: Was geschieht dann mit Deinem Vater?

VP: Mein Vater wird in eine Gruft . . . nein, es ist keine Gruft, man geht hinein, er wird nicht heruntergelassen. Man trägt den Sarg, und er wird hingestellt. Ein begehbares Grab. Das kann doch nicht mein Vater sein!

H: Was ist mit Deinem Vater?

VP: Er ist in diesem begehbaren Grab geöffnet.

H: Der Sarg?

VP: Ja, die Leute dürfen vorbeikommen, die Lichter brennen.

H: Bitte?

VP: Die Flammen brennen, es sind Fackeln, der Vater wollte Fackeln, und die Mutter wollte den Leuchter. Er hat immer gesagt, er will . . . er liebt Fackellicht. Wenn die Leute kamen mit Fackeln vors Schloß, da mochte er die Lichter, da hat er mich immer umfaßt, um die Schultern gefaßt.

H: Bitte?

VP: Da hat er mich immer um die Schultern gefaßt und gesagt, daß er das Licht mag, das sind natürliche Lichtquellen.

H: Was, die Fackeln?

VP: Ja, deswegen hat er Fackeln in dem begehbaren Grab.

H: Ist das Grab weit weg von Eurem Haus?

VP: Hm, ich weiß nicht, was weit ist. Wenn ich weit laufe, wenn ich weggehe aus dem Schloß und weit laufe, dann lauf ich Tage, dann ist das weit. Ich weiß es nicht, ich hab nie eine Zeit. Ich glaube, für mich gibt es keine Zeit.

H: Weißt Du denn welches Jahr man schreibt, als Dein Vater gestorben ist?

VP: Achtzehnhundert . . . nein (weint).

H: Was ist denn gar so schlimm? Erzähl mir!

VP: Die Mutter hat an der Tafel das wegmachen lassen.

H: Das Datum?
VP: Ja.
H: Warum denn?
VP: Weil sie sagt, die Erde hätte stillstehen müssen, und das hat sie nicht getan, deswegen ist es ein verfluchtes Jahr.
H: Was stand denn da für ein Jahr erst drauf?
VP: Ich weiß es nicht mehr, war das siebzig, ich weiß es nicht, ich weiß es wirklich nicht.
H: Du bist neunzehn Jahre alt?
VP: Ja.
H: In welcher Stadt und in welchem Ort ist das denn geschehen? Wo lebt Ihr? Kannst Du mir das sagen?
VP: Zwei Tage von Petersburg.
H: Hat Eure Stadt auch einen Namen?
VP: O ja.
H: Ja?
VP: Mir ist schwindlig.
H: Du brauchst es mir nicht sagen. Kannst Du mir noch sagen, wie Dein Vater hieß?
VP: Nikolai.
H: Bitte?
VP: Nikolai, Fürst von . . . (starke Erregung).
H: Bitte, was wolltest Du gerade sagen? Du fühlst Dich nicht wohl?
VP: Die schreien immer nach Brot.
H: Die Leute schreien nach Brot?
VP: Die schreien nach . . .
H: Was sind denn das für Leute?
VP: Sie stehen alle vor dem Fenster.
H: Vor dem Fenster?
VP: Unten, ganz tief unten stehen die, die Arme nach oben gestreckt und schreien nach »Chleb«*

 * russisch = Brot

H: Ja, erzähl weiter.

VP: Ich kann gar nicht laufen, ich stehe und spür meine Beine nicht mehr, weil mich das so berührt, und meine Mutter lächelt nur, weil wir haben doch so viel zum Essen. Das läßt mich nicht los. Ich glaube, ich falle um.

H: Wie geht's denn weiter?

VP: Ich spür meine Beine nicht mehr.

H: Wie geht es weiter?

VP: Da kommt jemand, man trägt mich weg. Ich spür meine Beine ab da nicht mehr, ab da (zeigt auf ihre Oberschenkel).

H: Wie geht es weiter?

VP: Ich finde es so ungerecht, daß wir alles haben, und die anderen können nicht leben. Und haben Kinder dabei. Ich hasse meine Mutter.

H: Wie heißt sie?

VP: Katharina, ich hasse sie, ich hasse sie. Ich werd es nie vergessen, wie sie dastehen und schreien.

H: Was ist denn, schön erzählen, komm, erzähl alles.

VP: Dieses

H: Wer? Wer tut was?

VP: Der Mann, das ist ein Heiler.

H: Was ist das?

VP: Der wird immer gerufen, wenn Mutter Schmerzen hat, der setzt mir was auf die Haut.

H: Was setzt er auf die Haut?

VP: Lauter Tiere.

H: Wie sehen die denn aus?

VP: Glaube, Egel.

H: Egel?

VP: Ja.

H: Ist das so unangenehm?

VP: Es sieht so furchtbar aus. Und ich bin blaß, sagen sie alle.

H: Wie alt bist Du da?

VP: Ich bin zehn, zwölf, ich war zwölf. Mein Alter stimmt nie, weil ich zu klein bin, und die sagen immer, ich sei zehn, aber ich bin zwölf.

H: Weißt Du, welches Jahr wir gerade schreiben?

VP: Wir schreiben keine Jahreszahlen, die Lehrerin hat's mir verboten.

H: Warum denn?

VP: Weil die Jahre gezählt sind.

H: Was sagt sie?

VP: Die Jahre sind gezählt.

H: Ja, und deswegen schreibt Ihr keine?

VP: Ja.

H: Aber Du weißt doch, welches Jahr wir etwa haben, oder?

VP: Ja, aber ich will's nicht sagen, will's nicht sagen.

H: Magst Du mir sagen, in welchem Jahr Du geboren wurdest?

VP: 1851.

H: Ja.

VP: Aber ich darf das nicht sagen.

H: Was willst Du mir denn noch erzählen?

VP: Ich will die Bilder wegkriegen.

H: Welche Bilder?

VP: Von den hungernden Leuten da unten, von den Leuten, die einen bedrängen, die einen verfolgen.

H: Hast Du Angst vor Ihnen?

VP: Ich habe Angst, und mein Vater hat Angst, und mein Vater hat Angst, daß sie mir was tun. Weil sie wissen, daß ich sein Liebling bin.

H: Du hast noch Geschwister?

VP: Ja.

H: Wieviele?

VP: Zwei.

H: Schwestern?

VP: Ja, und dann gibt es noch den Sohn, der gehört aber nicht in unsere Familie.

H: Aber es ist ein Sohn?

VP: Ja.

H: Von Deinem Vater?

VP: Ja.

H: Aber warum gehört er nicht in die Familie?

VP: Weil ihn meine Mutter nicht mag.

H: Lebt er bei Euch?

VP: Ja, er ist viel bei uns.

H: Gut, gehen wir in Deinem Leben ein bißchen weiter, Du wirst älter, Du wirst fünfzehn Jahre alt. Wie geht es Dir? Du bist fünfzehn Jahre alt.

VP: Ich tu nichts weiter als in den Hallen sein. Als im Thronsaal sein und im Park, es ist immer dasselbe. Ich mag das nicht, ich mag das nicht. Ich lese.

H: Was liest Du denn zur Zeit?

VP: Ein ganz dickes Buch, das hat mir mein Vater verboten.

H: Wie heißt es denn?

VP: Über eine Schlacht, über eine Schlacht, und es ist kein Buch für mich, und es ist sehr schwer für mich zu lesen, weil die Buchstaben so gekrümmt sind.

H: Aber Du liest es dennoch?

VP: Ich muß es verstecken.

H: Ist es spannend? Gefällt es Dir?

VP: Es sind Helden.

H: Ja.

VP: Und die tun so, als ob man nur als Held glücklich leben kann. Ich find das verlogen, aber ich les es weiter.

H: Gut, Du wirst älter, Du wirst siebzehn, Du wirst neunzehn. Erzähl mir was!

VP: (seufzt).

H: Was ist denn?

VP: Die Menschen sind böse.

H: Warum?

VP: Sind mehr Heuchler. Mein Vater hat gesagt, viele

Heuchler umgeben mich. Sie geben vor, Freunde zu sein. Mein Vater fühlt sich nicht wohl.

H: Warum nicht?

VP: Er hat Sorgen.

H: Warum?

VP: Er trifft sich viel mehr mit den Räten als früher.

H: Mit wem?

VP: Mit den Männern, mit den Räten.

H: Wer ist denn das, kennst Du einen?

VP: Es sind viele, die sind dann immer in einem Raum versammelt und sprechen, da gibt es einen für die Angelegenheiten des Volkes und einen für die Angelegenheiten der Krone, und einen . . .

H: Was und einen?

VP: Für die der Fürsten, nein, der Barone, der Stände, Angelegenheiten der Stände.

H: Und was ist Dein Vater?

VP: Mein Vater ist Großfürst.

H: Und er trifft sich nun häufig mit diesen Leuten, ja?

VP: Ja, wenn er rauskommt, dann muß ich immer ganz kindlich sein, dann muß ich immer wie ein kleines Mädchen um ihn rumtanzen, um ihn aufzuheitern. Dabei will ich ihm eigentlich immer helfen bei den schwierigen Geschäften. Und er will immer, er will mich kleinhalten und nicht belasten.

H: Wie geht es weiter?

VP: Ich mach ihm Sorgen, weil ich immer die Dinge nicht befolge, die angeordnet werden.

H: Zum Beispiel?

VP: Ich geh weg, ich bin tagelang verschwunden.

H: Wo gehst Du denn da hin?

VP: Ich laufe hinter den Park, und da ist ein kleines Türchen, da geh ich weg. Und da sind Felder, und dann hab ich immer einen Rock von dem Mädchen ausgeborgt, das hinten die Blumen beschneidet, und das ich erpresse, und dann zieh ich immer den Rock drüber von ihr.

H: Was ist mit erpresse?

VP: Die hab ich erpreßt. Ich hab mal gesehen, wie die mit jemand geschmust hat, und da hab ich gesagt, das sag ich, das sag ich, und dann gibt es einen Vorsteher. Das sag ich dem Vorsteher, wenn du, wenn du mir nicht hilfst, was ich von dir verlange. Wenn du das nicht tust. Dann verlang ich immer, und dann krieg ich von ihr ein Kleid, dann bin ich weg. Dann bin ich zwei Tage verschwunden.

H: Wo schläfst Du denn da?

VP: Dann komm ich wieder, und dann hör ich, daß mein Vater verbreiten ließ, es ginge mir schlecht, ich sei unwohl, weil er weiß darum, daß ich draußen sein möchte, daß ich ersticke.

H: Wo schläfst Du denn, wenn Du weg bist, von was lebst Du, was ißt Du?

VP: Ich geh immer zu einer Familie, die früher bei uns gearbeitet hat, der Vater hat ihm den Hof geschenkt, weil er ihn mag. Es sind ganz alte Leute, weil er ihm einmal gute Dienste gemacht hat. Und da geh ich immer hin. Und von dem hör ich, daß die Unruhen zugenommen haben.

H: Wie geht es weiter?

VP: Es ist eine unendlich schöne Landschaft, es ist eine Ebene, eine weite Ebene, kein Ende abzusehen, da sind nur Felder, Felder. Ich mag die Welt. Wir müssen nach Petersburg zurück.

H: Wer wir?

VP: Wir alle.

H: Was heißt zurück nach Petersburg? Was tut Ihr da?

VP: Leben.

H: Habt Ihr dort ein Haus?

VP: Wir haben dort das, wir wohnen dort. Sechs Monate im Jahr sind wir da, sechs Monate in Petersburg.

H: Wo ist das da? Ist das weit weg?

VP: Für zwei Tage weg, wir brechen immer abends auf und fahren die ganze Nacht und den ganzen Tag.

H: Ihr geht also zurück nach Petersburg?

VP: Ich will nicht nach Petersburg!

H: Warum willst Du nicht?

VP: Ich mag Petersburg nicht, es ist so kalt. Und es ist immer furchtbar viel Schnee. Und als ich mal geguckt hab, aus dem Fenster, aus dem Fenster an der Wache, dann . . .

H: Was sagtest Du eben?

VP: Petersburg, mit all seiner Musik, wir sind, wir gehen viel weg in Petersburg, und es ist alles so verlogen. Es ist nur scheinbar . . . Wir dürfen uns nur bewegen auf ganz bestimmten Straßen – hm –

H: Was ist denn?

VP: Ich hab . . . (zeigt Erregung).

H: Was hast Du?

VP: Ich muß immer dagegen ankämpfen, weil das . . . zu lasten, ich möchte immer weg, ich möchte immer weggehen, ich will sehen, was hinter den Straßen ist, die wir nicht begehen dürfen – hm – es müssen mehr sein.

H: Was müssen mehr sein?

VP: Die Bittsteller werden immer verjagt, und der eine hat sich in den Schnee eingegraben, und deswegen konnte er nicht verjagt werden, und ich habe ihn gesehen, wie er tot dastand – hhh – und seitdem hab ich keine Ruhe, weil ich weiß, daß man uns abschirmt von denen, von den Nöten der anderen.

H: Wen meinst Du damit?

VP: Mich.

H: Und wen noch?

VP: Und den Vater, dem sagt man, es sei Zufriedenheit, es sei Zufriedenheit unter dem Volk, unter den Leuten, die Bauern haben zu essen, und das stimmt alles nicht, und das sind falsche Leute, die Räte, die wiegen ihn nur, und ich weiß das, und ich hab dem Papa das erzählt von diesem Toten, der da stand, und er hat mir die Augen verschlossen, er hat die Hände über meine Augen gelegt und hat gesagt: Es gibt Dinge, vor denen man die Augen verschließen muß. Denn wir sind nur Menschen, wir können nicht jedem gerecht werden. Mein Vater spricht Dinge, die man in Büchern lesen kann.

H: Was meinst Du damit?

VP: Mein Vater ist weise und gut.

H: Wie alt bist Du?

VP: Einundzwanzig.

H: Was macht Dein Vater?

VP: Den gibt es nicht.

H: Seit wann, erzähl mir das – was ist denn? Erzähl mir die ganze Geschichte.

VP: Mein Vater ist tot. Hm, hm.

H: Wie lange schon?

VP: Seit 16 Monaten.

H: Erzähl mir, wie das geschah!

VP: Mein Vater ist vergiftet worden. Wir sind jetzt in Petersburg, und es ist alles schlimm, ich will im Schnee sterben.

H: Warum?

VP: (weint).

H: Komm, erzähl, warum willst Du im Schnee sterben, erzähl! Warum? Erzählen, nicht aufhören zu erzählen.

VP: Ich mag nicht mehr leben.

H: Warum magst Du nicht mehr leben?

VP: Ich mag die Menschen nicht mehr.

H: Weil sie Deinen Vater vergiftet haben?

VP: Ja, weil Mutter so grausam ist.

H: Und jetzt willst Du sterben?

VP: Ja.

H: Und was machst Du? Oder was willst Du machen?
VP: Ich will im Schnee mich einbuddeln, ich will draußen in der Natur sterben.
H: Machst Du das? Wie alt bist Du?
VP: Ich bin einundzwanzig.
H: Führst Du Deinen Plan aus?
VP: Nein, nein (atmet schwer).
H: Na, erzähl mal, was ist denn? Woran denkst Du gerade? Was machst Du?
VP: Ich bin im Bett, mir geht es schlecht.
H: Was hast Du denn?
VP: Ich hab Lungenentzündung.
H: Warst Du doch draußen im Schnee?
VP: Ja.
H: Und jetzt liegst Du im Bett?
VP: Hm.
H: Wie alt bist du? Einundzwanzig?
VP: Ja.
H: Erzähle mir, wie geht es weiter, wirst Du wieder gesund?
VP: Ja.
H: Wir gehen in der Zeit etwas weiter, wie alt wirst Du in diesem Leben? Kannst Du mir das etwa sagen?
VP: Einundsechzig.
H: Wir gehen in der Zeit weiter und immer weiter, die Bilder ziehen sich zurück . . .

2. Sitzung

H: Wir gehen in der Zeit weiter zurück, wir gehen zurück zur Empfängnis, wir gehen durch die Empfängnis hindurch, weiter in der Zeit zurück. Wir gehen weiter in der Zeit zurück, so weit, bis Sie sich in einer neuen Situation befinden. Dort machen Sie halt und beschreiben Ihre Wahrnehmungen. Sie gehen zurück, bis Sie sich in einer Situation wiederfinden. Von dort beschreiben Sie mir, was Sie tun und sehen. Was ist da?

VP: Ich seh eine alte Frau.

H: Ja.

VP: Eine knöcherne.

H: Erzählen Sie mir was über sie.

VP: Eine alte Frau.

H: Was macht sie da?

VP: Sie sitzt auf einem, sie sitzt auf einem, auf einem Sessel mit – das ist kein Sessel, das ist, was ist das?

H: Was ist das? Beschreiben Sie das!

VP: Mit Armlehnen, und ist hoch, es ist kein Thron, aber es ist einer, ich will nicht . . .

H: Was wollen Sie nicht?

VP: Es darf kein Thron sein, es darf kein Thron sein!

H: Erzählen Sie einfach, was Sie sehen – also ein thronähnlicher Sessel?

VP: Ja.

H: Und da sitzt eine Frau drauf?

VP: Ja.

H: Und was macht die da?

VP: Sie hat ein schwarzes Spitzentuch über dem Kopf und ist weißhaarig und schaut ganz kalt.

H: Ja.

VP: Und pocht mit ihren Fingern, mit ihren knöchernen, und pocht damit immer auf die Lehne.

H: Sagt sie etwas?

VP: Sie ist böse.

H: Was sagt sie?

VP: Ich hab Angst, daß ich das bin, sie ist böse, nein. Wieso seh ich das Bild, sie ist böse, warum?

H: Beschreiben Sie einfach, was Sie sehen.

VP: (stöhnt).

H: Beschreiben Sie weiter die Vorgänge.

VP: (stöhnt auf).

H: Was geschieht?

VP: Es ist ein Podest, auf dem dieser Stuhl steht, ja, und es sind hohe, ganz hohe, verhangene Fenster, ganz hohe Fenster mit samtenen Vorhängen, die ein Muster haben.

H: Sind noch mehr Leute in diesem Raum?

VP: Ja, es sind lauter Männer da, die ganz devot davor stehen, ich will nicht, ich will nicht . . .

H: Wir lösen uns von diesem Eindruck und gehen um fünf Jahre weiter zurück. Wir gehen fünf Jahre weiter zurück, und Sie beschreiben mir, was Sie tun. Was tun Sie?

VP: Ich bin im Park.

H: Und was machen Sie denn da?

VP: Ich streiche über Blumen; sie sind angelegt, die Beete, sie sind angelegt. Da ist eine unendlich weite, große Wiese, ein grüner Teppich, ich bin im hinteren Teil des Parks. Es ist alles friedlich, aber ich werde es zerstören.

H: Sie werden es zerstören?

VP: Ja, ich werde das alles zerstören.

H: Wie alt sind Sie denn jetzt?

VP: Sechzig.

H: Und durch was werden Sie es zerstören? Was werden Sie tun?

VP: (stöhnt).

H: Was haben Sie vor?

VP: Ich werde so grausam sein, wie immer.

H: Was heißt wie immer?

VP: Wie ich es mein Leben lang war. Ich kann diese Friedfertigkeit nicht, die das alles so ausstrahlt, kann ich nicht ertragen.

H: Was ist?

VP: Da müßte ich Ihnen so viel erzählen.

H: Erzählen Sie.

 VP: Es ist so viel!

H: Fangen Sie irgendwo an.

VP: Es ist so unendlich viel. Ich kann mich doch nicht rechtfertigen, warum ich so bin.

H: Sie brauchen sich nicht zu rechtfertigen, erzählen Sie. Ich will keine Rechtfertigung, erzählen Sie ruhig.

VP: Mich stören selbst die Vögel, die zwitschern. Ich sehe in allen Heuchler, ich sehe alle als falsch. Ich bin froh, daß ich das alles zerstören kann.

H: Warum? Bringt Ihnen das Freude, wenn Sie alles zerstören?

VP: Nein, aber ich hab das Gefühl, etwas abhaken zu können.

H: Wie zerstören Sie so etwas, wie machen Sie das? Nennen Sie mir ein Beispiel.

VP: Ich kaufe mir Leute, die irgend welche Verdächtigungen vortragen, über die Personen, die ich nicht mag, und dann, dann strafe ich, obwohl ich genau weiß, daß das erlogen ist, denn es ist ja von mir inszeniert. Ich mach alles kaputt.

H: Wie lange machen Sie so etwas schon? Seit wann spüren Sie diesen Drang zur Grausamkeit? Hängt das mit Ihrem Vater zusammen?

VP: Ja.

H: Wann hat es angefangen, daß Sie das gespürt haben?

VP: Als ich neunzehn war. Als mein Vater starb.

H: Aber damals lebte Ihre Mutter noch?

VP: Ja.

H: Mochten Sie Ihre Mutter?

VP: Nein, ich mochte meinen Vater. Ich habe bis dahin geliebt.

H: Wie ging es nach dem Tod Ihres Vaters mit Ihnen weiter? Können Sie mir etwas über die Entwicklung erzählen? Was machten Sie dann?

VP: Meine Mutter war falsch, aber das ist schon so lange

her, darüber will ich nicht sprechen. Sie war immer falsch gewesen, ich hab sie richtig eingeschätzt. Ich hab nur gelebt, meinen Vater zu rächen. Ich hab das ganze Leben so gelebt.

H: Wie wollten Sie Ihren Vater rächen?

VP: Ich wollte alle diese Menschen, die sich als Freund geben, kaputtmachen. Ich erzähl Ihnen das, das ist schon so lange her.

H: Sie können mir das ruhig erzählen. Erzählen Sie mir ein bißchen mehr.

VP: Mich machen die Vögel verrückt hier, diese Geschöpfe, die da trillern, die so tun, als ob das alles schön im Leben ist. Sie gaukeln was vor. Man sollte sie abschießen. Man sollte was tun mit ihnen. Das werde ich sagen, es darf kein Vogel mehr sein im Lande. Im ganzen Fürstentum darf kein Vogel sein.

H: Was ist das für ein Fürstentum, von dem Sie sprechen?

VP: Ich werde das anordnen, das anordnen!

H: Was ist das für ein Fürstentum, von dem Sie sprechen?

VP: Mein Reich, was ist – ich werd das anordnen.

H: Was ist das für ein Reich?

VP: Das ist das Reich meines Vaters.

H: Wie heißt das Reich? Hat es einen Namen?

VP: Natürlich!

H: Wie heißt es?

VP: Warum fragen Sie mich das?

H: Sagen Sie's doch.

VP: Sie müssen doch die Grenzen unseres Reiches kennen!

H: Ich möchte gern den Namen hören. Sagen Sie den Namen. Warum sagen Sie es nicht?

VP: Ich möchte wissen, warum Sie das wissen wollen?

 H: Weil ich ein Fremder bin und das nicht weiß!

VP: Was haben Sie hier zu suchen? Was haben Sie hier zu suchen, wenn Sie ein Fremder sind? Was haben Sie hier verloren?

H: Werden Sie doch nicht gleich bös zu mir, es gibt keinen Grund. Erzählen Sie mir etwas aus Ihrem Leben.

VP: Wer sind Sie? Wer sind Sie?

H: Ich bin eine Stimme, die mit Ihnen spricht. Mir können Sie alles sagen, auch das was Sie keinem Menschen sagen wollen. Ich bin keine Gefahr für Sie. Ich bin eine Hilfe für Sie.

VP: Mir hilft niemand, mir hilft niemand.

H: Sprechen Sie zu mir. Erzählen Sie was aus Ihrem Leben. Welches war das schönste Ereignis in Ihrem Leben?

VP: Mein Kind, mein Kind . . .

H: Sie haben ein Kind auf die Welt gebracht?

VP: Nein, ich nicht. Mein Kind ist das, es gehört nicht mir.

H: Wem gehört es denn?

VP: Es gehört nicht mir, ich hab es nie geboren, ich liebe das Kind. Es ist ein Verwandter von mir. Es ist ein kleiner Junge.

H: Wie heißt er denn?

VP: Alexei.

H: Wie?

VP: Das war das schönste Ereignis in meinem Leben.

H: Was für ein Ereignis, als das Kind zu Ihnen kam oder als es geboren wurde? Worin bestand dieses Ereignis?

VP: Das Kind wurde mir weggenommen. Es ist wieder hingegangen zu seiner Mutter.

H: Wie lange war es bei Ihnen?

VP: Einen Frühling, einen Frühling.

H: Haben Sie einen Mann?

VP: Ich habe viele Männer. Ich habe auch Männer geehelicht. Nur sie berühren mich nicht. Sie haben Angst vor mir.

H: Sind Sie stolz auf Ihre Grausamkeit?

VP: Nein, ich tu das wie unter einem Zwang. Ich kann nicht mehr Freude erleben, seit ich weiß, das Ende dieser Freude, denn alles hat ein Ende, ich hab's doch gesehen. Und deswegen hol ich das, mach ich gewaltsam. Ich gönn auch niemandem die Freude, was zu erleben, was ihm gut täte. Ich weiß, daß ich böse bin.

H: Gibt es irgend etwas Bestimmtes in Ihrem Leben, was Sie bereuen?

VP: Dann müßte ich mein ganzes Leben bereuen. Ich bin alt.

H: Wie alt?

VP: Sechzig.

H: Welches Jahr schreiben wir?

VP: Was willst Du wissen von mir?

H: Welches Jahr wir gerade schreiben.

VP: Warum willst Du so was wissen? Du bist eine Stimme, was willst Du von mir?

H: Ich frage, aber ich beantworte keine Fragen. Welches Jahr schreiben wir?

VP: Neunzehnhundertundnochetwas, aber das mußt Du wissen.

H: Wie »noch etwas«?

VP: Elf, zwölf.

H: 1911?

VP: Ja, ich glaube es.

H: Wie heißt das Land, in dem Du regierst?

VP: Es stört mich, es stört mich, Deine Fragerei. Ich frag mich, wie Du hierhergekommen bist.

H: Es ist gut für Dich, wenn Du die Fragen beantwortest. Es hilft Dir, Dein Leben zu überschauen.

VP: Mein Herzklopfen setzt ein, laß mich zufrieden.

 H: Hast Du was mit dem Herzen?

VP: Es ist niemals jemand da, wenn man wen braucht. Ich brauch diese Flüssigkeit, die ich unter die Nase nehm. Es ist niemals jemand da. Man müßte die Leute ganz anders, viel härter nehmen.

H: Ich will Dir auch einen Dienst erweisen. Ich werde Dir diesen Geruch liefern von der Flüssigkeit. Dieser Geruch wird Dir gut tun. Du brauchst nur einatmen und schon kriegst Du diesen Geruch, den Du jetzt brauchst. Rieche ihn und spüre wie er Dir guttut.

VP: (atmet fest ein).

H: Spürst Du's?

VP: Nein, ich riech bloß Luft (atmet nochmal ein).

H: Nein, das stimmt ja gar nicht!

VP: (atmet wiederum tief ein).

H: Du riechst den Geruch Deiner Riechflasche, den Du brauchst.

VP: (atmet ein).

H: Deine Herzbeschwerden sind vorbei und Dein Herzklopfen! Stimmt's?

VP: Es ist ein anderer Geruch, aber es tut mir gut, momentan riech ich gar nichts, aber es ist besser.

H: Ich bin eben doch für Dich da, wenn Du mich brauchst.

VP: Wegen Dir werd ich nicht meine ganzen Erkenntnisse umstülpen.

H: Hast Du Erkenntnisse, erzähl mir doch, welche?

VP: Ich hab – ich bin müd!

H: Wie heißen diese Erkenntnisse?

VP: Warum soll ich mich Dir öffnen? Ich hab ein ganzes Leben lang niemand gehabt.

H: Deswegen bin ich zu Dir gekommen, willst Du an Deinen eigenen Sachen ersticken?

VP: Ich werde damit noch meine letzten Jahre gehen. Ich werde nicht ersticken daran. Ich bin zu kraftvoll und machtvoll.

H: Ist dies die Erkenntnis?

VP: Nein, das ist es nicht, das ist eine Folge. Ich glaub, ich bin mit jeder Untat gewachsen. Ich bin, ich mußte mit mir selbst kämpfen, denn ich bin eigentlich verwundbar, und es war jedesmal ein Schritt weiter, mir schwindelt's ...

H: Wovor? Wovor schwindelt's? Vor dem, was Du getan hast, oder vor Deiner Kraft?

VP: Ich seh da hinten jemand, der mich beobachtet. Wenn ich in dem Teil des Parkes bin, hat da niemand zu sein, außer wenn ich rufe. Er beobachtet mich, er hat nichts da zu suchen. Ich werde ihn prügeln lassen! (schnauft schwer.)

H: Was war Deiner Meinung nach die größte Grausamkeit, die Du bisher vollbracht hast?

VP: Ich habe die Räte köpfen lassen.

H: Wer ist das?

VP: Die, die mich umgeben haben. Aber das ist schon lange her.

H: Wann war das? Wie alt warst Du da?

VP: Da war ich noch jung, das war, als meine Mutter – nein, ich will nicht davon sprechen.

H: Warum nicht? Tut es Dir leid, nachträglich?

VP: Nein, nein, dann müßte mir mein ganzes Leben leid tun. Ich will nichts bereuen. Nein, nein, das war ganz bewußt. Man kann mir kein schlechtes Gewissen einreden. Das hab ich mit mir allein zu tragen.

H: Das ist richtig, ich will Dir auch keins einreden. Ich fragte nur, weil Du sagtest, Du möchtest nicht darüber sprechen.

VP: Es ist lange her, es ist ein Leben her, und ich bin alt. Mich berührt nichts mehr.

H: Als Du sehr jung warst und Dein Vater noch lebte, hattest Du viel Mitleid mit Bittstellern und Ungerechtigkeit. Denkst Du daran noch manchmal zurück?

 VP: Ich hab viel gelitten.

H: Worunter?

VP: Ich war für alle, für alle da, jedermann konnte mich verletzen, ich war für alle einzusehen. Ich war unbefangen und war, ich war menschlich und lebte ein Leben, das es gar nicht gibt, denn ich hab nur Freude gehabt. Das alles ist erstorben. Das hab ich erstickt, weil ich nicht mehr leben wollte, als mein Vater starb. Man darf nie, man darf sich nicht an einen Menschen binden, wie ich es tat. Man kann dann nicht mehr weiterleben.

H: Ist das auch eine der Erkenntnisse?

VP: Das ist die, die mein Leben bestimmt hat. Ich mußte ein anderes Leben leben. Ich hätte so nicht weiterleben können. Ich hab nie mehr jemand vertraut, niemals. Und ich werd es auch niemals mehr tun, und ich frag mich, warum ich Dir das erzähl, und ich erzähl Dir nichts mehr. Wenn Du eine Stimme bist, geh weg und laß mich zufrieden. Du darfst mich nicht verfolgen.

H: Oh, das tu ich nicht. Aber gibt es außen einen Menschen, vor dem Du eventuell Angst hast?

VP: Nein, ich habe so viele Wälle um mich gebaut, nein, meine Grausamkeit hat sich rumgesprochen, man kann mir nichts Böses wollen. Man hat Angst vor mir. Und der Zar ist mir gut gesinnt!

H: Wie heißt der Zar?

VP: Du fragst mich nach Daten, du fragst mich nach Daten, Du fragst mich nach dem Namen.

H: Ja, und Du sagst ihn mir.

VP: Ich werde Dich vertreiben lassen!

H: Oh ja, das kannst Du machen, aber vorher mußt Du mir noch den Namen des Zaren sagen.

VP: Du bist nicht von hier?

H: Wie heißt der Zar?

VP: Du bist nicht von hier?

H: Nein.

VP: Du wälzt das ab, was willst Du? Du hast gewartet, bis ich alleine hier bin.

H: Ich kann das überall . . .

VP: Du fragst mich nach dem Namen meines Landes, Du fragst nach ihm . . .

H: Hast Du Angst?

VP: Ich bin alt, was willst Du von mir?

H: Ich frage, ob Du Angst hast?

VP: Nein.

H: Na, bitte.

VP: Ich will nicht, das ist nicht Angst, ich will meine Ohren verschließen vor Dir.

H: Nein.

VP: Ich weiß es nicht, ich hab Dich nicht in der Hand.

H: Das ist ärgerlich!

VP: Du machst mich unruhig. Ich bin alt, laß mir meine Tage . . .

H: Oh, die laß ich Dir. Ich laß Dich so, wie Du willst, ich unterhalte mich nur mit Dir. Nicht jeder, der sich mit Dir unterhält, will gleich etwas verändern. Ich will nichts verändern.

VP: Du willst Dinge wissen!

H: Ja.

VP: Ich hätt mich Dir nicht öffnen sollen, ich werd meine Ohren verschließen. Außerdem geh ich jetzt weg. Ich geh jetzt weg.

H: Hm, wohin denn?

VP: Es werden Frauen zu mir kommen, die Veränderungen treffen wollen. Ich werd ein Ohr haben, ich werd mich Dir verschließen. Es ist immer das gemacht worden, was ich wollte. Und ich bin argwöhnisch.

H: Ich merke es, aber hier ganz zu Unrecht.

VP: Ich will nicht mehr.

H: Das macht nichts, ich werde mir erlauben, Dich noch einmal zu besuchen. In einer neuen Situation.

VP: Was bringt es Dir? Was bringt es mir? Mir bringt es nichts. (Spricht leise zu sich selbst.) Außerdem geht die Sonne unter, ich geh rein, ich geh rein, ich hab gesagt, wenn die Sonne untergeht, können sie kommen, ich liebe diese Dämmerung. Sie gibt mir ein gutes Gefühl. Sie gibt mir ein Gefühl, daß ich noch lebe. Es ist das Zwielicht, was ich mag. Ich will nur noch empfinden. Alle erwarten immer von mir nur was, und ich muß ihre Erwartungen enttäuschen, ich will sie enttäuschen. Aber die Stimmung ist gut. Ich will ein Ohr haben für die Frauen. Ich werde vielleicht irgendwas Gutes tun für sie, das ist selten gewesen. Die Stimme hat mich beunruhigt. Aber mich sollte das nicht berühren. Es sind so viele Menschen durch meine Hand gegangen, warum sollte was Wesenloses mir anhaben. Was hat sie mich gefragt? Sie will was auskundschaften. Sie will was hinterbringen, ihm was hinterbringen. Fragt nach seinem Namen. Fragt nach dem Namen, da stimmt was nicht. Ich muß die Klugen zusammenrufen, ich komm nicht weiter. Da war dieser eine Mensch, der so intelligent plauderte, das ist wahr, ich hab gehört, er sei ein Philosoph, ich werd ihn befragen, was für Absichten dahinterstecken. Es ist angenehm hier, die Kühle ist angenehm hier.

H: Wir lösen uns von diesen Eindrücken und gehen der Zeit um ein Jahr nach vorne. Du wirst ein Jahr älter. Was tust Du?

VP: Ich lieg in einem Bett.

H: Ja, und wie geht es Dir?

VP: Mir geht es nicht gut.

H: Was fehlt Dir?

VP: Ich weiß nicht, ich bin altersschwach, ich glaube sogar, die Leute denken, die um mich rum sind, daß ich nicht mehr da bin. Ich mache, ich rede mit mir, ich vertrau mich niemand an, und ich verzieh mich in mein Bett, das kann ich übersehen, ich habe die Fenster, ich habe die Vorhänge abmachen lassen, damit sich niemand versteckt. Die Fenster sind kahl, es ist kalt hier, aber übersichtlich. Ich bleibe im Bett, im großen Bett, aber mir geht es nicht gut.

H: Was hast Du?

VP: Wer bist Du? Wer bist Du?

H: Wie heißt Du?

VP: Wer bist Du?

H: Laß das Mißtrauen, es ist einfacher, wenn Du mir nur Deinen Namen sagst.

VP: Wer bist Du, wenn Du in meinem Gemach bist und mich nach meinem Namen fragst. Wer bist Du?

H: Du brauchst Dich nicht aufzuregen. Kannst ganz ruhig sein.

VP: Nein, ich bin alt und bin schwach.

H: Wir machen ein kleines Experiment. Du willst mir Deinen Namen nicht sagen, ja, ich zähle nun bis drei und bei drei spürst Du auf einmal, daß Dein Mund ganz von selbst den Namen ausspricht. Eins, zwei, drei!

VP: (stöhnt).

H: Nun sag ihn doch, Dein Mund sagt ihn ganz von selbst.

VP: (stöhnt und flüstert etwas, aber zu leise).

H: Jetzt hast Du ihn schon gesagt, jetzt das Ganze noch einmal laut!

VP: (stöhnt und zieht mit dem Mund eigenartige Grimassen).

H: Sag ihn laut!

VP: (stöhnt).

H: Weißt Du, wie Du heißt?

VP: Mein Herz tut weh! (macht ein schmerzverzerrtes Gesicht).

H: Die Schmerzen gehen weg und Du fühlst Dich wohl, sehr wohl, Du spürst auf einmal wie die Schmerzen weggehen. Ich zähl bis drei, und die Schmerzen sind weg. Eins, zwei, drei. Du atmest ruhig und gleichmäßig und fühlst Dich sehr, sehr wohl, stimmt's?

VP: (atmet schwer).

H: Spürst Du, wie es Dir guttut?

VP: (atmet weiter).

H: Spürst Du wie es Dir guttut? Oh, es tut Dir sehr, sehr gut, es geht Dir auch gut. Gib es doch zu!

VP: Mich dreht's!

H: Nein, Dir geht es ausgesprochen gut, stimmt's? Stimmt's, daß es Dir gut geht?

VP: (atmet leichter).

H: Gut, ich laß Dich auch wieder allein.

VP: (atmet auf).

H: Wir lösen uns von diesem Eindruck und gehen in der Zeit weiter nach vorne. Die Bilder ziehen sich zurück, wir gehen in der Zeit weiter, immer weiter nach vorne. Sie sind ruhig, ganz ruhig, gehen in der Zeit immer weiter nach vorne. So lange und so weit, bis wir das Jahr 1975 erreichen. So weit gehen wir nach vorne. Wir schauen uns die Einzelheiten in der Zwischenzeit gar nicht an. Wir gehen in der Zeit weiter nach vorne bis 1975. Sie schlafen tief und fest. Sie sind ruhig, ganz ruhig. Sie fühlen sich wohl. Sie schlafen tief und fest. Alles in Ihrem Körper entspannt sich und löst sich. Sie fühlen sich wohl. Die Bilder ziehen sich zurück. Die Bilder sind verschwunden, und Sie hören nur noch meine Stimme. Sie atmen ruhig und gleichmäßig. Sie fühlen sich wohl, glücklich und zufrieden . . .

Geburt und Tod im Experiment

Unsere Regressionsexperimente bieten erstmals die Möglichkeit, exakte und authentische Aussagen über die Vorgänge von Empfängnis, Embryonalentwicklung, Geburt, Tod und Nachtodzustand zu erhalten. Wir erfahren nicht nur den Vorgang selbst, sondern bekommen vor allem Einblicke in das Erleben dieser Abläufe. Viele mögen die Echtheit dieser Berichte bezweifeln, doch ist es sehr häufig möglich, die Schilderungen und Aussagen über die Geburt und den Embryonalzustand mit Hilfe der Eltern auf ihre Echtheit hin zu überprüfen. Bisher konnten diese Angaben noch immer verifiziert werden. Einzelheiten des Geburtsvorganges, genaue Beschreibung des Entbindungsraumes, Beschreibung und Anzahl der anwesenden Personen, Sätze, die gesprochen wurden, Abtreibungsversuche, Stürze oder Schrecksituationen der Mutter während der Schwangerschaft – all diese Dinge lassen sich in den meisten Fällen noch nachprüfen, falls die Eltern der Versuchsperson noch leben.

Nachdem sich die Zuverlässigkeit der Aussagen in bezug auf Geburt und Embryonalentwicklung erwiesen hat, dürfte es auch erlaubt sein, den anderen, schlechter nachprüfbaren Aussagen, die auf die gleiche Art und Weise zustande kommen, einen hohen Echtheitsgrad beizumessen. Dazu kommen die übereinstimmenden Schilderungen aller Versuchspersonen über den Tod und den Nachtodzustand. Läßt man so unbekannte Situationen wie den Nachtodzustand von zehn verschiedenen Leuten nach ihren Phantasien beschreiben, erhält man zehn verschiedene Versionen. Während der Regression ist es hingegen bis jetzt kein einziges Mal vorgekommen, daß eine Versuchsperson etwas geschildert hätte, was sich von den Aussagen der anderen grundsätzlich unterschieden hätte.

Aus diesen Gründen sei es mir erlaubt, ein paar Gedanken über die Konsequenzen zu äußern, die sich zwangsläufig aus den experimentellen Daten ergeben.

Für Eltern ist es wichtig, zu wissen, daß ihr Kind ab der Zeugung volles Bewußtsein besitzt, alle Eindrücke wahrnimmt und diese verarbeiten muß. Bewußtsein ist schon dann vorhanden, wenn so gut wie noch kein Körper da ist. Bei der Zeugung wird das erste Trauma gesetzt, wenn die Eltern in Disharmonie sind, ein Elternteil betrunken ist oder die Mutter ihren Gatten abzuwehren versucht. Das gleiche geschieht durch Gespräche nach dem Geschlechtsverkehr, wenn die Partner über die Angst vor einem Kind sprechen oder sich ein bestimmtes Geschlecht wünschen.

Kam es zu einer Empfängnis, so beginnt jetzt das körperliche Leben des zukünftigen Kindes. Es erlebt vom ersten Tag an mit, was geschieht. Es erlebt den Schock oder die Freude der Mutter, wenn sie bemerkt, daß sie schwanger ist. Es erlebt jeden Geschlechtsakt aus seiner Perspektive mit. Viele sexuelle Probleme und Abneigungen finden hier ihren Ursprung. Neben der Gefahr, daß die Eltern in dieser Zeit aus Unwissenheit einige große Fehler begehen, liegt hier auch gleichzeitig die Chance, mit der Erziehung des Kindes zu beginnen. Die vorgeschichtliche Erziehung ist seit langer Zeit bekannt, hat sich aber niemals breiter durchsetzen können. Während der Schwangerschaft ist es sehr wichtig, daß die Mutter beginnt, zu ihrem voll bewußten Kind im Mutterleib zu sprechen; sie sollte sich in dieser Zeit ausschließlich mit schönen Dingen beschäftigen, gute Musik hören, gute Literatur lesen usw. Sie sollte sich von allen Aufregungen und häßlichen Sinneseindrücken fernhalten. Wie streitende Eltern auf das Kind wirken müssen, erübrigt sich wohl zu betonen.

Haben die Eltern bereits in dieser Zeit ihr Kind »gut erzogen«, so können sie auf eine reibungslose und komplikationsfreie Geburt hoffen. Die Geburt ist der Augenblick, in dem heutzutage gewöhnlich mit System all das falsch gemacht wird, was man nur falsch machen kann. Angefangen bei der künstlichen Einleitung der Geburt, die zwangsläufig dem natürlichen Rhythmus des Kosmos zuwiderlaufen muß, bis hin zur bewußtlosen Mutter erlebt das Kind einen Schock nach dem anderen. Kein Wunder, daß es laut brüllt. Dieses Brüllen als Zeichen seines Wohlbefindens zu deuten, ist der Gipfel aller Ironie. Wird ein Kind richtig auf die Welt gebracht, dann schreit es nicht, sondern lächelt. Es sollte zur Pflicht gemacht werden, daß allen werdenden Müttern erst einmal ihre eigene Geburt bewußt wird, damit sie sich in das Geschehen aus der Sicht des Kindes hineinversetzen können.

Neun Monate wurde es in einer dunklen, gleichmäßig warmen Höhle sanft umhergeschaukelt, da erlebt es plötzlich, daß ein »wundervolles« Gift durch die Nabelschnur in seinen Körper dringt. Die Geburt kann beginnen. Draußen angekommen, greifen fremde große Hände nach ihm, halten ihn hoch, geben ihm noch einen Klaps, die Nabelschnur wird durchtrennt – es ist hell und kalt, und das Kind muß nun alleine leben – von einer Minute zur anderen. Es wird beiseite gelegt, kaum sieht es seine Mutter, die vielleicht sogar in Narkose schläft, der Vater ist auch nirgendwo zu entdecken, dafür trägt es eine liebe und sehr fremde Schwester irgendwohin.

 Wenn man alle Kinder so auf die Welt bringt, sollte

man sich wenigstens nicht darüber wundern, daß wir in unserer Zeit so viele Neurotiker haben. Man kann immer nur das ernten, was man sät. Doch ein Arzt hat begriffen, was bei der Geburt geschieht und was man dabei anrichtet. Es ist der französische Arzt Dr. Leboyer aus Paris, der Vater der sanften Geburt. Er hat einen Geburtsablauf entwickelt, in dem alle diese Traumata für das Kind (und die Mutter) vermieden werden. In stark abgedunkelten Einzelräumen bringen die Mütter mit aller Ruhe ihre Kinder auf die Welt. Das Kind wird sofort, wenn es geboren ist, auf den Bauch der Mutter gelegt, und die Mutter legt ihre Hände auf das Kind. Mutter und Kind bleiben durch die Nabelschnur miteinander verbunden. Der Vater ist natürlich anwesend. Alles geschieht langsam und natürlich, alle Empfindungsbrüche werden vermieden. Das Kind hat lediglich seine Lage von innen nach außen gewechselt – sonst ist noch keine Veränderung eingetreten. Nach einiger Zeit streicht man die Nabelschnur langsam zur Mutter hin, bis der Pulsschlag immer langsamer wird; in dem Moment, in dem er stillsteht, schneidet man die Schnur durch. Ohne Schlag auf den Po beginnt selbständig und langsam der eigene Rhythmus im Kinde zu erwachen.

Obwohl die sanfte Geburt nach Dr. Leboyer die ideale Methode ist, ein Kind richtig und natürlich auf die Welt zu bringen, weigert man sich in den Ärztekreisen, diese Idee zu übernehmen. Deshalb ist es Sache der Eltern, darauf zu bestehen, wie ihr Kind auf die Welt gebracht wird. Auch wenn es vorerst den meisten unmöglich bleibt, ihrem Kind die »sanfte Geburt« zu ermöglichen, so sollten wenigstens ein paar Punkte beachtet werden:

Der Vater sollte unbedingt bei der Geburt anwesend sein. Ein Kind sollte niemals unter Narkose auf die Welt gebracht werden. Jegliche Spritzen auf ein absolutes Minimum reduzieren. Möglichst eine künstliche Einleitung der Geburt verhindern. Erscheint diese unumgänglich, dann mit Akupunktur, Homöopathie und eventuell noch mit Infusion einleiten, niemals mit Medikamenten oder manuellen Griffen. Darauf bestehen, daß das Kind sofort nach der Geburt in die Arme der Mutter gelegt wird.

Zur Schwangerschaft gehört das Problem der Abtreibung. Der Streit um den Paragraphen 218 ist immer noch hochaktuell, und man staunt, welche Argumente in die Diskussion gebracht werden. Dabei ist das Problem sehr einfach. Treibt eine Mutter ihr Kind im dritten Monat ab, so tut sie dasselbe, als ob sie ihr fünf Jahre altes Kind umbringt. Es gibt keinen Unterschied zwischen einem Mord im Mutterleib und einem Mord außerhalb des Mutterleibes. Genauso wenig darf die körperliche Größe eines Lebewesens einen Unterschied in der Beurteilung rechtfertigen, sonst muß man in Zukunft das Strafmaß für Mord nach dem Körpergewicht des Opfers staffeln. Dabei geht es mir gar nicht darum, ob Abtreibung etwas »Böses« ist oder nicht. Wichtig erscheint mir nur etwas mehr Konsequenz im Denken. Einigt man sich, Abtreibung für erlaubt zu halten, dann darf man auch nicht so viel Aufhebens machen, wenn Kinder oder Erwachsene umgebracht werden. Doch wir leben in einer pervertierten Welt und finden sie normal. Fünfundsiebzigjährige Menschen werden in den Intensivstationen der Klinik künstlich am Leben gehalten, richtiger formuliert, brutal am Sterben gehindert, Embryos dagegen hindert man am Leben.

Um nicht mißverstanden zu werden: ich bin nicht unbedingt dafür, Frauen und Ärzte für eine Abtreibung hart zu bestrafen. Jeder muß das, was er tut, selbst verantworten. Wer körperliches Leben verhindert, stellt sich selbst gegen die Gesetzmäßigkeit. Er setzt einen Inhalt und muß die Form irgendwann einlösen. Es ist nicht Sache der anderen, für Sühne zu sorgen. Dies gilt auch für alle anderen Vergehen bis hin zum Mord. Verhindert ein Gesetz die Abtreibung, so ist dies bestenfalls ein Versuch, Menschen vor ihrer eigenen Dummheit zu schützen.

Der Mensch hat von Natur aus die Wahl, richtig oder falsch, gesetzmäßig oder gegen das Gesetz zu handeln – wir sollten diese Wahlmöglichkeit getrost respektieren. Man sollte jedoch nicht einen klaren Sachverhalt so lange verdrehen, bis aus der Abtreibung eine neue Ethik geworden ist. So habe ich gehört, daß in anderen Ländern Ärzte bereits per Gesetz zur Schwangerschaftsunterbrechung gezwungen werden. Solange man die Welt so sieht, wie sie ist, und sich dann bewußt entscheidet, kann man niemandem einen Vorwurf machen. Leben ist zum Glück unzerstörbar. Der Mensch hat lediglich die Macht, Materie zu verändern – und selbst das kann er nicht richtig!

Geburt und Tod sind zwei Aspekte ein und derselben Sache. Wird ein Mensch geboren, so ist sein Tod das einzig sichere Ereignis seines Lebens. Jede Geburt ist gleichzeitig ein Tod, jeder Tod gleichzeitig eine Geburt. In beiden Fällen verlassen wir einen Seinszustand, um in einen anderen hinüberzuwechseln. Die meisten Menschen haben fast alle vor dem Sterben sehr große Angst. Doch ebenso haben fast alle vor der Geburt sehr große Angst. Das hört sich beispielsweise so an:

VP: Ich bin in einer großen Höhle.
H: Fühlst Du Dich wohl?
VP: Ja, es ist warm und feucht.
H: Wirst Du ewig hier bleiben?
VP: Nein.
H: Was wird mit Dir geschehen?
VP: Ich werde hier raus müssen.
H: Wohin?
VP: Ich muß – ich muß wieder auf die Erde.
H: Freust Du Dich darauf?
VP: Nein.
H: Du wirst nun gerade geboren, was geschieht?
VP: Es preßt und drängt – es ist ein Gefühl – ich werde weg müssen von hier.

H: Ist das Gefühl schön?
VP: Nein.
H: Hast Du Angst?
VP: Ja.
H: Vor was?
VP: Diese Geborgenheit – ich muß raus hier – es stößt mich was – ich werde immer stärker gepreßt und gepreßt – ich sehe plötzlich Licht – es wird kälter und kälter und kälter – ich komme in einen Raum, ein großer kalter Raum, es wird hell – heller und kälter – ich bin geboren worden.
H: Du bist auf der Welt. Weißt Du, wie es weitergehen wird?
VP: Ja, ich muß leben.
H: Freust Du Dich darauf?
VP: Nein – aber es muß sein!

Zum Vergleich hier die Schilderung der Geburt einer anderen Versuchsperson:

VP: Ich will nicht raus, aber ich muß raus, aber ich will nicht raus.
H: Warum?
VP: Draußen ist es nicht gut.
H: Beschreibe Deine Wahrnehmungen, wie ist es jetzt?
VP: Schön – es ist so still und so geschützt.
H: Was siehst Du?
VP: Ich sehe – nein, ich fühle die Wärme – den Frieden.
H: Was schmeckst Du?
VP: Ich schmecke – es ist mehr süß in meinem Mund – ich weiß nicht, wie man das nennt.
H: Blende vom Anfang bis zum Ende Deiner Geburt durch und beschreibe den Ablauf – Du wirst gerade geboren.
VP: Jetzt ist es – ich wollte doch drin bleiben. Aber jetzt muß ich raus. Es ist ganz eigenartig – ja, jetzt wird

es etwas heller – es wird heller jetzt – irgend etwas zieht mich – nein – nein, nicht – ich will nicht – ich will nicht!

H: Was empfindest Du?

VP: – Ach, es ist alles so – sie packen mich – es ist hier – jetzt bin ich weg aus – aus dem schützenden – es ist ganz – anders.

H: Wie ist es? Beschreibe Deine Wahrnehmungen!

VP: Man hält mich – ich fühle große Hände, irgendwas – greift und ist – ist anders – hell – aber ich kann nichts sehen – nur fühlen.

H: Warum kannst Du nichts sehen?

VP: Ich weiß nicht, ich sehe alles so verschwommen – dann –

H: Na, schau Dich mal um, wie sieht denn das Zimmer aus?

VP: – ich kann nichts erkennen – es ist alles sehr hell – so weit –

H: Was geschieht jetzt?

VP: Man nimmt mich wieder und legt mich – in eine – ich weiß nicht, wie man das nennt – eine Liege – und jetzt hebt man mich wieder hoch.

H: Gibt es irgendeinen Punkt bei der Geburt, der Dich gestört hat?

VP: Ich – ich wollte gerne die Höhle nie verlassen.

H: Gibt es sonst noch etwas, was man falsch gemacht hat?

VP: Nein.

H: Wir gehen nun wieder in der Zeit zurück. Wir blenden vor die Geburt in den Zeitraum, in dem Du wieder in dieser Höhle bist. In diesem Zeitraum zwischen Empfängnis und Geburt. Suche mal ein einschneidendes Ereignis. Irgendein Ereignis – das irgendein Gefühl verursacht hat.

VP: Ich weiß, daß ich auf die Welt kommen muß – ja, ich sehe mein Leben vor mir – aber ich will nicht mehr kommen. Warum muß ich denn wiederkommen? Was hab ich denn nur getan?

H: Warum wirst Du wohl wiederkommen müssen?

VP: Ich weiß nicht – es gab einen Punkt – jetzt fürcht ich mich vor – vor dem Leben.

H: Warum?

VP: Weil es sehr schwer sein wird.

Die Beispiele ließen sich beliebig fortsetzen. Die Geburt bedeutet das Lebensende des Embryos. Es ist ganz natürlich, daß es Todesangst hat. Doch genauso wenig, wie durch die Geburt das eigentliche Leben beendet wird, beendet der Tod des Menschen dessen Leben. Er hat zwar große Angst vor diesem Schritt, doch sobald er gestorben ist, fühlt er sich auf einmal unendlich wohl in seinem neuen Zustand.

Gestorben bezeichnet hierbei den Zeitpunkt der völligen Loslösung des Astralkörpers vom physischen Körper. Das Bewußtsein, die Ich-Identität und alle Sinneswahrnehmungen sind im Astralkörper. Er ist der Körper der Psyche. Da alle Sinneswahrnehmungen im Astralkörper liegen, sieht und hört der Mensch nach Verlassen des Körpers noch genauso wie vorher. Es ist wieder einer der eingeschliffenen Irrtümer unserer Zeit, die Sinneswahrnehmungen als Produkt unserer körperlichen Sinnesorgane anzusehen. Die körperlichen Sinnesorgane sind ledigich das materielle Äquivalent zu den psychischen Sinneswahrnehmungen.

Man braucht nicht erst zu sterben, um diese Erfahrung zu machen. Es ist möglich, durch bestimmte Übungen die Technik des Astralwanderns zu lernen. Darunter versteht man das bewußte Verlassen des materiellen Körpers. Die Ichempfindung liegt immer ganz im Astralkörper; man kann daher bei diesen Austritten seinen physischen Körper selbst von außen sehen. Es gibt viele Menschen, die diese Erfahrung auch ohne Training schon einmal spontan erlebt haben – meistens löst ein solcher überraschender Austritt ziemliche Angst aus. Wer sich den Vorgang des Astralwanderns nicht vorstellen kann und deshalb diese Behauptung nicht glaubt, muß sich die Mühe machen, den bewußten Austritt selbst zu erlernen. Danach weiß er wenigstens aus eigener Erfahrung, daß der Mensch nicht mit seinem körperlichen Auge sieht, nicht mit dem Ohr hört und nicht mit dem Gehirn denkt.

Bei allen Zuständen der Bewußtlosigkeit tritt der Astralkörper aus. Deshalb sieht und hört der Mensch auch alles während der Bewußtlosigkeit. Unter Hypnose ist es möglich, den gesamten Ablauf einer Operation bewußt zu machen. Wüßte man allgemein von der Wahrnehmung des Narkotisierten, dann wären wohl die Ärzte mit Bemerkungen und Gesprächen während und kurz nach einer Operation etwas vorsichtiger. Jedes Wort gleitet in diesem Zustand ähnlich wie in tiefer Hypnose ungehindert als Suggestion in das Unterbewußte des »bewußtlosen« Patienten. Kleine Bemerkungen wie: »Das sieht ja gefährlich aus«, oder: »Das wird lange dauern, bis es verheilt«, entscheiden über die weitere Gesundheit des Patienten. Genauso könnte man durch eine gezielte positive Suggestion beispielsweise die postoperative Heilung um die Hälfte der Zeit verkürzen.

Als Beispiel, wie ein Mensch den Zustand der Bewußtlosigkeit aus der Perspektive des Astralkörpers erlebt, sei hier ein Ausschnitt aus einem Reinkarnationsprotokoll wiedergegeben. Das Ereignis spielt im Jahre 1850 am Bodensee:

VP: Ich hatte einen Unfall.

H: Blenden wir einmal in der Zeit zurück bis zu diesem Unfall. Erzähle, was geschieht. Wo bist Du, was geschieht?

VP: Ja, aber wenn das die Schwestern erfahren. Das dürfen doch nicht die Schwestern erfahren.

H: Was dürfen sie nicht erfahren? Aber was denn? Daß Du ein Kind kriegst?

VP: Nein, das dürfen die nie erfahren. Sonst erfährt es auch mein Vater.

H: Ja, dann erzähl mal, was geschieht denn?

VP: Ja, ich hab einen Freund, und ich glaube, daß ich ein Kind von ihm bekomme. Und eines Abends, als wir uns treffen, sag ich ihm das. Und er sagt ja, wir treffen uns am See.

H: Wann, am selben Abend?

VP: Nein, zwei Tage später.

H: Welche Tageszeit?

VP: Fünf Uhr abends.

H: Den wievielten Monat haben wir gerade?

VP: September.

H: Der wievielte September?

VP: Wo wir uns am See treffen? Der 18. September.

H: Welches Jahr?

VP: 1850.

H: Ihr trefft Euch an einem See. Ihr seid dort verabredet?

VP: Ja.

H: Erzähle den Vorgang!

VP: Ja, ich komm an den See hin, und da sitzt er schon da, und ich geh hin zu ihm. Er muß es gehört haben und steht auf, dreht sich um und sieht mich an. Er hat so einen grausamen Ausdruck im Gesicht, ich bekomme fürchterliche Angst, er hat etwas Schreckliches mit mir vor.

H: Was geschieht?

VP: Und er legt den Arm um mich und dreht mich herum, und ich weiß nicht, was ist, aber auf jeden Fall geh ich zurück. Er hat einen schweren Gegenstand in der Hand. Ich kann ihn gar nicht deutlich erkennen. Es geht ganz schnell.

 H: Was geht denn ganz schnell, was geschieht dann?

VP: Er schlägt zu und trifft mich genau am Kopf. Mir wird ganz schwindlig, dann fall ich ins Wasser.

H: Ins Wasser?

VP: Ja.

H: Tief?

VP: Ich weiß nicht, ich spüre nur, es wird ganz naß.

H: Wie geht's weiter. Du kannst es ganz genau erzählen. Wie geht's weiter? Du bist jetzt im Wasser?

VP: Ich hab vorher noch einen Mann gesehen. Einen älteren Mann. Ich bin im Wasser und seh nichts. Dann tauch ich plötzlich hoch, und ich seh meinen Freund da stehn. Er merkt wohl auch, daß da jemand in der Nähe ist, und läßt was fallen.

H: Was denn?

VP: Irgend so einen Stock, so einen keulenartigen Stock, ganz voll Blut verschmiert. Er läßt ihn fallen. Der Mann kommt gelaufen und sieht dann meinen Körper im Wasser, dann geht er heran und zieht ihn heraus. Ich seh nicht gut aus, alles, das ganze Gesicht ist mit Blut verschmiert, der Kopf ist offen, und Blut läuft herunter. Und zieht mich heraus und läßt mich liegen und legt mich hin und drückt die Hände übereinander und läuft weg, läuft ganz schnell, obwohl er doch schon ziemlich alt ist.

H: Wo ist Dein Freund, ist der auch weggelaufen?

VP: Ja, aber er läuft ihm nicht nach, er läuft in einer anderen Richtung.

H: Ja, wie geht's weiter?

VP: Ich sehe meinen Körper da liegen. Er entfernt sich immer weiter.

H: Der Körper?

VP: Ja.

H: Schau ruhig hin, wie geht's denn weiter?

VP: Es wird immer undeutlicher. Und dann plötzlich spüre ich . . . da kommt jemand angelaufen. Ein Mann mit einer Karre. Ein leerer Heuwagen, und da tun sie mich rauf, ganz vorsichtig, auf Kissen und Decken.

H: Ist da nur dieser eine Mann oder sind da mehrere?

VP: Es sind zwei Männer. Und dann fahren sie mich zum Arzt.

H: Ja, und was macht der?

VP: Ich weiß nicht, ich hab so Kopfweh.

H: Nun spüre mal die Kopfschmerzen nicht so sehr und erzähle mal, wie es weitergeht. Nur anschauen, nicht spüren. Ich nehme Dir die Kopfschmerzen weg, und Du erzählst mir weiter, was Du siehst.

VP: Ja.

H: Spürst Du die Erleichterung?

VP: Ja. Ja, und ich weiß nicht, der verbindet mich und sagt, das Wichtigste ist, daß das Blut stoppt, das Blut darf nicht mehr weiterfließen. Ich krieg einen ganz großen Wickel um den Kopf. Und Tabletten.

H: Bist Du da bereits wieder bei Bewußtsein oder bewußtlos?

VP: Ich bin wieder so ein bißchen da.

H: Sprichst Du schon was? Sprichst Du mit dem Arzt?

VP: Nein, ich sag immer nur, das tut so weh, das tut so weh.

H: Hörst Du, was sonst noch gesprochen wird? Sagt dieser Mann, der Dich gefunden hat, etwas zum Arzt? Sagt er, was Dir passiert ist?

VP: Nein, die sagen, wir müssen sie ins Spital bringen. Das dauert aber – das dauert aber lange. Es muß so schnell wie möglich passieren.

H: Wie bringen die Dich denn dorthin?

VP: Mit einer großen Kutsche.

H: Fahren sie weit?

VP: Ja, es kommt mir sehr lange vor, dann komm ich ins Spital, und da legen sie mich ins Bett und geben mir weiterhin Tabletten, nein – sie machen mir den Verband auf, und dann müssen sie es zunähen.

Diese Versuchsperson schildert sehr schön ihr Erleben in Bewußtlosigkeit. Wir sehen, daß sie in Todesgefahr schwebte, als sie sagt: »Ich sehe meinen Körper da liegen. Er entfernt sich immer weiter. Es wird immer undeutlicher.« Wäre nichts weiter geschehen, wäre vermutlich der Tod eingetreten. Sie hätte sich von ihrem Körper so weit gelöst, daß sie nicht mehr zurückgekehrt wäre. Durch den Mann, der ihren Körper auf einen Wagen legt, wird der Astralkörper wieder »plötzlich« in Körpernähe gezogen – die Möglichkeit des Weiterlebens ist gegeben.

Es gibt einige Wissenschaftler, die Berichte von Menschen sammeln, die bereits klinisch tot waren und dann wieder zum Leben gebracht wurden. Auch diese Berichte gleichen sich alle. Noch niemand erzählte, daß das Totsein etwas Unangenehmes wäre. Allein die Tatsache, daß überhaupt eine Aussage gemacht wird, beweist die Eigenständigkeit des Bewußtseins, das auch ohne Körper existieren kann. Als unangenehm wird meist das »Zurückrufen« empfunden.

Unsere Zeit und Kultur haben einen Fanatismus entwickelt, Menschen am Leben zu erhalten und am Sterben zu hindern. Wo liegt die tiefere Ursache für diese widernatürliche und widersinnige Einstellung? Diese Entwicklung ist bereits so weit, daß der einzelne Mensch kaum noch die Möglichkeit hat, sich vor aufwendigen Wiederbelebungsexperimenten zu schützen. Moderne Intensivstationen stehen unter einem Prestigedruck, etwas zu leisten. Der Sterbende wird das Opfer medizinischen Erfolgsdenkens. So wird die Tatsache, etwas zu können, zur Begründung des Tuns. Handeln wird nicht mehr von der Notwendigkeit abgeleitet, sondern vom funktionalen Fortschrittsdenken. Die Medizin ist nicht mehr für den Menschen da, sondern der Mensch für die Medizin. Alte Leute in Altersheimen bilden bereits Interessengruppen und versuchen, sich mit Hilfe von Juristen zu schützen, im Notfall in einer Intensivstation behandelt zu werden.

Mir erscheint der Hintergrund für diese Entwicklung relativ leicht erklärbar zu sein. Durch das materialistische Weltbild wurde dem Menschen immer mehr ein natürliches Verständnis des Todes als rhythmischer Wechsel in eine andere Daseinsebene entzogen und durch die Behauptung: »Mit dem Tod ist alles aus« ersetzt. Dadurch wird ein krampfhaftes Festklammern am Leben und eine panische Angst vor dem Nichts bewirkt. Diese meistens nicht eingestandene Todesangst projiziert jeder auf den anderen. Jeder Todesfall, jede Todesbedrohung wird zur Projektionsfläche der eigenen Angst. Der Tod eines anderen erinnert an den eigenen, gefürchteten Tod, vergegenwärtigt immer wieder die eigene Bedrohung.

Denn der Mensch, der sich nicht mit dem Tod auseinandergesetzt hat, verdrängt ihn gewöhnlich und lebt in dem Gefühl, immer zu leben. Ein Todesfall reißt ihn jedoch aus dieser Illusion. Angst steigt auf. Indem man versucht, den anderen vor dem Tod zu retten, will man der eigenen Angst vor dem Tod die Bedrohlichkeit nehmen. Man will im Hinblick auf sich selbst erfahren, daß man etwas gegen den Tod tun kann – daß man ihm nicht ausgeliefert ist. Der Versuch, Leben um jeden Preis zu erhalten, ist in Wirklichkeit der Versuch, die eigene Illusion vor dem Einsturz zu bewahren. So wurde Lebensrettung zum Leistungssport; man spricht nicht zufällig vom »Wettlauf mit dem Tod«.

Mit dem Reinkarnationsgedanken läßt sich ein solches Handeln nicht vereinbaren. Betrachten wir uns die Kulturen, in denen der Gedanke der Wiedergeburt fest verankert ist, so sehen wir eine ganz andere Haltung dem Tod gegenüber. Europäer können nie begreifen, wie man in Indien die Menschen sterben läßt. Für den Hinduisten wie für den Buddhisten ist jedoch Geburt und Tod nichts Besonderes. Man weiß um den Kreislauf des Lebens, man fühlt sich noch eingebettet in eine höhere Gesetzmäßigkeit, ohne zu versuchen, durch eigene Emsigkeit die Natur in die Richtung zu zwingen, die der Mensch für die beste hält. Diese innere Ruhe ermöglicht es, im Augenblick des Todes das zu tun, was das einzig Notwendige ist: dem Sterbenden beim Sterben zu helfen. Schließlich hilft man ja auch bei der Geburt und versucht nicht, das Kind wieder in den Mutterleib zurückzuschieben. Warum macht man es beim Sterbenden umgekehrt? Auch hier ist es angebracht, dem Sterbenden die materielle Loslösung zu erleichtern und die Geburt im Jenseits zu ermöglichen.

Alle meine Versuchspersonen durchleben in den Sitzungen wiederholt ihren Tod in allen Einzelheiten. Danach haben sie eine neue Einstellung zum Leben und zum Tod. Sie lernen, ihr Leben in einem größeren Zusammenhang einzuordnen, ohne dabei vor der Gegenwart zu fliehen. Wer seine Inkarnationen überblickt, weiß um die Wichtigkeit, im Hier und Jetzt gesetzmäßig zu leben. Fräulein M, zwanzig Jahre alt, Studentin, von der auch der letzte Bericht stammt, überblickt zur Zeit ihre vier Vorleben in allen Einzelheiten. In einer der letzten Sitzungen versuchten wir, die Kette dieser Inkarnationen einmal als Ganzes zu betrachten. Hier ein Ausschnitt aus jener Sitzung:

H: Wir gehen in Deinem Leben weiter bis zum nächsten größeren Ereignis.
VP: Ich habe ziemlich hohes Fieber.
H: Was fehlt Dir denn?
VP: Ich weiß es nicht.
H: Ganz plötzlich?
VP: Ja.
H: Wie alt bist Du?
VP: Mir geht's so schlecht – ich muß sterben.
H: Wie alt bist Du? – Welches Jahr schreiben wir?
VP: 38 – 1668.
H: Was geschieht?
VP: Es schüttelt mich, immer wieder, Hitze – ich werde

sterben müssen, ich will aber meinen Mann nicht allein lassen. Nein – ich will ihn nicht allein lassen – er kniet neben mir – es wird alles so unheimlich.

H: Was wird denn unheimlich?

VP: Der Raum – alles wird schwarz – nein, nein, ich will nicht, ich will nicht!

H: Wie geht es weiter? Schildere das mal!

VP: Ich weiß nicht – starker Druck, ganz starker Druck, und dann bin ich umfangen – irgend etwas trägt mich empor – ich sehe mich da liegen.

H: Was siehst Du noch?

VP: Meinen Mann.

H: Was empfindest Du, was fühlst Du?

VP: Er tut mir so leid, weil er so trauert, aber es nützt doch nichts, er muß sich damit abfinden.

H: Wie geht es Dir?

VP: Gut.

H: Hast Du irgendwelche Schmerzen oder Beschwerden?

VP: Nein.

H: Wo bist Du?

VP: Ich bin einfach da.

H: Und was siehst Du, weil Du sagst, Du siehst Dich. Was siehst Du?

VP: Ja, meinen Körper.

H: Und wo bist Du? Nicht mehr in dem Körper?

VP: Nein.

H: Was hast Du für eine Empfindung dem Körper gegenüber, was für einen Bezug?

VP: Gar keinen – er war notwendig für mich, und jetzt habe ich keinen Bezug mehr.

H: Siehst Du noch in der nächsten Zeit etwas? Etwas, was mit diesem Geschehen zusammenhängt, siehst Du Deine Beerdigung oder so etwas?

VP: Ja, ja, sie graben mich ein – im Garten – aber ganz undeutlich.

H: Wie fühlst Du Dich jetzt?
VP: Sehr gut.
H: Hast Du irgendwelche Wünsche?
VP: Nein.
H: Wie wird es jetzt weitergehen? Du bleibst jetzt hier, ja?
VP: Nein, ich kann hier nicht bleiben.
H: Warum nicht? Gefällt es Dir hier nicht?
VP: Doch – ich muß aber noch einmal auf die Erde zurück – ich habe mein Schicksal noch nicht erfüllt.
H: Läßt es sich erfüllen?
VP: Ja.
H: Also wirst Du noch einmal auf die Erde kommen?
VP: Ja.
H: Und hast Du es dann erfüllt?
VP: Nein.
H: Freust Du Dich darauf, wieder auf die Erde zu kommen?
VP: Nein.
H: Warum nicht?
VP: Weil es für mich schwierig sein wird, ich muß kämpfen, es wird nicht gut sein, nicht so gut wie hier.
H: Wie bist Du denn mit Deinem letzten Leben zufrieden? Würdest Du aus der jetzigen Sicht etwas anders machen? Glaubst Du einen entscheidenden Fehler gemacht zu haben?
VP: Nein, viele kleine Fehler.
H: Worauf würdest Du aus Deiner jetzigen Sicht besonders achten, wenn Du dieses Leben noch einmal leben würdest.
VP: Ich würde versuchen, besser über andere Menschen zu denken, sie lieben zu lernen, so wie sie sind.
H: Wirst Du das in Deinem nächsten Leben tun?
VP: Nein.
H: Wir gehen in der Zeit nach vorne, bis Du wieder auf die Welt kommst.

VP: Ein starker Sog.
H: Was geschieht mit Dir?
VP: Irgendeine Kraft zieht mich nach unten. Immer weiter und weiter, ich kann es nicht erklären. So eine große Schlucht, die mich nach unten zieht. Dann ist alles weg. Es ist, als ob ich eine Kugel wäre, die von zwei Händen gepreßt wird. Kleiner und immer kleiner. Dann ist alles Sog, und es zieht mich. Jetzt ist alles vorbei.
H: Fühlst Du Dich jetzt wohl?
VP: Nein, ich weiß, daß ich jetzt ein Leben leben muß.
H: Du wirst also nach einigen Monaten geboren?
VP: Ja.
H: Du kommst auf die Welt, sage mir das Jahr!
VP: 1834.
H: Du bist auf der Welt, Du wirst größer, Du wirst immer älter, ja?
VP: Ja.
H: Wie heißt Du denn?
VP: Anna.
H: Wie alt bist Du denn jetzt schon?
VP: Fünfzehn.
H: Wir gehen weiter, Du wirst zwanzig, dreißig, vierzig.
VP: Ja.
H: Wir gehen weiter nach vorne, bis Du dieses Leben auch wieder beendet hast, was geschieht?
VP: Ich habe so starke Kopfschmerzen, ich werde sterben müssen.
H: Gehe dieses Ereignis hindurch und schildere, was geschieht!
VP: Plötzlich wird alles leicht. Ich spüre nichts mehr.
H: Sage mir das Datum?
VP: 21. Dezember 1893.
H: Wie fühlst Du Dich jetzt?
VP: Gut, besser wie vorher.

H: Wenn Du zurückblickst, was würdest Du über dieses Leben sagen?

VP: Es war nicht schön.

H: Hast Du etwas gelernt?

VP: Ja, sehr viel.

H: Wirst Du jetzt hierbleiben, wo Du jetzt bist?

VP: Nein, ich kann noch nicht hierbleiben, ich muß noch mehr lernen.

H: Hast Du irgendeinen größeren Fehler gemacht in Deinem vergangenen Leben?

VP: Ja.

H: Welchen?

VP: Ich hätte meinen Mann akzeptieren sollen.

H: Wir gehen weiter, bis sich an Deinem jetzigen Zustand wieder etwas ändert, was geschieht?

VP: Das Ziehen – ich bekomme wieder einen Körper.

H: Wie geht es weiter, wann kommst Du wieder auf die Welt?

VP: 12. Juni 1918.

H: Du wirst größer und älter, wir gehen bis zu Deinem zehnten Lebensjahr, wie heißt Du denn?

VP: Varić.

H: Wir gehen weiter in Deinem Leben und bleiben gegen Ende Deines Lebens stehen. Wo bist Du?

VP: In Köln, und ich will was zu essen besorgen. Plötzlich ist Fliegeralarm. Ich kenn das nicht so richtig, und ich weiß auch nicht, wo ein Bunker ist. Die Sirenen heulen – und Tosen, ganz grelles lautes Tosen – und so ein Flugzeug – plötzlich stürzt alles um mich herum ein – Häuser stürzen ein – und ich muß weg hier, ich muß weg. Ich laufe und laufe und kann doch nicht so schnell laufen wie die anderen – plötzlich ist alles so – so – ich hab solche Angst – und dann stürzt neben mir ein Haus ein, und ich spür einen starken Schmerz – ein Stein trifft mich direkt am Kopf – plötzlich ist alles – alles weg – es wird alles leicht – ich löse mich

– ich verliere an Form – ich habe keinen Körper mehr – mein Körper liegt da – ich habe keine Beziehung mehr zu diesem Körper.

H: Aber Du kannst ihn sehen?
VP: Ja – er liegt unter Steinen.
H: Wie geht es Dir jetzt?
VP: Gut.
H: Hast Du noch Schmerzen? VP: Nein.
H: Was fühlst Du noch?
VP: Ich habe kein Gefühl mehr für Dimensionen, es ist alles ganz harmonisch – ich fühle mich sehr wohl hier, ich möchte nicht mehr zurück.
H: Ein Leben liegt hinter Dir, ja?
VP: Ja.
H: Blick einmal zurück, wie war dieses Leben?
VP: Ich bin froh, daß es vorbei ist, ich hatte ziemlich viel Schmerzen.
H: Hast Du etwas gelernt?
VP: Ja, sehr viel.
H: Was hast Du vor allem gelernt?
VP: Mich so zu akzeptieren, wie ich bin.
H: Hast Du Fehler gemacht?
VP: Ja. H: Welche?
VP: Ich hätte mein Kind nicht abtreiben dürfen.
H: Wirst Du wieder auf die Welt kommen?
VP: Ja.
H: Freust Du Dich darauf?
VP: Nein, aber es ist gut so.
H: Wir gehen weiter nach vorne, bis sich wieder etwas verändert, was geschieht?
VP: Es zieht – ich bekomme einen Körper.
H: Du bist im Mutterleib? VP: Ja.
H: Du wirst nach einiger Zeit geboren, wann ist das?
VP: 15. Mai 1955.
H: Du kommst auf die Welt, Du wirst größer, älter, wir gehen in der Zeit nach vorne bis zum Jahre 1975.

Das Ende als Anfang

Geburt und Tod sind dasselbe. Jedes Ende ist auch ein Anfang. Möge der Schluß dieses Buches für viele der Anfang neuer Gedanken sein. Wir leben in einer Zeit des geistigen Umbruchs. Die Jugend beginnt, sich neu zu orientieren. Übersättigt von den funktionalen Errungenschaften des Westens öffnen sich immer mehr Menschen den spirituellen Werten. Das Pendel schlägt um. Nachdem die östlichen Länder mit ihrer spirituellen Hochkultur immer mehr das westliche Denken und dessen Errungenschaften übernehmen, beginnen wir im Westen die Weisheiten des Ostens zu übernehmen.

Doch es ist ein häufiger Irrtum, zu glauben, nur der Osten habe eine funktionierende Esoterik und man müsse deshalb unbedingt Yoga, Meditation, Zen und I Ging studieren. Der Westen besitzt eine ebenso bemerkenswerte esoterische Tradition. Die westliche Esoterik ruht im wesentlichen auf vier Säulen: Astrologie, Kabbala, Alchemie und Magie. Das westliche System ist weder besser noch schlechter als die östliche Esoterik, aber sie ist in unserem Kulturkreis entstanden und steht uns daher in vielen Dingen näher. Die Zeit ist reif, daß diese Gebiete nicht länger allein den Spinnern und Phantasten überlassen bleiben, die in der Vergangenheit dem Ruf dieser Disziplinen in der Öffentlichkeit sehr geschadet haben.

Von diesem Wissen ausgehend, könnte man nun auch im Westen beginnen, eine Psychologie zu entwickeln – denn der Westen besitzt bis heute keine echte Psychologie. Der einzig fruchtbare Ansatz war bisher die analytische Psychologie von C. G. Jung – doch war er seiner Zeit wohl zu weit voraus, um verstanden zu werden. Jung erkannte sehr klar, zu welchen Quellen man zurückkehren muß, um eine Psychologie aufbauen zu können: Er studierte die östlichen Lehren, den I Ging, aber vor allem auch die Astrologie, die Alchemie und den Tarot. Diese Beschäftigung scheint man ihm bis heute noch nicht verziehen zu haben.

Der Mensch lernt am liebsten durch Leiden. Langsam ist das seelische Leid der Menschen so ausgeprägt worden, daß neue Chancen für ein neues Denken da sind. Der Reinkarnationsgedanke ist hierbei ein ganz zentraler Punkt, denn er eröffnet eine ganz neue Einstellung zur Welt und zu ihrem Geschehen. Erst wenn der Mensch das Ganze überblickt, kann er die Einzelheiten richtig einschätzen und einordnen. Die Aufgabe für uns alle ist Entwicklung, unser Ziel ist der voll bewußte Mensch (= Human). Um bewußt zu werden, muß man erst einmal aufwachen. Fast alle Menschen schlafen und wissen es nicht. Sie sind Maschinen und gehorchen tagein, tagaus ihrem inplantierten Programm, mechanisch, automatisch – trösten sich gleichzeitig mit dem Wahn, frei zu sein.

Doch wer schläft, kann nicht erkennen, daß er schläft. Er muß erst aufwachen, um zu erkennen, daß er geschlafen hat und daß alle anderen schlafen. *Gurdjieff*, einer der großen Magier und Esoteriker unserer Zeit, sagt: »Aber zweihundert bewußte Menschen, wenn sie existierten und es für notwendig und gerechtfertigt hielten, könnten das ganze Leben auf der Erde verwandeln. Aber entweder gibt es noch nicht so viele, oder sie wollen es nicht, oder es ist vielleicht die Zeit noch nicht gekommen, oder vielleicht schlafen die anderen Menschen zu fest.«

Es ist interessant, zu beobachten, wie ärgerlich Menschen werden, wenn man ihnen demonstriert, daß sie nur Automaten sind. Die Hypnose ermöglicht es, in das normalerweise ablaufende Programm einzugreifen und es durch ein anderes zu ersetzen. So kann man in der Hypnose beliebige Handlungsabläufe an ein bestimmtes Signal koppeln und diese Suggestion dann erst posthypnotisch, das heißt nach der Hypnose, ablaufen lassen. Ist der Betreffende wieder völlig wach, so wird er auf das vereinbarte Signal mit dem suggerierten Programm antworten. Beispiele dafür wären etwa: »Wenn ich mit dem Finger schnalze, können Sie Ihre Arme nicht mehr bewegen«, oder: »Wenn ich eine Zigarette anzünde, sehen Sie, wie ein Weihnachtsmann durchs Zimmer geht«, oder: »Bei einem bestimmten Wort umarmen Sie alle Anwesenden.« Der Phantasie sind bei solchen Experimenten keine Grenzen gesetzt.

Solche posthypnotischen Befehle werden in der Hypnose im Unbewußten eingepflanzt und erst im Wachzustand durch das Signal abgerufen. Dabei handelt der Betreffende ganz automatisch gemäß der Suggestion, auch wenn sein Verhalten noch so unpassend oder unlogisch ist. Während er es tut, kann er es unmöglich wahrnehmen. Es geschieht mit ihm. Spricht man ihn darauf an und fragt ihn, warum er es tut, versucht er meist, eine logisch klingende Erklärung zu finden, und er wird versichern, daß er dies alles freiwillig getan habe. Diesen Vorgang, nachträglich für eine von selbst abgelaufene Handlung eine Begründung zu geben, nennt man »Rationalisierung«.

Für die Zuschauer sind solche Experimente oft recht lustig, doch schon sehr bald reagieren die Zuschauer aggressiv. Man beginnt über die Unverantwortlichkeit und Gefährlichkeit der Hypnose zu diskutieren. Als vor einiger Zeit das deutsche Fernsehen eine Hypnoseshow mit derartigen Experimenten ausstrahlte, war die Reaktion des Publikums ebenfalls erstaunlich negativ.

Man erklärte kurzerhand alles für Schwindel und Betrug. Einige betonten die Unverantwortlichkeit und die möglichen Gefahren. Diese Reaktionen sind als eine Selbstablenkung von der eigentlichen Aussage, die hinter dieser Show deutlich hervortrat, zu verstehen. Es wurde nämlich experimentell gezeigt, daß der Mensch eine Maschine ist und daß das Programm beliebig ausgewechselt werden kann. Das Normalverhalten eines Menschen unterscheidet sich daher psychologisch in keinem einzigen Punkt von dem Verhalten eines hypnotisierten Zuschauers, der aufgrund eines posthypnotischen Befehls im Wachzustand auf einmal einen Bauchtanz ausführt.

Eine solche Show ist eine Karikatur des menschlichen Verhaltens. Karikierte reagieren meistens ein wenig böse. Doch statt zu erkennen, daß der Mensch sich konstant in einem hypnoseähnlichen Schlaf befindet und der Aufforderung nachzukommen, endlich zu erwachen und bewußt zu werden, klammert man sich lieber an seine alten Illusionen und projiziert seine Angst nach außen auf die Hypnose und den Hypnotiseur. Man sieht sich im Spiegel und beschimpft den Spiegel für das, was man sieht. Aufwachen heißt aber zuallererst, unsere bisherigen Fixierungen fahrenzulassen und gründlich in allen Bereichen umzupolen.

Konsequentes Umpolen ist eines der besten, schnellsten und sichersten Mittel, aufzuwachen und sich zu entwickeln. Am Dreiecksgesetz sei das Prinzip dargestellt: Jede Meinung, jede Anschauung, jedes Werturteil, das man hat, ist eine Fixierung auf einen Pol der Wirklichkeit. Wirklichkeit umfaßt jedoch immer zwei Pole, und nur beide Pole zusammen bilden die Ganzheit ab. Solange man eine bestimmte Auffassung vertritt, klebt man an dem einen Pol fest, z. B. ich bin für A und gegen B:

+	−
×	×
A	B

Umpolen heißt nun, ab sofort nur noch für B zu sein und gegen A. Hat man bisher nur die Argumente gesehen, die für A sprachen, so sucht man nun ausschließlich Argumente, die für B und gegen A sprechen. Auf einmal wird Punkt B gleichgewichtig mit Punkt A. Man kann sich nicht mehr entscheiden, was besser und was richtiger ist. In diesem Moment geschieht etwas ganz Besonderes: Durch die Anerkennung beider Pole wird man ganz von selbst zu einem neuen, dritten Punkt C befördert, von dem aus man nun plötzlich A und B als Ganzes überblicken und begreifen kann:

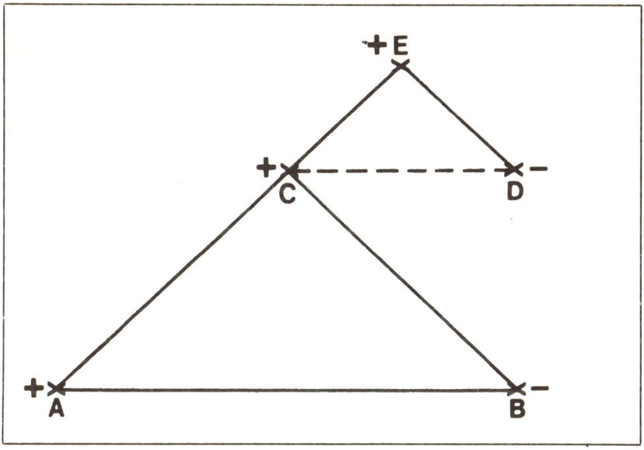

Das Erreichen von Punkt C bedeutet einen Entwicklungsschritt, der nur dadurch möglich wurde, daß man die Fixierung an Punkt A aufgegeben hatte. Das Polaritätsgesetz beschert aber sofort zu Punkt C einen Gegenpol, Punkt D. Nun muß man erneut denselben Prozeß durchlaufen: Umpolen auf Punkt D, um Punkt E erreichen zu können. Dieses Prinzip hält den Lernprozeß in Fluß und garantiert Entwicklung. Man erkennt im Dreiecksgesetz unschwer das Modell: These, Antithese und Synthese wieder. Leider versäumt man meistens, dieses Gesetz auf alle Bereiche anzuwenden.

Wir sprachen vom Leben und vom Tod und versuchten, beides als Ganzes zu überblicken. Dazu mußten wir umpolen und fanden: Tod ist Leben im Jenseits und Totsein im Diesseits – Leben und Tod sind das gleiche, ebenfalls Geburt und Sterben. Jedes Ende ist gleichzeitig ein Anfang. Jede Tür ist gleichzeitig eine Eingangs- und Ausgangstür – es kommt nur darauf an, von welcher Seite ich sie benütze. So sei am Ende dieses Buches noch mal auf den Anfang verwiesen ...

»Wenn die Menschen der Erde alle die Schönheit
als Schönheit erkennen,
Entsteht die Erkenntnis der Häßlichkeit.

Wenn die Menschen der Erde alle das Gute
als gut erkennen,
Entsteht die Erkenntnis des Bösen.

Darum:

Sein und Nichtsein hängen im Werden voneinander ab;

Schwierig und Leicht hängen in der Durchführung
voneinander ab,

Lang und Kurz hängen im Gegensatz voneinander ab;

Hoch und Niedrig hängen in der Lage voneinander ab;

Vorne und Hinten hängen im Zusammensein
voneinander ab.

Darum der Weise:

Führt die Geschäfte ohne Tun;
Predigt die Lehre ohne Worte;

Alle Dinge steigen auf, aber er wendet
sich von ihnen nicht ab;
Er gibt ihnen Leben, ergreift aber nicht
Besitz von ihnen;
Er handelt, eignet sich aber nicht an;
Vollbringt, beansprucht aber keine Anerkennung;
Und weil er keinen Anspruch auf Anerkennung erhebt;
Kann die Anerkennung ihm nicht genommen werden.«

Laotse

Nachwort

Der wissenschaftliche Anspruch, der in diesem Buch erhoben wird, ist nicht gering: Es geht um nicht weniger als den experimentellen Nachweis der Wiederverkörperungslehre, ja, um eine exakte erfahrungswissenschaftliche Fundierung eines universalen Menschen- und Weltbildes, wie es sich bisher nur auf die Glaubwürdigkeit von überlieferten Offenbarungen berufen konnte. Darüber hinaus wird noch ein weiterer Anspruch erhoben: der Anspruch, eine neue, auf der Reinkarnationslehre beruhende Psychopathologie entdeckt zu haben: Angstkomplexe, sexuelle Anomalien, Depressionen, Manien und andere funktionelle Störungen könnten, so wird behauptet, aus der Lern- und Erfahrungsvorgeschichte *dieses* Lebens zumeist nicht hinreichend erklärt werden, sondern bedürften zur vollen Erklärung und Heilung der Aufdeckung ihrer Ursprünge in früheren Verkörperungsphasen des individuellen Lebens. Auch hier ist das Außergewöhnliche der wissenschaftliche Anspruch, mit dem diese Auffassung vertreten wird: Die magischen Theorien primitiver Völker über den Ursprung seelischer und körperlicher Krankheiten können ja für den aufgeklärten Zeitgenossen keinerlei Anspruch auf erfahrungswissenschaftliche Bestätigung erheben. Wenn etwa der Glaube, daß Krankheiten auf Tabu-Übertretungen beru-
 hen, bei den im magischen Denken befangenen Stam-

mesangehörigen in vielen Fällen tatsächlich zum Eintreten jener Abfolge führt, so sieht der aufgeklärte Zeitgenosse hierin keine Theoriebestätigung, sondern einen Suggestiveffekt bzw. einen Fall von selbsterfüllender Prophezeiung. Die von *Thorwald Dethlefsen* vorgelegte Theorie des Traumaursprungs in früheren Verkörperungsphasen macht demgegenüber den Anspruch der wissenschaftlichen Überprüfbarkeit und Begründung geltend. Orientiert an einer vereinfachten Version der psychoanalytischen Theorie über die Nachwirkung psychischer Traumata, erhebt sie den Anspruch, mit dem Verfahren der Hypnoanalyse die stiftungswirksamen Ursprungstraumata neurotischer Reaktionen nachprüfbar und heilwirksam aufzuspüren, und zwar in Gestalt von Schicksalsschlägen früherer Verkörperungsphasen.

Wieweit ist dieser Anspruch erfüllt worden?

Der Leser, der hierüber ein Urteil gewinnen möchte, wird eine Ordnungshilfe darin finden, daß er sich konsequent an eine wesentliche Unterscheidung hält: den Unterschied zwischen gesicherten Fakten und ihrer zumeist problematischen Deutung. Was nun die vorliegenden Tatsachen anbelangt, so weist das Buch von *Dethlefsen* den bemerkenswerten Vorzug auf, daß diese in Form von Einzelfallberichten ausführlich und verzerrungsfrei wiedergegeben worden sind: Diese Fakten sind, obwohl sie nur den semantischen Gehalt des Dialogs von *Dethlefsen* und seinen Medien wiedergeben, bereits sehr eindrucksvoll. Ein Tonfilm, der außerdem noch das Ausdrucksverhalten wiedergibt, wäre noch eindrucksvoller, und die zusätzliche Registrierung von Puls- und Atemfrequenz würde ohne Zweifel die Echtheit des emotionalen Ausdrucks bestätigen. Man hätte darüber hinaus noch die Echtheit des Trancezustandes nachweisen können mit Hilfe von physiologischen Indikatoren, die der willentlichen Beeinflussung der Versuchspersonen nicht unterstehen. Diese Zusatzdaten mögen bei künftigen Versuchsnachprüfungen erhoben werden. Als Augenzeuge von mehreren Versuchssitzungen zweifle ich nicht daran, daß die Versuchspersonen sich tatsächlich in Trance befanden, kein Theater gespielt haben und von *Dethlefsen* nicht in unzulässiger Weise präpariert worden sind.

Zwar liegt auch diese Annahme bereits auf der Interpretationsebene, aber ihre Überprüfung dürfte keine Schwierigkeiten bereiten. Tausende von Psychiatern und Psychologen, die die Hypnosetechnik beherrschen, könnten sie überprüfen. Die eigentlichen Deutungsschwierigkeiten beginnen erst mit der Frage »Welche Art von Gedächtnismaterial ist hier abgerufen worden?« Waren es Erfahrungen tatsächlicher Geschehnisse, die sich in vergangenen Verkörperungsphasen zugetragen hatten, oder waren es Angst- und Wunschphantasien, die mitsamt ihrem Material *in diesem Leben* eingespeichert wurden: Phantasien, die im Trancezustand, in der Entrückung von der umgebenden Wahrnehmungswelt und unter der Wirkung der Vergegenwärtigungssuggestion als wirklichkeitsecht nacherlebt, das heißt halluziniert worden sind.

Gehen wir zunächst auf die Reinkarnationshypothese ein. Diese Annahme entspricht zwar dem Augenschein, hat aber eine Reihe von schwerwiegenden Argumenten gegen sich, von denen das »Axiom«, daß ein Gedächtnisspeicher stets eine materielle Grundlage, z.B. ein Gehirn voraussetzt, nicht einmal das schwerwiegendste ist: Wesentlich schwieriger ist das Problem der Übertragung der in früheren Inkarnationen erworbenen intellektuellen Schulung, des erworbenen Begriffs- und Erkenntnisschatzes, der erworbenen Sprachbeherrschung, der Verfügung über die intellektuellen Instrumente des rechnerischen, geometrischen, algebraischen und formallogischen Denkens, der erworbenen Fähigkeiten im handwerklich-technisch orientierten Denken und Problemlösen, sowie der tief in das Gefühlsleben eingreifenden Ergebnisse einer literarischen, musikalischen und künstlerischen Bildung.

Wenn die Ergebnisse traumatischer Erfahrungen aus früheren Verkörperungsphasen übertragen werden, etwa in Form von Phobien und sonstigen neurotischen Symptomen, sollte man annehmen, daß gerade in Anbetracht des evolutionären Charakters der Reinkarnation insbesondere auch die positiven Errungenschaften übertragen werden. Leider ergeben sich für diese Annahmen so gut wie gar keine Bestätigungen. Zwar werden, wie die Zwillingsforschung nachgewiesen hat, durchaus unterschiedliche Lernpotenzen genetisch übertragen, aber keine *Lerninhalte* (die Erbgedächtnistheorie der Informationsübertragung durch den genetischen Code bezieht sich ausdrücklich nicht auf Lerninhalte, sondern auf offene Programme der Informationsverarbeitung). Bisher hat noch kein Kind die Beherrschung des Zahlenraums und des rechnerischen Denkens als Errungenschaft aus einer früheren Inkarnation mitgebracht. Die Erfahrung lehrt vielmehr, daß jedes Kind bei seiner intellektuellen Entwicklung hin zur Beherrschung des rechnerischen, allgemein des *operativen Denkens* alle hierfür erforderlichen Entwicklungsschritte in diesem Leben vollziehen muß und daß dabei keine Stufe übersprungen werden kann, was ja bei der Wiederverkörperung von Menschen, die ihre letzte Inkarnation nach Einführung der Schulpflicht absolviert haben, zu erwarten wäre. Soviel ich sehe, hat *Dethlefsen* dieses Problem zumindest im Ansatz gesehen und denkt daran, einschlägige Experimente durchzuführen.

Schließlich muß man sich auch fragen, wie es sich mit der Übertragung der den Persönlichkeitskern ausmachenden grundlegenden Werthaltungen und Selbstwertbestrebungen verhält: Der eine bleibt etwa in seinen Vorurteilen dogmatisch verstrickt. Adolf Hitler hat noch im Angesicht des bevorstehenden Todes sein rassistisches

Testament verfaßt und an die Adresse des deutschen Volkes gerichtet. Andere Menschen, Wahrheitssucher wie z.B. Leo Tolstoi und Goethe, haben sich beharrlich durch verschiedene Entwicklungsstadien der Wert- und Welteinsicht hindurchgearbeitet: Was wird davon ins nächste Leben übertragen, wo beginnt der wiedergeborene Hitler, wo der wiedergeborene Tolstoi, wenn sie im nächsten Leben ihre individuelle Evolution fortsetzen.

Diesen Fragen kann insbesondere auch die Reinkarnationstheorie der Neurosefortsetzung nicht ausweichen. Denn maßgebend für die Ausbildung einer Neurose ist nicht nur die emotionale Belastung, sondern stets auch das Rüstzeug an Abwehr-, Verarbeitungs- und Bewältigungsmöglichkeiten, und dieses wie jenes müßte aus den vergangenen Inkarnationen übertragen werden. In Anbetracht dieser Schwierigkeiten, die beim wissenschaftlichen Ausbau der Reinkarnationslehre zu lösen wären, sollte man sich zunächst nach zusätzlichen Bestätigungen umsehen, um zunächst einmal die Reinkarnation als solche mit hinreichender Verläßlichkeit nachzuweisen. Überzeugende Bestätigungen müßten prinzipiell erreichbar sein in Form einer historischen Verifizierung des Reinkarnationsmaterials gemäß den Methoden und Gültigkeitskriterien der historischen Forschung. In der Tat fordern einige von *Dethlefsen* hervorgerufene Wiederverkörperungsphasen, die als Lebensschicksal im 19. und 20. Jahrhundert im deutschsprachigen Raum spielen, zur Verifizierung geradezu heraus. Es spricht für die Ehrlichkeit und Überzeugtheit unseres Reinkarnationsforschers, daß er seine Hypothesen diesem Test unterzogen hat. Es sollte nicht verschwiegen werden, daß die Ergebnisse bisher enttäuschend negativ ausgefallen sind.

Was bliebe von dem Verfahren der »hypno-kathartischen Regression« in der von *Dethlefsen* angewandten Form, wenn man den Anspruch eines experimentellen Nachweises der Wiederverkörperungslehre endgültig als überhöht aufgeben müßte: Handelte es sich dann immerhin noch um eine ernst zu nehmende psychotherapeutische Methode, die imstande ist, streng nachweisbare Erfolge aufzuweisen?

Diese Frage führt notwendig auf die eingangs gestellte Vorfrage: Welche Art von Gedächtnismaterial beim Reinkarnationsexperiment abgerufen wird und wie es zur zeitlichen Ordnung in einem in sich stimmigen Lebensschicksal kommt. Sehen wir uns die von *Dethlefsen* selber erörterte Phantasiehypothese etwas genauer an. Sie besagt, daß es sich um Phantasie-Inhalte handelt, die in diesem Leben eingespeichert wurden, und daß es unter der Wirkung der zeitlichen Regressionssuggestion (»wir gehen immer weiter in der Zeit zurück«) sowie der Vergegenwärtigungssuggestion (»Vergangenheit wird zur Gegenwart«) sowie den fortwährenden suggestiven Vorgaben der Zeitkoordinate (»wir gehen um ein Jahr zurück« usw.) zur zeitlichen Ordnung dieses Materials kommt. Die Verknüpfung zu einer einheitlichen, in sich stimmigen Lebensgeschichte würde nach dieser Hypothese auf die üblichen Fähigkeiten zum realitätsangepaßten Konfabulieren zurückgreifen, Fähigkeiten, die in Trance keineswegs beeinträchtigt zu sein brauchen und die durch das lebhafte emotionale Nacherleben der vergegenwärtigten Szenen eher gefördert werden.

Auf die Dynamik des Phantasielebens ist bereits *Sigmund Freud* gestoßen, dessen neurotische Patienten im Rahmen der Standardanalyse zur affektmächtigen Reproduktion sexueller inzestuöser Verführungsszenen gelangten: Das Nacherleben war emotional derart echt und eindrucksvoll, daß an der Authentizität des Ursprungserlebens kaum gezweifelt werden konnte. Im Verlauf der weiteren Analysen ergab sich dann aber in den meisten Fällen, daß es sich nicht um inzestuöse Erfahrungen wirklicher Begebenheiten, sondern um inzestuöse Phantasien gehandelt hat, die womöglich noch durch die Übertragung in die Sprache und Begriffswelt des erwachsenen Neurotikers verfremdet worden waren.

In den beiden letzten Jahrzehnten hat die psychologische Forschung das imaginative Verhalten, die Tätigkeit unserer »Einbildungskraft« sehr eingehend studiert. Es ergab sich, daß der einzelne Mensch bestimmte Themen, so z.B. das Leistungsthema, das Machtthema, das Gemeinschafts- und Gesellungsthema oder das Sexualthema – unter bestimmten Anregungsbedingungen – mehr oder weniger eindringlich »imaginiert« und daß dies ein Indikator für eine entsprechende Organisation seiner motivierenden Bedürfnisse und Bestrebungen darstellt. Diese bedürfnisbezogenen Phantasien sind unter normalen Bedingungen durchaus nicht reine Wunschphantasien, sondern enthalten gerade bei hoher Bedürfnisstärke alle Elemente einer imaginativen Auseinandersetzung mit den Chancen und Gefahren realistisch antizipierter Situationen. Erst mit zunehmender Aussichtslosigkeit der Lebenslage, verbunden mit übergroßem Bedürfnisstau, werden im Abwehrstadium die Phantasien zur Realitätsflucht und reinen Phantasiebefriedigung benutzt. Allerdings ist an die Imaginationen, die von Menschen in ausweglosen Dauerkonflikten, Versagungs- und Bedrohtheitssituationen produziert werden, nachträglich schwer heranzukommen, weil die Verdrängungsabwehr vielfach zur Vermeidung oder zur Verschleierung des Bedrohtheits- und Konfliktthemas auch in der Phantasiedarstellung führt. Erst im psychotherapeutischen Prozeß findet man eine individuelle Themenzentrierung um die neurotisierende Ursprungssituation, die in den verschiedenen Entwicklungsphasen eine Neuauflage erlebt und dabei mit altersgemäßen Erfahrungen, Zielen, Hoffnungen, Befürchtungen und Enttäuschungen angereichert wird.

So ergab die Hypnoanalyse eines mit Liebesversagung verbundenen Todeswunsches das intensive Nacherleben – zuerst stückweise, dann allmählich im Zusammenhang rekonstruierbar – einer affektmächtigen kindlichen Phantasie, der die Patientin im Alter von fünf Jahren häufig nachgehangen hatte. Man hatte ihr damals das Denkmal einer Fürstentochter gezeigt, die im Kindesalter gestorben war, und dazu die Geschichte erzählt, die kleine Prinzessin habe von einer vergifteten Torte genascht und dadurch ihrem Großonkel, dem der Giftanschlag galt, das Leben gerettet. Die ganze Stadt habe um das Kind getrauert. Die Identifizierung mit der Prinzessin bewegte die Phantasie des fünfjährigen Mädchens vor dem Einschlafen wochenlang.

Der Bezug zu ihrer Lebenslage ließ sich wie folgt rekonstruieren: In jener Zeit lebte die Mutter der Fünfjährigen getrennt vom Ehemann und Kindesvater mit ihrem Liebhaber zusammen. An diesen hatte sich das Kind gefühlsmäßig sehr stark gebunden. Die Phantasie wurde aufgegriffen, als die Trennung von diesem bevorstand und das Kind sich dem Vater gegenüber schuldig fühlte, was in einer äußerst lebhaften Gefühlsaktivierung in Hypnose nacherlebt wurde.

Die Phantasie enthielt ein bemerkenswertes Symbolelement, ein grau bewegtes, trübes, schauriges Etwas, aus dem der weiße Obelisk des Denkmals beruhigend emporstieg. Bei der Hypnoanalyse jenes Etwas gab es verschiedene dramatische Affektreaktivierungen: zunächst eine schwere Depression in Form eines Gefühls, das in der Sprache der erwachsenen Patientin als Gefühl, abgelehnt und völlig überflüssig auf der Welt zu sein, beschrieben wurde. Es folgte später der Durchbruch einer dramatischen Todes- und Erstickungsnot. Im weiteren Verlauf sodann eine starke motorische Unruhe der Arme und das Bedürfnis, aus der Rückenlage in die Bauchlage zu wechseln, wonach Beruhigung eintrat. Schließlich wurde dann mit starker Affektbeteiligung die folgende Szene imaginiert: Sie wird als Baby vom Vater gebadet. Dieser verläßt den Raum, das Kind reagiert auf die Trennung depressiv, fühlt sich abgelehnt und überflüssig, sinkt unter das trübe Badewasser, atmet Wasser ein und fühlt die elementare, lebensbedrohliche Erstickungsnot. Es wird gerettet, man bewegt seine Arme, um den Atem in Gang zu bringen, schließlich legt man es auf den Bauch, die Atemwege werden frei, es bekommt wieder Luft, und die zärtliche Zuwendung des Vaters wird ihm zuteil.

Die Rücksprache mit der Mutter der Patientin ergab, daß diese ihr Kind im Alter von elf Monaten aus zwingenden Gründen für die Dauer von sechs Wochen verlassen hatte, was – durchaus der Norm entsprechend – eine »anaklitische« Depression hervorgerufen hatte, für deren Ablauf typisch ist, daß die Kinder mit besonderer weinerlicher Anhänglichkeit an der Ersatzfigur kleben und auf deren Abwendung mit Depressionen reagieren.

Wieweit die Liebesversagungs- und Todeserfahrung des Babys die Bedeutung und den Affektwert der Opfertodphantasie der Fünfjährigen beeinflußt haben, bleibe offen. Sicher ist, daß fortan die Identifizierung und das Mitleid mit dem abgelehnten, unter Liebesentzug leidenden Menschen sowie das Motiv des Opfertodes für ihn, ihre Liebeswünsche, ihre Wunschphantasien und insbesondere ihre Reaktionen auf Liebesversagung bestimmte. Im Alter von zwölf Jahren verliebte sich das frühreife Mädchen in ihren um fünf Jahre älteren Bruder, wobei ihr Mitgefühl mit seinem Schmerz um den Verlust seiner Freundin das auslösende Moment war. Die Liebeswünsche gingen in Richtung auf einen gemeinsamen Liebestod nach Art von Romeo und Julia auf dem Dorfe. Als der Bruder sie zurückwies, unternahm sie einen Selbstmordversuch. Mit achtzehn Jahren schließlich verliebte sie sich in den ehemaligen Liebhaber der Mutter. Dieser war in der Zwischenzeit verheiratet, sie verließ ihn und gab sich der Wunschphantasie hin, durch ihren Opfertod seine Ehe zu retten, und rannte monatelang, nachdem
 diese Phantasie längst verdrängt war, vor heranbrausen-

den Autos in selbstgefährdender Weise über die Straße.

Dieser ganze Erlebniskomplex war weitgehend verdrängt worden und unter normalen Bedingungen nicht bewußtseinsfähig. Die fünfundzwanzigjährige Patientin wußte z.B. nichts von ihren inzestiösen, auf den eigenen Bruder gerichteten Liebes- und Todeswünschen noch etwas von ihrem Selbstmordversuch. Dabei hatte sie bereits in der zweiten therapeutischen Sitzung ihre Wunschphantasie ebenso wie die damit verbundenen Konflikte – der Bruder sollte leben – und Verschleierungstendenzen, wenn auch verfremdet, in einer Phantasiegeschichte zum Ausdruck gebracht.

Dieser Fall mag erläutern, in welcher Weise die von *Dethlefsen* erwähnte Phantasiehypothese zu überprüfen ist. Nehmen wir einmal an, sie wäre zutreffend, so ist zu erwarten, daß unsere Patientin, wenn man sie vor ihrer Hypnoanalyse den Suggestionen des Reinkarnationsexperimentes ausgesetzt hätte, mit großer Lebhaftigkeit ihre Identifikation mit jener kleinen Prinzessin nacherlebt und natürlich auch ihren toten Körper und die trauernde Stadt gesehen und das Ganze ins achtzehnte Jahrhundert versetzt hätte.

In einer früheren »Inkarnation« wäre sie vielleicht nach dem Verlust ihrer Mutter beinahe ertrunken, vom Vater oder einem väterlichen Freund gerettet und wieder ins Leben zurückgerufen worden, aber am Ende hätte sie ihr Leben durch irgendeine Art von Opfertod beschlossen – vielleicht um die Ehe ihres Liebhabers zu retten. Und diese Szenen wären emotionell mit der ganzen Gewalt ihrer neurotischen Liebes- und Opfertodphantasien durchlebt worden, ohne daß sie des Ursprungs dieser Phantasien in diesem Leben gewahr geworden wäre.

Nehmen wir einmal an, die Phantasiehypothese wäre in dieser Form gültig: In welcher Weise könnte man den erforderlichen Nachweis erbringen? Nun, es müßte dann ja möglich sein, durch eine anschließende Analyse bzw. Hypnoanalyse lege artis den Ursprung der Reinkarnationserlebnisse im Erleben und Imaginieren dieses Lebens aufzudecken und im Geflecht individueller Erlebnisentwicklung zeitlich und psychologisch richtig zu lokalisieren.

Wir fragten eingangs, was bleibt, wenn die Reinkarnationshypothese der historischen Überprüfung nicht standhält und sich statt ihrer die Phantasiehypothese als gültig erweist. In diesem Fall müßte das Regressionsverfahren als eine Technik der Aufdeckung und Verarbeitung lebensgeschichtlich wichtiger emotionsgeladener Phantasien betrachtet werden.

Bleibt noch etwas anderes?

Ich bin kein Kenner der östlichen Meditationspraktiken, doch ich betrachte es als gesichert, daß ein in der meditativen Selbstversenkung geübter Buddhist einen Trancezustand herbeiführen kann, in dem er die Fragen, die *Dethlefsen* seinen Medien stellt, sich selber vorlegen kann und dann in gleicher Weise zur »Reinkarnationsvergegenwärtigung« gelangt wie jene Medien. Das wäre interessant, weil hier die religionspsychologische Erfahrungsquelle der Reinkarnationslehre liegen könnte. Aber das ist vorläufig eine Spekulation:

Dethlefsen hat den Weg des Experimentes eingeschlagen. Er sollte ihn konsequent zu Ende gehen und dabei nicht nur Aufgeschlossenheit für alles Neue, sondern auch weiterhin jene Bereitschaft zur schonungslosen Hypotheseüberprüfung aufbringen, die für den Fortschritt der Wahrheitserkenntnis unerläßlich ist.

R. Fuchs

Literaturhinweise

F. Leboyer, Der sanfte Weg ins Leben, Desch Verlag, München

Wilhelm zur Linden, Geburt und Kindheit, Vittorio Klostermann Verlag, Frankfurt

Frater Albertus, Körper, Seele und Geist, Akasha Verlag, München (erscheint Herbst 1976)

Ouspensky, Auf der Suche nach dem Wunderbaren, O. W. Barth Verlag, Weilheim

C. G. Jung, Gesammelte Werke, Walter Verlag, Freiburg

Leuner, Katathymes Bilderleben, Thieme Verlag, Stuttgart

K. Thomas, Praxis der Selbsthypnose des Autogenen Trainings, Thieme Verlag, Stuttgart

Aleister Crowley, Magie als Philosophie für alle, Verlag Psychosophische Gesellschaft, Zürich